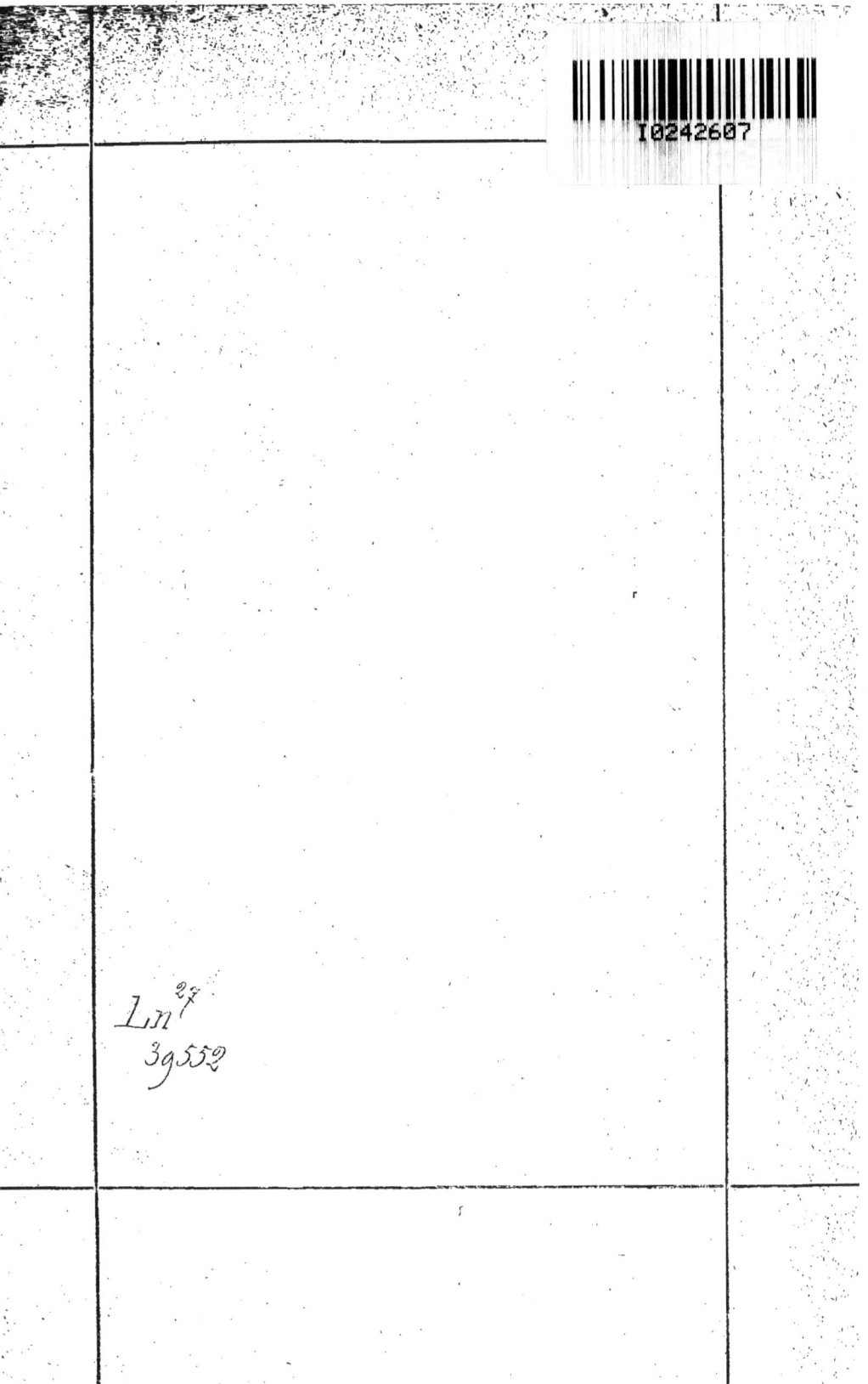

Sainte Livrade.

ÉTUDE HISTORIQUE ET CRITIQUE
SUR
sa Vie, son Martyre, ses Reliques et son Culte,

PAR L'ABBÉ R. CASTEX,

Chanoine honoraire de la cathédrale d'Agen, Archiprêtre,
Curé de Sainte-Livrade d'Agenais.

*Nec affirmare sustineo de quibus dubito,
nec subducere quæ accepi.*
Je me garde d'affirmer les faits douteux,
mais je ne tais pas ceux dont je suis certain.
(QUINTE-CURCE, IX, 1.)

Société de Saint-Augustin,
DESCLÉE, DE BROUWER ET Cie.
LILLE. — 1890.

Sainte Livrade,
VIERGE ET MARTYRE.

Sainte Livrade.

ÉTUDE HISTORIQUE ET CRITIQUE
SUR
sa Vie, son Martyre, ses Reliques et son Culte,

PAR L'ABBÉ R. CASTEX,

Chanoine honoraire de la cathédrale d'Agen, Archiprêtre,
Curé de Sainte-Livrade d'Agenais.

*Nec affirmare sustineo de quibus dubito,
nec subducere quæ accepi.*
Je me garde d'affirmer les faits douteux,
mais je ne tais pas ceux dont je suis certain.
(QUINTE-CURCE, IX, 1.)

Société de Saint-Augustin,
DESCLÉE, DE BROUWER ET Cie.
LILLE. — 1890.

Imprimatur :

Die vigesima secunda Augusti 1889 apud Agenum.

Carolus Joseph,

Epūs Agēn.

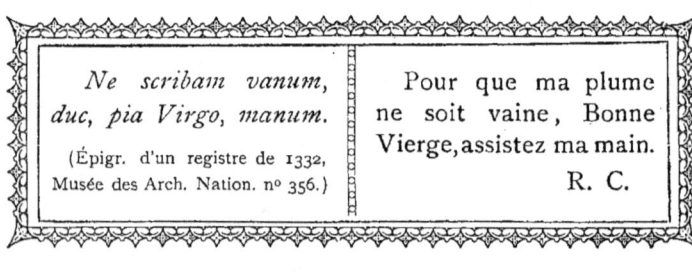

*Ne scribam vanum,
duc, pia Virgo, manum.*

(Épigr. d'un registre de 1332,
Musée des Arch. Nation. nº 356.)

Pour que ma plume
ne soit vaine, Bonne
Vierge, assistez ma main.

R. C.

Sainte-Livrade, *le 3 août 1889.*

A Sa Grandeur

Monseigneur CŒURET-VARIN,

Évêque d'Agen.

Monseigneur,

Il y a trente ans, j'étais nommé curé de l'importante paroisse de Sainte-Livrade par un de vos prédécesseurs de pieuse et vénérée mémoire, Monseigneur de Vesins.

Le choix qu'il faisait de mon humble personne était, de la part de mon évêque, une marque de paternelle affection et de grande confiance. Je voulais reconnaître la première et répondre à la seconde, mais je sentais mon insuffisance et je tremblais.

Les encouragements du saint prélat furent nombreux et il finit par me dire, avec beaucoup de simplicité, mais avec le sentiment d'une conviction profonde : Allez, Dieu le veut. Sainte Livrade vous assistera ; comptez toujours et beaucoup sur sa protection.

Je n'ai jamais oublié ces paroles. Elles furent pour moi comme une révélation et mes hésitations cessèrent.

Je me consacrai à l'auguste patronne de ma nouvelle paroisse, je la suppliai de venir en aide à ma faiblesse et, confiant dans sa puissante médiation, je donnai, avec bonheur, à son peuple qui devenait mon peuple, toutes mes forces, tout mon dévouement, tout mon cœur.

Les essais hagiologiques que je me permets, Monseigneur, de placer aujourd'hui sous le patronage de Votre Grandeur, après trente ans dans cette même paroisse, d'un ministère qui n'a pas été sans labeur et sans difficultés, ne sont qu'un tribut de reconnaissance envers cette aimable sainte qui n'a jamais cessé de me protéger et de me bénir.

Remettre en lumière cette grande personnalité m'a toujours paru devoir être une œuvre de ma piété filiale.

Aussi bien, en employant les rares loisirs de ma charge pastorale à des recherches qui n'étaient pas, pour moi, sans attrait, j'ai eu souvent la bonne fortune de mettre la main sur des documents précieux et, bien qu'il dût rester des ombres dans les lointaines origines que je voulais faire connaître, il m'a semblé que j'étais mieux placé que d'autres pour dire les liens qui rattachent sainte Livrade à votre beau diocèse.

J'ai toujours pensé, d'ailleurs, que la littérature, l'histoire et l'art contemporains échapperaient à leur décadence, s'il y avait auprès de tous les berceaux d'une légende ou d'une tradition édifiantes, un homme disposé à disputer à l'oubli ces trésors, à recueillir pieusement ces reliques et à les mettre dans leur jour avec une grande sincérité de sentiment et de langage.

Grâce à l'initiative de Votre Grandeur, le culte des saints qui ont occupé autrefois une si grande place dans l'amour et la dévotion de notre pays, reçoit, tous les jours, plus d'éclat. Peut-être trouverez-vous, Monseigneur, que cet opuscule arrive à son heure, puisqu'il a pour objet de restituer à l'illustre patronne de ma paroisse le rang élevé qui lui appartient.

C'est à mes bien-aimés paroissiens auxquels le culte mieux compris de sainte Livrade promet une protection puissante et des bienfaits nouveaux ; c'est à mes vénérés frères dans le sacerdoce qu'intéresse si vivement tout ce qui fait la gloire de notre cher diocèse ; c'est aux hommes érudits qui se livrent à l'étude de nos annales que j'offre mon modeste travail. Il y a quelque témérité, je ne l'ignore pas, à prétendre obtenir le suffrage de ce public d'élite. Je lui livrerai ces pages avec plus de confiance, Monseigneur, si Votre Grandeur daigne les approuver et les bénir.

Je vous prie d'agréer,

Monseigneur,

l'expression des sentiments de profond respect avec lesquels je suis,

de Votre Grandeur,

Le fils soumis et affectionné,

R^d CASTEX, *ch. h.*,

curé archiprêtre.

ÉVÊCHÉ
D'AGEN.

Agen, le 22 août 1889.

Bien cher Monsieur l'Archiprêtre,

J'AI hâte de vous remercier de l'étude si intéressante que vous avez eu la bonté de m'envoyer sur sainte Livrade, patronne de votre église. Je l'ai parcourue avec le plus vif intérêt et, je dois le dire, avec délices. Vous y avez mis tout votre cœur de curé et je ne puis que vous féliciter et vous bénir.

Vous le dites avec juste raison : « La littérature, l'histoire et l'art contemporains échapperaient à leur décadence, s'il y avait auprès de tous les berceaux d'une légende ou d'une tradition, un homme disposé à disputer à l'oubli ces trésors, à recueillir pieusement ces reliques et à les mettre dans leur jour avec une grande sincérité de sentiment et de langage. »

Vous avez été cet homme pour sainte Livrade. Votre étude, fruit de longues années de travaux et aussi complète que le permettait la nature du sujet, est un vrai service rendu à l'hagiographie diocésaine comme à l'histoire de votre paroisse. Vos recherches sont consciencieuses et bien conduites, vos appréciations correctes et sûres, votre érudition est de bon aloi et mise en œuvre avec goût.

L'essai sur les actes des martyrs, le coup-d'œil sur la Celto-Nitiobrigie, *les notices diverses sur* l'ancienne ville *dont vous révélez l'existence ; sur la* marche progressive du christianisme dans nos contrées ; *sur les différentes saintes qui ont eu le même nom... nous préparent à de savantes discussions sur l'origine, la vie et le martyre de notre vraie sainte Livrade dont, à l'aide de données précieuses, vous réussissez si bien à reconstituer la physionomie qui nous plaît et nous captive. Ce que vous nous dites ensuite de ses reliques et du culte qui lui a été rendu, dès les premiers âges de l'ère chrétienne, en France et en différents autres pays, ne le cède en rien à l'intérêt et au charme de vos précédentes études.*

Ce qui me plaît surtout dans votre livre, et je suis heureux de le signaler, c'est qu'au lieu d'admettre indistinctement tout ce qui vous tombe sous la main, vous examinez, vous discutez sérieusement toutes les pièces ; et celles qui ne vous paraissent pas suffisamment authentiques, vous les rejetez impitoyablement. Ce n'est pas, j'ose le dire, le moindre mérite de votre ouvrage de s'être toujours inspiré d'une critique sage et judicieuse.

J'ajoute qu'un livre de cette nature et d'une telle importance, écrit au milieu des labeurs incessants d'un ministère des plus actifs, fait le plus grand honneur à son auteur et qu'il est un précieux exemple pour vos confrères. Puissiez-vous avoir, dans mon clergé, de nombreux imitateurs !

Recevez, Cher Monsieur l'Archiprêtre, l'assurance de mes sentiments les plus affectueux. E. N. S.

☩ Charles,
Évêque d'Agen.

Sainte Librade.

Chapitre premier.

Position de la question et avant-propos.

PARMI les travaux qui sont pour l'intelligence de l'homme sérieux une source féconde de jouissances, il faut ranger en première ligne l'étude de l'histoire. On aime à assister par la pensée à ces grands événements qui préparent la formation d'un peuple ou qui en précipitent la décadence. On se plaît à l'étudier dans les manifestations de sa vie extérieure, dans les guerres qu'il a eu à soutenir, dans les entreprises qui ont illustré son nom ; mais avec quel intérêt ne recueille-t-on pas aussi les documents de nature à dévoiler au grand jour sa vie intime, en faisant connaître les personnages devenus, à des titres divers et dans des situations différentes, la gloire d'une de ses contrées, d'une de ses villes. C'est l'œuvre qu'accomplissent, de nos jours, des esprits judicieux et observateurs. Ils inaugurent en cela une œuvre nouvelle pour l'hagiographie locale, et des révélations inattendues ne manqueront certainement pas de couronner leur persévérante activité. Si l'histoire en général est goûtée par les hommes de sens et d'étude, tout le monde écoute avec plaisir l'histoire particulière de son pays, de sa région. Nul ne doit surtout négliger cette spéciale instruction lorsque le pays où il a vu le jour est riche en tradition d'honneur, de gloire, de vertu, de sainteté.

C'est ce qui a lieu pour sainte Livrade, soit qu'on ait en vue cette jeune héroïne des premiers âges du christianisme, si célèbre par sa virginité et son martyre, soit que la pensée se porte sur la ville et la contrée dont elle a été, de tout temps, la glorieuse et bien-aimée patronne.

Aussi est-ce dans l'espérance d'être agréable à ceux que peuvent intéresser ces deux questions que nous essayons de les traiter. Pour le moment, toutefois, nous nous bornons à la première. Dans la partie du travail que nous abordons aujourd'hui, nous serons amené peut-être à parler parfois de la seconde, mais ce ne sera qu'incidemment. Nous nous réservons, si Dieu nous en laisse le temps, de coordonner, plus tard, les nombreux et précieux matériaux que nous possédons sur cet autre intéressant sujet.

Sainte Livrade n'est guère connue que par des légendes. On les retrouve dans un assez grand nombre de documents de seconde main et aussi dans certaines traditions populaires. A une époque déjà reculée, mais qu'il serait difficile de préciser, elles se formèrent de souvenirs lointains altérés et d'inventions plus ou moins fantaisistes, par lesquelles on essaya de suppléer aux lacunes de l'histoire (¹). Son culte se propagea de bonne heure dans une partie considérable du midi de la France, elle occupa une place privilégiée et eut un office spécial dans plusieurs anciens bréviaires ; son nom franchit même les Pyrénées et elle est encore honorée en Espagne et en Portugal qui revendiquent l'honneur de lui avoir donné le jour et de l'avoir vue mourir.

Indépendamment des usurpations espagnoles des XVe et XVIe siècles dont nous parlons dans cet

---

1. Chastelain, *Notes sur le Martyr. rom.*, 23 févr.

ouvrage, la situation seule qu'occupait l'Espagne, comme territoire, à l'époque du martyre de cette sainte ou dans les temps qui le suivirent, nous explique facilement l'origine de sa grande confiance en elle et l'importance du culte qu'elle lui voua. L'Espagne alors, on le sait, s'étendait, du côté du Nord, bien au-delà des Pyrénées et comprenait une partie de la Gaule méridionale ([1]). Est-il étonnant qu'elle ait voulu garder la plupart des saints de nos contrées ; que les rares auteurs, venus plus tard, ne les lui aient pas contestés; et que même certains martyrologes aient favorisé ses prétentions ([2]) ?

Cependant, dans le sujet que nous voulons traiter et dont on ne peut se dissimuler les sérieuses difficultés, les principales ne viennent pas de ce côté. Elles viennent surtout, selon nous, de ce que les auteurs ont trop aisément confondu entre elles les différentes saintes du nom de Libérate — *Liberata* — soit qu'ils aient pris ce nom dans son acception véritable, soit qu'ils ne l'aient employé, suivant les divers idiomes des peuples et des contrées, que dans son acception figurée, comme nous le dirons ailleurs.

Cette observation n'avait pas échappé à notre érudit prédécesseur ([3]) dont la plume autorisée traçait, dans un des registres de la paroisse, il y aura bientôt trois quarts de siècle, les lignes suivantes : « On trouve dans le martyrologe romain deux saintes portant l'une et l'autre le nom *Liberata*, l'une est simplement vierge et l'autre est vierge et martyre. La fête de la première

---

1. Monlezun, *Histoire de Gascogne*, passim; R. P. François Jacques, *Historiographie générale des provinces ecclésiast. de l'Église*, p. 199.
2. Boll. t. XVIII, p. 174; Dom Guéranger, *Institutions liturgiques*, passim; R. P. Labat, *Les 7 mart. du midi*; l'abbé Dudon, *Sainte-Quitterie, sa crypte*, p. 3 et 4; et *sainte-Quitterie*, Gasconne, passim.
3. M. l'abbé Sudre.

est désignée au 18 janvier, celle de la seconde au 23 février. Chastelain qui a traduit en français le martyrologe romain appelle la patronne de notre paroisse *LIVRADE*, et voici comment s'explique ce savant investigateur des actes des saints : *En Agenais, sainte Livrade, honorée comme vierge et martyre dans l'église de son nom bâtie par Charlemagne... On ne sait en quel temps elle a vécu* (¹). Dans son ouvrage de la vie des saints, l'abbé Piétin reproduit le même renseignement auquel il ajoute la circonstance précieuse du lieu du martyre. Il est utile de le reproduire en entier : *Sainte Livrade, vierge et martyre — Liberata — souffrit dans l'Agenais. Charlemagne fit bâtir en son honneur une église près du lieu où elle avait souffert...* 23 février (²). Évidemment la ville de Sainte-Livrade a pris le nom de la sainte donnée déjà pour patronne à l'église. Pourquoi, en français, a-t-on changé son nom en la désignant par celui de Libérate (³) ? Ce n'est incontestablement que par erreur. On a confondu son nom avec celui de sainte Libérate, vierge, que l'on trouve ainsi nommée et désignée dans la vie des saints et dans le martyrologe traduit en français : *Sainte Libérate, Liberata, vierge, florissait dans le sixième siècle et mourut l'an 581. Elle est honorée à Côme, sa patrie,*

---

1. Chastelain, *op. cit.* — 2. *Diction. d'hagiographie de Migne*, t. II, p. 277.

3. Monsieur Sudre veut parler ici de l'usage introduit depuis environ deux siècles seulement d'écrire, dans les registres des baptêmes et autres: *dans l'église de Sainte-Libérate de Sainte-Livrade.* Dans le XVIIᵉ siècle, on avait accepté beaucoup trop facilement et sans critique, chez nous, les inventions apocryphes et fantaisistes des Espagnols. On trouve quelquefois, mais très rarement, dans de vieux papiers *Liurande, Liuvrande, Liurade et Librate* ou *Librade*. On sait 1° qu'on distinguait autrefois deux sortes d'U, l'un voyelle et l'autre consonne ; 2° que, dans l'ancien latin et au moyen âge, on confondait le V avec l'U, et qu'on n'établit aucune distinction entre les deux lettres avant le XVIᵉ siècle ; 3° que, dans l'espagnol comme dans le grec moderne, le B se prononce comme un V et en a presque le même son. (Trousset, *Nouv. diction. encyclop.*)

le 18 janvier. Il est certain qu'en traduisant le nom Liberata, virgo et martyr, par *LIVRADE*, Chastelain a voulu, à dessein, la distinguer de Libérate, vierge ([1]). Au surplus, ce qui prouve qu'on a fait erreur sur le véritable nom de sainte Livrade, c'est qu'on a honoré longtemps le 18 janvier, d'après les anciens *propres* d'Agen, *sancta Liberata, virgo et martyr*, alors que le martyrologe, reproduit par Chastelain, assigne sa fête au 23 février, et que ce même martyrologe et tous les autres à peu près ne parlent, au 18 janvier, que de sainte Libérate vierge seulement, *sancta Liberata virgo*. »

La confusion dans un nom peut amener souvent avec elle des erreurs qui touchent une corde bien délicate sur la transmission des actes des saints. Elle ne les dénature pas seulement, elle finit par les effacer, et, au lieu de diriger la piété des fidèles sur la véritable connaissance de leur vie, elle bouleverse tout l'ordre établi par l'histoire. Comment trouver la légende vraie et sincère de sainte Livrade, *vierge et martyre*, lorsque ceux qui étaient directement intéressés à la rechercher ou même simplement à la conserver, ont méconnu jusqu'à son véritable nom ou lui ont substitué celui d'une autre sainte ?

La première pensée de cet ouvrage nous est venue à la suite de toutes ces considérations, et il nous a semblé qu'il ne pouvait arriver plus à propos qu'à une époque où la lutte est engagée partout sur le terrain de l'antiquité chrétienne.

Pendant notre long pastorat à Sainte-Livrade, nous avons eu souvent l'heureuse chance de rencontrer des documents qui nous paraissaient n'être pas sans utilité,

---

1. Non seulement de celle de Côme, mais encore de toutes celles qui ont porté le même nom et qui n'étaient que vierges, celles de Pavie, de Chaumont, etc.

pour éclairer la physionomie d'une sainte très honorée dans toute la contrée et avoir des rapports directs avec les légendes et les narrations essentiellement populaires que nous y trouvions. Nous savions que les légendes des saints, au moyen âge surtout, faisaient partie du culte qu'on leur rendait ; qu'elles étaient débitées dans les églises ; que les pèlerins, après les avoir entendues, en devenaient les plus fervents propagateurs. La société, à cette époque et dans tous les âges de foi, ne respirait en effet, pour ainsi dire, que pour Dieu et ses saints. Ceux-ci étaient sa vie, sa force, ses plus douces jouissances. Au pied de leurs images, la foule venait prier, et, le soir, réunis au foyer domestique, le père et les enfants s'édifiaient par la lecture ou par le récit d'une page de leur histoire. Nous avions soin de collectionner monuments, manuscrits, récits authentiques ou apocryphes, espérant que nous pourrions un jour, ou que d'autres pourraient, après nous, y trouver les matériaux de l'étude que nous avions en vue. Dans ces derniers temps, les circonstances nous ont permis de la traiter nous-même. Nous nous sommes appliqué à le faire en critique sincère et consciencieux et nous nous décidons à la livrer aujourd'hui au public pour répondre à des sollicitations non moins flatteuses qu'honorables (1).

Avec la mémoire de sainte Livrade, d'ailleurs, ne sont-ce pas les vestiges de la foi et de la piété de nos

---

1. Nous citons au cours de cet ouvrage, lorsque les circonstances nous en laissent la possibilité ou nous le commandent, les appréciations de plusieurs personnages recommandables auxquels nous n'avions communiqué que le plan sommaire de notre travail : MM. les abbés Servières, Dudon et Duchesne, dom Piolin, les RR. PP. Carles, du Calvaire, et Viallet des Augustins de l'Assomption ; MM. Ad. Magen, Mouleng et Deveaux ; Sa Grandeur Mgr l'évêque de Rodez, etc. Nous nous permettons de nommer ici quelques-uns de ceux qui, après avoir pris connaissance de notre manuscrit, nous ont pressé fortement de le publier:

ancêtres chrétiens que nous mettons en lumière ? Étudier ces vénérables restes, essayer de faire revivre ce qui, depuis des siècles, est trop enseveli dans un injuste oubli, ajouter quelques rayons à l'auréole de l'une de nos saintes agenaises, tel est le dessein que nous avons conçu. Nous marchons à grands pas vers le terme de notre carrière, et notre longue expérience nous avertit que l'heure est opportune pour un semblable travail. Peut-être pourra-t-il contribuer à raviver, avec le souvenir de l'héroïque vierge et martyre, l'amour et l'imitation de ses vertus, notamment de ce courage chrétien dont elle nous a laissé un si grand exemple, et qui est presque aussi nécessaire de nos jours qu'au temps des persécutions sanglantes. Le monde païen était par essence le monde impur ; la

M. de Carsalade du Pont, secrétaire général de la *Société historique de Gascogne* ; M. Tholin, archiviste de la préfecture de Lot et Garonne ; M. Léonce Couture, professeur à l'Institut catholique de Toulouse qui nous a fait l'honneur de nous écrire : « Je viens d'examiner votre manuscrit et je suis vraiment étonné de la quantité de faits et de l'abondance d'informations qui le distinguent. Je ne suis pas moins satisfait de la marche sage et consciencieuse de votre discussion. » Voici l'appréciation de M. l'abbé Dudon du grand-séminaire d'Aire : « J'ai trouvé un véritable charme à parcourir votre précieux manuscrit, et, après l'avoir achevé, je ne puis que vous offrir mes bien sincères félicitations. Il est impossible que ceux qui vous liront sans prévention ne soient pas frappés de l'abondance des documents que vous mettez en œuvre et du grand éclat qu'ils jettent sur une question enveloppée jusqu'à cette heure de tant d'obscurités. Votre critique mesurée, je dirai presque trop circonspecte, s'appuie de considérations très justes et très sagaces. Je ne sais pas vraiment comment on pourrait infirmer ce que vous dites ou ce que vous proposez.... Lorsque ce travail, si riche et si consciencieux, paraîtra, je lui consacrerai volontiers, si cela vous est agréable, un article bibliographique. En attendant, je suis heureux de joindre mon humble suffrage aux approbations flatteuses que vous avez recueillies.» Monsieur le chanoine Lacoste, ancien curé de Cassenueil, aujourd'hui préfet des classes et sous-directeur à l'école Saint-Caprais d'Agen, nous a écrit de son côté : « Je viens de lire votre belle étude sur sainte Livrade, l'aimable patronne de votre paroisse. Je ne saurais dire quel charme et quel intérêt j'y ai trouvés. On voit que vous avez mis à cette œuvre tout votre esprit femme y avait perdu jusqu'au sentiment de la pudeur. Pour sauver l'humanité qui périssait dans la dégradation de la chair, le christianisme enfanta ce qu'il y a de plus élevé dans la pudeur, la virginité. Les vierges chrétiennes devaient, dans les desseins du divin Rédempteur, servir d'instrument à la régénération de l'homme, et leur rude mission devait aller jusqu'à l'effusion de leur sang. Jésus ne leur dit pas seulement : « Soyez vierges, » mais encore : « Mourez pour la virginité. » Ces deux mots doivent résumer tout l'enseignement chrétien de ce livre, de même qu'ils résument toute la partie de la vie hagiologique de sainte Livrade.

Dans la partie hagiographique et critique serons-nous arrivé à la vérité historique rigoureuse ? Nous l'espérons et le croyons, sans avoir la prétention

et tout votre cœur. Les recherches qu'elle vous a coûtées et que vous avez poussées avec une persévérance inaltérable durant de longues années ; les documents multiples et divers que vous avez su grouper ; la perspicacité et la sûreté de votre critique ; votre discussion impartiale et toujours orientée vers la découverte de la vérité ; les conclusions que vous tirez soit de l'histoire, de la légende, ou des traditions locales, soit de l'architecture ou de la numismatique, soit des trésors archéologiques que vous avez eus sous la main ; l'émotion contenue, mais que l'on sent percer sous le récit et même sous l'argumentation, tout contribue à faire de votre ouvrage un vrai monument élevé à la mémoire de sainte Livrade...... Ce que vous avez dit de Casseneuil que vous savez m'être toujours si cher, m'a tout spécialement intéressé, et je crois qu'il est difficile de penser, à ce sujet, autrement que vous. » M. le Vicaire-Général Hebrard est un de ceux qui ont le plus encouragé notre œuvre. Il nous écrivait le 1er février 1887 : « Vous avez de précieux matériaux.... mettez-vous donc à l'œuvre et ne tardez pas à nous faire lire un travail complet sur sainte Livrade et la région qu'elle protège. Ce sera une bonne fortune pour le diocèse qui vous devra de justes actions de grâces.» Et voici un passage de sa lettre du 22 mai de l'année 1888 : « J'aurais voulu pouvoir vous dire plus tôt tout le plaisir que m'a causé la lecture de votre si intéressant manuscrit. C'est le fruit de longues, patientes et consciencieuses recherches...... Vous nous apprenez sur la glorieuse patronne de votre paroisse des choses du plus haut intérêt...... Merci encore pour le charme que m'a procuré cette lecture. » — On a pu lire enfin, en tête de cet opuscule, la lettre beaucoup trop bienveillante de Monseigneur l'évêque du diocèse.

toutefois d'amener à notre manière de voir et à nos conclusions tout le monde savant. Il ne s'agit, après tout, que de faits historiques soumis à la discussion, et sur lesquels le dernier mot doit rester à celui qui produit les meilleurs arguments. Nous avons la ferme conviction que sainte Livrade nous appartient au moins par son martyre. C'est le point capital que nous nous efforçons d'établir. Puissions-nous faire partager la joie que nous avons éprouvée, en sentant s'affermir en nous cette certitude à mesure que nous avancions dans notre critique surchargée de citations. Les développements où nous devons entrer sembleront un peu longs à quelques lecteurs moins épris que nous-même de la thèse que nous soutenons. Nous les croyons indispensables pour sa démonstration complète. Et toutefois nous nous hâtons de dire qu'au milieu des nombreuses richesses que nous avions en main, nous avons dû faire un choix et nous borner.

Il ne nous est pas difficile de convenir que, pour un ouvrage de ce genre et de cette importance, il eût fallu, avec beaucoup plus d'érudition, plus d'habitude de ces sortes de matières et de travaux ; mais si la pensée première qui a présidé à cette étude peut avoir quelque valeur, une plume plus exercée et plus autorisée viendra peut-être un jour donner à cette pensée un plus grand développement et un intérêt plus soutenu. C'est notre désir et notre espérance.

Pour le moment, puissent ces pages seconder nos vues et décider beaucoup de mains à s'ouvrir en faveur de l'œuvre de la restauration de notre clocher qui serait, pour nous, l'heureux couronnement de toutes celles qu'il nous a été donné d'accomplir, sous l'œil de Dieu, dans notre paroisse bien-aimée.

Chapitre deuxième.

PRÉLIMINAIRES (¹). — Essai sur la valeur historique des actes des martyrs, ou de ce que la tradition nous en rapporte.

TOUTES les époques, a dit un judicieux écrivain moderne — Bolletino, — ont eu leurs romans historiques, où la fiction, en s'appuyant sur la réalité, cherche à l'embellir de son mieux et à l'idéaliser. La Grèce eut les siens, le moyen âge en fit ses délices et, de nos jours, le goût est loin d'en être perdu. Ce genre de littérature eut aussi un singulier attrait pour les premiers âges du christianisme. Mais le roman prit alors une forme particulière, parfaitement en harmonie avec les idées et les besoins des chrétiens de cette époque ; il devint le roman pieux. Tels sont les évangiles apocryphes et ces légendes merveilleuses sur la vie et la mort des martyrs qui, jusqu'à la fin du VIe siècle, se multiplièrent en assez grand nombre pour qu'il fût impossible de les compter.

Supposer dans leurs auteurs l'intention de tromper,

---

1. Nous nous sommes demandé si l'objet de notre travail pouvait nous permettre ces préliminaires. Nous n'ignorons pas qu'il y a malheureusement des légendes fictives dans leur origine, et nous avions à craindre, chez quelques-uns de nos lecteurs, une opinion préconçue relativement à celle de sainte Livrade qu'on a jugée trop facilement jusqu'ici n'avoir pas été rédigée *même* sur des *traditions*. L'ensemble de cet ouvrage démontrera que telle n'est pas notre manière de voir, loin de là. Quelle que soit, du reste, l'opinion qu'on adopte à cet égard, les notions sur les actes des martyrs sont toujours instructives. Sans chercher à leur donner trop d'importance et malgré leur sécheresse, nous en donnons sommairement ici quelques-unes. On ne les lira pas sans utilité pour la complète intelligence de nos discussions futures et nous aurons à y renvoyer parfois.

CHAPITRE DEUXIÈME. 17

comme on l'a fait avec plus de parti pris peut-être contre le catholicisme que de discernement, serait une injustice. A part certains hérétiques, dont les écrits devaient servir de base apparente aux erreurs, le grand nombre de ces modestes et inconnus écrivains ont eu pour but unique d'édifier. Instinctivement ils obéissaient à cette idée, si bien rendue par le comte de Maistre : « La légende peut être fausse, mais son enseignement est vrai. » Ils n'ignoraient pas que ce qui pénètre dans les âmes par une histoire se grave bien autrement que ce qui ne se présente que par un précepte.

Les évangiles apocryphes nous donnent une idée du procédé des simples et naïfs légendaires des premiers siècles chrétiens. Leurs auteurs se sont bien gardés de toucher aux points principaux de la vie de Jésus-Christ établis de bonne heure par les quatre évangiles canoniques. Seulement, un vague mystérieux planant sur certaines circonstances de cette vie, ils ont vu ou cru voir, dans nos récits sacrés, comme des lacunes ; ils y ont trouvé un champ libre pour leurs fictions et, sollicités par les besoins de la curiosité publique, ils s'en sont emparés pour rattacher, avec plus ou moins d'habileté, les faits les plus merveilleux, au grand texte évangélique.

C'est aussi de cette manière que furent composés un grand nombre d'*actes*, plus ou moins fabuleux, plus ou moins véridiques des martyrs des premiers siècles et surtout de nos vierges au sujet desquelles il semble que l'imagination se soit plus volontiers donné carrière. Leurs auteurs ont recueilli toutes les traditions retenues par la mémoire des peuples et ils les ont mêlées à leurs romanesques narrations.

Hâtons-nous de dire cependant que parfois les faits, quant à leur réalité, furent conservés par une tradition plus claire, plus précise, comme certaine, en un mot, soit que les événements fussent moins éloignés, soit que les anciens en eussent mieux gardé le souvenir, soit que les lieux, les monuments, le tombeau, une fête, etc., en eussent consacré les grands traits, négligeant le détail. Le légendaire alors n'avait pas à contrôler le récit dans tous ses points ; s'il savait même se garder d'y rien mettre de sa propre invention, il se rapprochait du rôle de l'historien et laissait un écrit précieux. Ce cas néanmoins dut être rare, car il suppose, au point de vue critique, une sage réserve peu commune en ce temps-là. Il nous reste très peu de monuments de ce genre, mais ceux qui existent ont une grande valeur parce qu'ils reflètent parfaitement et plus exactement peut-être que l'histoire solennelle elle-même les idées et l'esprit de leur temps.

Au IVe et au Ve siècle, même après la persécution des Vandales, une chose étrange arriva souvent au sujet des martyrs. Dans les archives des églises étaient conservées, sur la glorieuse confession de quelques-uns d'entre eux, des pièces incomplètes : une notice partielle, l'interrogatoire tiré des registres proconsulaires ou autres. Tout cela était bien précieux. Reproduire avec exactitude ces vénérables documents, les relier par des phrases sobres, comme le comprit Dom Ruinart, dans la collection de plusieurs actes de ce genre, aurait été œuvre grave et vraiment digne de l'histoire. Malheureusement, en général, ou on ne fit rien, ou on ne garda pas la sobriété nécessaire. On voulut donner des histoires entières et bien suivies. Or, l'art de compléter est difficile, c'est une opération délicate qui demande une critique consommée dont la plupart des écrivains de cette époque ignoraient jusqu'aux rudiments. Aussi confondit-on les temps, les lieux, les personnages et

CHAPITRE DEUXIÈME. 19

on devint comme la victime de sa propre illusion, en ne sachant pas demeurer dans les limites de la vérité, pas même souvent dans celles de la vraisemblance.

Lorsque les persécutions eurent fait place à la paix et au triomphe du christianisme, chaque contrée s'occupa de recueillir tous les souvenirs et toutes les traces de ses enfants confesseurs de la foi. Au moyen âge encore, cette œuvre était un honneur et une gloire dont chaque église était jalouse. Malgré tout, alors comme aux premiers siècles, en plusieurs lieux et au sujet de plusieurs de ces saints personnages, les documents manquaient ou étaient insuffisants.

Toutefois quelques églises plus heureuses possédaient des matériaux à peu près complets, dont les lacunes pouvaient être véridiquement comblées par la mémoire des vieillards. Ayant ainsi tous les éléments d'une véritable histoire, elles sentirent le besoin de les coordonner, d'en faire une rédaction plus régulière, plus littéraire, plus oratoire même, afin de s'accommoder au goût du peuple qui aimait à les entendre lire dans la liturgie. Ce fut là l'origine d'un grand nombre d'*actes* qui, sans être contemporains des événements racontés, n'en sont pas moins dignes de foi. C'est ce que la critique du dernier siècle, tout imprégnée de philosophie exclusive, a trop méconnu. Aussi, en écartant ces documents pour la seule raison qu'ils avaient été rédigés tardivement, a-t-elle privé d'un grand nombre de pièces importantes et sérieuses l'histoire des premiers âges.

Nous sommes convaincu que, plus on avancera dans l'étude approfondie de l'antiquité chrétienne, plus on verra se restreindre la part de la fiction, s'étendre celle de la vérité, et nos monuments religieux des premiers siècles acquérir ce caractère de dignité et de grandeur qu'ont déjà commencé, du reste, à leur donner l'archéologie et la science historique moderne.

Par conséquent, rejeter les divers *actes* dont nous venons de parler, à cause de quelques erreurs, serait abuser étrangement de la critique. Sans doute ils n'ont pas la valeur des documents originaux rédigés par des contemporains, par des témoins oculaires qui n'ont eu besoin de rien emprunter à la tradition et qu'il nous suffit d'indiquer pour que notre étude ne reste pas incomplète : tels sont la *lettre de saint Denis d'Alexandrie*, les *actes de saint Cyprien*, évêque et martyr, la *lettre de l'église de Lyon aux églises d'Asie sur le martyre de saint Pothin et de sainte Blandine*, celle de *l'église de Smyrne sur celui de saint Polycarpe*, etc. L'histoire évidemment n'a rien de plus assuré et ces écrits sont tellement vénérables, qu'après les livres sacrés, rien n'est plus digne de nos respects. Mais il est incontestable que les premiers se recommandent par de sérieuses qualités ; ils portent presque toujours avec eux un caractère de dignité et de grandeur, et, sauf quelques points de détail qu'il est facile de signaler, ils sont inattaquables à la science historique et en conformité avec les mœurs et les usages du temps. Ils en reproduisent les traits caractéristiques et il est rare qu'ils ne soient pas, jusqu'à un certain point, confirmés, dans leur substance, par quelques documents irrécusables, comme des textes des Pères, des passages de martyrologes, des inscriptions.

La critique rationaliste et janséniste rejetait universellement toute tradition soit écrite soit orale. Aujourd'hui tout reprend sa véritable valeur et les grands travaux de Dom Guéranger, de Dom Piolin, de monsieur de Rossi, de monseignenr Bartolini et de tant d'autres, apprennent à séparer, dans les traits rapportés

CHAPITRE DEUXIÈME.

par la tradition, l'or pur de l'alliage et rendent ainsi d'éminents services à la critique historique.

Dans l'étude que nous avons entreprise nous nous efforcerons de marcher sur leurs traces, bien que de loin et avec timidité, à cause de nos humbles ressources personnelles.

On a écrit diversement sur sainte Livrade ou Liberate —*Libérata*, — dans l'Aquitaine, en Espagne et en Portugal, en Allemagne et jusque sur les bords du Danube, en Angleterre, dans les provinces du Nord de la France et de la Belgique ; de très graves auteurs en ont fait le sujet de leurs travaux biographiques, géographiques, chronologiques, hagiologiques et historiques. Nous les trouvons résumés dans Corneille de Lapierre, dans les diverses publications de Migne, dans les Bollandistes... etc. Nous nous attacherons à y démêler le vrai du faux, la réalité de la fiction. Les traditions locales qui se sont conservées à travers les âges et de siècle en siècle, corroborées par quelques manuscrits, tombeaux, médailles, monuments, nous fourniront des renseignements précieux que nous reproduirons aussi exactement que possible. Nos appréciations et nos suppositions personnelles seront toujours très sobres. Dans tous nos dires enfin, nous nous tiendrons en garde contre les procédés de deux écoles opposées, l'une qui est disposée à tout rejeter, l'autre à tout admettre.

Chapitre troisième.

Coup d'œil sur la Celto-Nitiobrigie (1) avant l'ère vulgaire. — État de nos contrées sous la domination romaine.

D'APRÈS les plus anciens monuments de l'histoire, il est admis par tous aujourd'hui qu'on doit considérer, comme les premiers habitants de l'Europe centrale et occidentale, les Celtes, peuple puissant de la grande famille aryenne qui descendit du plateau principal de l'Asie et passa probablement en Europe pendant la période dite préhistorique (2). Éminemment migrateurs, ils s'avancèrent rapidement vers l'Occident, mais, arrivés à l'Atlantique, ils poussèrent leurs colonies, au Nord,

---

1. En employant le terme Celto-Nitiobrigie, nous n'ignorons pas que les géographes autorisés de notre temps ne s'en servent pas ou ne s'en servent que très peu. Notre dessein n'est nullement de chercher à faire du néologisme. Nous voulons laisser entendre seulement que notre étude a moins en vue les peuples d'origine ibérique de l'Aquitaine proprement dite, comprise entre la Garonne, les Pyrénées et l'Océan qu'on appelait aussi quelquefois Novempopulanie, que ce peuple plus particulièrement celtique habitant exclusivement la partie de l'ancienne Gaule située entre la Garonne et la Loire, au S.-E. des Bituriges-Vivisques. Quelques auteurs, à la suite de Jules César, dans la division qu'il fait de l'Aquitaine et que nous rappelons, ont bien écrit que les Nitiobriges étaient un *peuple celtique* de la *Gallia Aquitanica*, mais nous ne partageons pas leur opinion. Les Nitiobriges n'étaient pas Aquitains. Ils ne prirent ce nom que lorsque l'Aquitaine eut été étendue jusqu'à la Loire et comprit tous les pays situés entre ce fleuve, les Cévennes, les Pyrénées et l'Atlantique. Mais originairement et du temps de la conquête romaine, ils étaient tout à fait en dehors de l'Aquitaine géographiquement et ethnographiquement. De là, encore une fois, le terme Celto-Nitiobrigie que nous nous permettons d'employer comme résumant parfaitement ces données.

2. Max Müller.

dans les îles britanniques encore sans habitants, et, au Sud, au delà des Pyrénées, où ils se heurtèrent à un autre peuple, les Ibères, avec lesquels ils se mélangèrent pour former les Celtibériens (¹).

On ignore à quelle époque, sous le nom générique de Gaulois, *Galli*, *Galloï*, ils prirent possession des forêts et des déserts qui devaient être un jour la France et où ils vécurent, pendant plusieurs siècles, au rapport de Strabon et de Diodore de Sicile, avec la réputation d'hommes qui avaient la force et l'agilité des bêtes féroces de leurs forêts.

La famille des Aquitains se trouvait dans cette petite contrée comprise entre les Pyrénées, la Garonne et l'Océan y formant, environ deux siècles avant Jésus-Christ, parmi des peuplades portant d'autres noms, ce que Jules César, dans ses mémoires, appelle deux grandes confédérations, celle des Nitiobriges, sur la rive droite de la Garonne, et celle des Sotiates, sur la rive gauche (²).

C'est par ces peuples que furent habitées nos contrées. Ils étaient de la race pure des Galli et, en général, ils sont représentés comme beaux, bien bâtis, braves, belliqueux, impatients et ne supportant aucune contrainte. Agen, leur principale ville, était, disent de nombreux auteurs cités par Darnalt (³), *aussi célèbre et renommée qu'ancienne*. Jules de l'Escale, savant scrutateur de l'antiquité, en a écrit ceci : *Agennum oppidum est Aquitaniæ princeps* (⁴).

Ce serait une erreur bien étrange de croire qu'avant la conquête des Romains, la Gaule Celtique, et, en particulier, la Celto-Nitiobrigie fut tout à la fois, comme l'ont prétendu quelques écrivains, un pays sauvage,

---

1. De Bopp. — 2. Voyez note 1, page précédente. — 3. Page 18. — 4. Contra Erasmum.

stérile et dépeuplé. A cette époque, au contraire, le boisement de ses montagnes et de ses côteaux étant complet, il sortait de leurs flancs des sources abondantes et intarissables, qui, en fournissant à l'agriculture de fréquentes irrigations, devinrent la source des plus riches produits agricoles. C'est à la vue d'une terre aussi féconde et aussi favorisée par les influences atmosphériques, que les Romains furent frappés d'admiration et qu'ils voulurent en faire comme une annexe de leur patrie.

Appelés à jouir de ces inappréciables bienfaits de la nature, les habitants de cette contrée, quelle qu'ait été d'ailleurs leur origine, loin de vivre isolés et dans de misérables cahutes, recouvertes de terre et de paille, comme celles des Gaulois du Nord, y formaient déjà, plusieurs siècles avant l'ère vulgaire, de puissantes agrégations qui avaient leurs capitales, leurs lois, leurs mœurs, leurs habitudes, leurs territoires, leurs chefs militaires, leurs magistrats civils, leur religion, leurs druides, éléments d'une civilisation à sa première ébauche, si l'on veut, mais qui se perfectionna de jour en jour, surtout par le contact et le rapprochement des Phéniciens. On sait que ceux-ci, une fois établis sur les côtes de la Méditerranée, cherchèrent à étendre leurs relations jusque dans le pays des Aquitains chez lesquels ils vinrent implanter les premiers germes du commerce et qu'ils jetèrent ainsi dans ce mouvement qui devait les mêler, un jour, aux révolutions de l'empire des Césars. Amédée Thierry nous apprend, en effet, que les Phéniciens, poussés par une étrange avidité, étaient venus jusqu'aux Pyrénées et dans les landes aquitaniques, découvrir ces mines de fer qui furent plus tard exploitées par les peuplades ibéro-galliques.

On conçoit le changement que dut produire, dans

CHAPITRE TROISIÈME.

les mœurs des habitants de ces contrées, un commerce qui finit par être de tous les jours et de tous les instants, surtout dans les bassins du *Garw*, de l'*Ator*, du *Dourdon* et de l'*Ollus* (¹), où s'élevèrent des établissements Massaliotes (²) et quelles améliorations vinrent à sa suite. La rudesse native du peuple indigène s'adoucit progressivement dans ses rapports avec le peuple civilisé, et la langue dépouilla ses écailles ibéro ou celto-galliques pour se plier à la douce euphonie grecque. A force d'entendre parmi eux l'idiome étranger, Auskes, Nitiobriges, Bituriges et Petrocorii le bégayèrent dans les comptoirs, et une foule de mots restèrent sur leurs lèvres, en même temps que partout s'élevèrent des bourgs, villages et hameaux, dont le nom poétique, là où il s'est conservé, trahit encore de nos jours leur origine (³).

Ici commencent les premières pages historiques des grands événements qui ont agité la Gaule sous les Romains, mais dont nous n'avons qu'à rappeler brièvement ce qui a rapport à nos contrées.

Environ soixante-dix-sept ans avant JÉSUS-CHRIST, l'avant-dernier roi des Nitiobriges, Ollovicon, portait le titre d'ami du peuple romain. *C'estoit l'un des plus grands témoignages d'honneur que ce peuple, grand, victorieux et fleurissant donnast aux roys ses alliés* (⁴). Mais quand la guerre civile de Marius et de Sylla se fut allumée, Sertorius qui avait éprouvé leur valeur chez les Ibères d'Espagne, chercha à soulever les Aquitains. Ils prirent les armes et ceux d'entr'eux qu'on nomme ordinairement les Sotiates, aussi aventureux qu'intrépides, menacèrent d'une prochaine in-

---

1. *La Garonne, l'Adour, la Dordogne et le Lot.*
2. Mérula, *Géographie générale.*
3. Strabon, *Histoire du Midi de la France.*
4. Darnalt, *Antiquités de la ville d'Agen et pays d'Agenois*, 1606.

vasion Narbonne et Massalie (1). Le proconsul qui gouvernait cette province, Manilius Népos, voulant prévenir cette irruption, devança l'ennemi des Romains, et pénétra avec une armée dans son pays. Il y fut entièrement défait, perdit son lieutenant Valérius Préconius, une grande partie de ses troupes, et s'enfuit honteusement, laissant tous ses bagages entre les mains des vainqueurs (2).

En partant pour l'Armorique, César avait chargé un de ses lieutenants, le jeune Crassus, de contenir les Aquitains dont les mouvements l'inquiétaient. C'est à cette époque et quelques années plus tard que le pays des Celto-Nitiobriges fut traversé par les armées romaines qui y laissèrent de nombreuses traces de leur passage. Tout le bassin du Lot devint comme le vaste camp où Crassus venant de Cahors, Fabius du Poitou, réunirent leurs nombreuses légions auxquelles devaient venir se joindre, à Agen, comme auxiliaires, les meilleures troupes de Toulouse, de Carcassonne, de Narbonne, pays dépendant déjà de la province romaine et voisins de l'Aquitaine. Les anciennes voies dont nous aurons à parler plus tard, les vieux monuments retrouvés dans ces contrées, les cimetières, les tombeaux, les médailles, les forts elevés non loin d'*Excisum* et dont il reste encore des vestiges, nous sont une preuve certaine, non seulement du passage des troupes romaines dans nos contrées, mais encore des batailles qui durent s'y livrer.

Les Nitiobriges, à la suite de leur roi Teutomar, firent des efforts inouïs pour conserver l'indépendance de leur patrie. Les Sotiates surtout et, sous ce nom, il

---
1. Marseille.
2. Abbé Barrère, *Histoire religieuse et monumentale de l'Agenois*, p. 7.

faut comprendre toutes les tribus fédérées du Sud de l'Aquitaine, se distinguèrent par de véritables prodiges de valeur et mirent plusieurs fois en danger la fortune de César.

Mais leur patriotisme, leur résistance, leur désespoir, se brisèrent contre la force, la discipline et les machines des légions de l'armée ennemie. C'en fut fait dès lors de l'indépendance des Gaules : elles eurent un maître. César en acheva la conquête en moins de dix ans, espace de temps qui comprend encore son triomphe sur les Helvétiens, le passage du Rhin, la défaite d'Arioviste, roi de la Germanie, la soumission des Belges et celle de la Grande-Bretagne.

Le territoire de la république reçut ainsi un grand accroissement, et on peut dire, à la gloire du vainqueur, que ce fut là une de ses plus belles conquêtes. On sait que ce fut toujours par des moyens pacifiques, que Rome et son sénat soumirent au joug de la métropole les pays nouvellement conquis. Ainsi la Celto-Nitiobrigie qui se confondit bientôt avec l'Aquitaine, considérée par les Romains, à cause de la douceur de son climat et de la bonté de ses fruits, comme une seconde Italie, jouit, sous leur domination, de ce calme et de ce repos garantis par les vainqueurs aux provinces qui leur étaient soumises. Sous l'empire des lois et des institutions nouvelles, les vaincus ne furent bientôt plus que des alliés ; chez eux, culte, religion, langage, habitudes, costumes, tout fut bientôt pacifiquement changé, et le Celte devint un Gallo-romain. Il est donc vrai de dire, que Rome fit plus de conquêtes réelles par ses lois que par ses armes. L'établissement de ses anciennes colonies dans les Gaules, a bien pu être, dans l'origine, une mesure nécessaire pour prévenir ou comprimer les révoltes des contrées soumises au nouveau régime de la conquête; mais, dans la suite, la multiplicité de ces colonies fut une large voie ouverte à la civilisation. Loin d'imiter les Barbares qu'un génie destructeur poussait sans cesse, par instinct, à la dévastation, la Ville Éternelle sut se personnifier dans les monuments dont elle couvrit les pays soumis à ses armes. Elle devint, en ce point, la rivale de cette Égypte dont les pyramides semblent défier à jamais, dans leur gigantesque immobilité, l'action dévastatrice du temps.

Chapitre quatrième.

Notice tirée de l'histoire, de la tradition et surtout de l'archéologie, sur l'antique ville gallo-romaine dont le nom est resté inconnu et près de laquelle, sinon sur ses ruines mêmes, a été bâtie celle qui porte aujourd'hui le nom de Sainte-Livrade.

DANS un sujet tel que celui dont nous nous occupons, et qui intéresse d'une manière particulière notre pays, sur le sol duquel des choses merveilleuses se sont accomplies pour la glorification du christianisme, il y a près de seize siècles, quelques considérations archéologiques ne sauraient être déplacées, puisque le mérite des œuvres humaines doit être rapporté à celui qui est le principe de toute intelligence.

Si l'archéologie peut faire encore une riche moisson dans les restes des monuments qui couvrent nos contrées, il faut convenir que les barbares *indigènes* ont amoncelé des ruines, autant que les étrangers pour le moins, au profit des futurs collectionneurs d'antiquités. Nul doute que beaucoup de villes et de bourgades anciennes n'aient disparu, à des époques diverses de calamiteuse mémoire, aussi bien à la suite de discordes civiles que d'invasions dévastatrices, et qu'on n'en puisse plus signaler l'existence, que d'après l'inspection de leurs décombres. Les amateurs, les historiens, les géographes des premiers temps peuvent bien, jusqu'à un certain point, nous servir de guides, mais, dans le plus grand nombre des cas, ils nous sont peu utiles.

C'est aux fouilles que nous devons aujourd'hui faire appel ; c'est grâce à elles que l'histoire du passé écrite en termes non hiéroglyphiques, apparaît au grand jour, pour l'instruction du présent et de l'avenir.

« On ne peut que déplorer », dit le docte M. Tholin(1), « l'indifférence générale à l'égard des découvertes archéologiques. On devrait se rendre compte pourtant que, par exemple, l'existence d'un cimetière romain démontre, aussi bien que pourrait le faire un texte d'auteur latin, l'antiquité d'une commune. Un cimetière de l'époque franque équivaut, pour une paroisse, à une mention dans un diplôme. L'archéologie est devenue un des éléments les plus considérables de l'histoire des époques reculées...... c'est à la terre, c'est aux tombes qu'il faut dérober le secret des religions, des mœurs, de l'industrie de nos ancêtres. »

Mais avant de confirmer notre assertion par une étude sérieuse des tombeaux et des médailles, disons ce que nous apprennent, sur le sujet qui nous occupe, l'histoire et la tradition.

Existait-il dès le temps des Nitiobriges ou au moins à l'époque gallo-romaine quelque établissement gaulois ou romain sur l'emplacement de Sainte-Livrade ? L'affirmative ne nous paraît pas pouvoir être contestée surtout pour cette dernière époque.

Adrien de Valois, dans son ouvrage intitulé *Notitia Galliarun*, si utile, d'après un biographe (2), *pour connaître la France sous les deux premières races*, dit : « Dans les Gaules beaucoup de localités abandonnèrent leur antique nom pour prendre celui de leurs saints. Par suite, les dénominations primitives cessant d'être

---

1. *Études sur l'architecture religieuse de l'Agenais*, p. 298, note.
2. Feller, article qu'il lui consacre dans sa *Biographie universelle*.

CHAPITRE QUATRIÈME. 31

en usage et étant remplacées par de nouvelles, les habitants qui vinrent plus tard finirent par oublier les véritables noms anciens, et, comme le fait observer Masson, nous ne les connaissons plus nous-mêmes aujourd'hui ([1]). » Et, à la suite, il cite, avec beaucoup d'autres noms, celui de Sainte-Livrade : « Dans ce nombre on peut comprendre Sainte-Livrade, localité peu éloignée d'Agen et qui n'est pas sans importance » ([2]).

Voilà donc qu'un auteur des plus estimés pour son *exactitude et son érudition* ([3]), s'appuyant sur Papire Masson auquel nous devons une description de la France par les fleuves et les rivières ([4]), nous donne la ville actuelle de Sainte-Livrade comme ayant remplacé une autre antique ville dont le temps a fait perdre le nom. C'est un double témoignage historico-géographique qui n'est pas sans valeur.

En 1790 les officiers municipaux de Sainte-Livrade, délégués par le district de Villeneuve pour faire *état et invention des titres et papiers dépendants du prieuré des religieux bénédictains* de leur ville, trouvèrent, sous le n° 8 et sous la lettre H, plusieurs *mémoires pour servir à l'histoire du monastère*. La plupart de ces papiers ont malheureusement été perdus. Nous avons pu cependant, entre quelques autres, nous en procurer un très précieux intitulé : *Relation précise du prieuré et monastère* ([5]) *de la ville de Sainte-Livrade d'Agenais* où

---

1. Page 500. « Multa loca in Galliis, deposita veteri appellatione, nomina sanctorum suorum accepère. Ita factum est, ut cum prisca appellatio in usu esse desiisset et novis vocabulis locum dedisset, antiquum plurimorum locorum ignorarent posteri et nos etiam nunc (quod et Massonus observat) ignoremus. »
2. « Haud obscurus est vicus Sanctæ-Liberatæ, *Sainte-Livrade*, non longe ab Aginno. »
3. Feller, *loc. cit.*
4. *Descriptio fluminum Galliæ*, p. 580.
5. Ces deux mots, dans la pensée de l'auteur de la relation, n'ont pas

nous copions ce qui suit : « On ne peut, à cause de la longueur du têms, rien dire au vray mais que présontivement sur l'origine et le nom de la *très ancienne* ville qui a esté appelée *plus tard* Sainte-Livrade en souvenir du martyre de cette saincte. Les actes et autres mémoires qu'on conservait dans ses archives feurent emportés ou brûlés par les premiers anglois qui subjuguèrent la province d'Aquitaine ».

Ce même manuscrit, rappelant ailleurs un titre du commencement du XIIe siècle, dit : *ladicte esglise de l'ancienne et grand ville dénommée aujourd'hui Sainte-Livrade.*

Nous avons lu enfin un vieux titre écrit en latin sous le priorat de Guillaume Gérard qui vivait vers l'an 1279 et dans lequel *Albert*, abbé de la Chaise-Dieu, lui écrit : *in tua antiqua villa nuncupata Sancta Liberata, a tempore martyrii hujus sanctæ* ([1]).

Ces documents tous authentiques nous paraissent démontrer *historiquement* jusqu'à l'évidence que, bien que l'appellation de Sainte-Livrade soit très ancienne, elle a été substituée à une autre. C'est, du reste, probablement à cause de l'importance de cette ville dans les temps anciens que les habitants de toute la région, lorsqu'ils veulent désigner cette localité, disent toujours encore LA VILLE.

A la suite de ces données, on ne devra pas être surpris de nous voir émettre cette opinion que l'ancienne

---

la même signification. Tout l'indique dans son travail. Il entend par *prieuré* le couvent, demeure des bénédictins de 1117 à 1790, et par *monastère* le lieu habité, durant toute la période franque jusqu'à 1117, par les anciens moines ou clercs séculiers formant chapitre et dont le sceau portait l'exergue : *sigillum capit. et monast. Sanctæ Liberatæ*, comme nous le dirons ailleurs. Voyez plus loin, ch. XII.

1. Copie, en parchemin, d'une charte rappelée dans un *arrest du grand conseil du roy*, de 1652.

CHAPITRE QUATRIÈME. 33

ville gallo-romaine que nous cherchons à exhumer des entrailles de notre sol a dû être, d'après sa position géographique, une station romaine, traversée par une voie militaire servant de communication entre les colonies de *Fines* et *Excisum* ([1]). Aucun lieu de la contrée ne peut présenter un tracé de chemin plus convenable et plus direct. D'ailleurs, « il existe encore, à la sortie d'Aiguillon, un chemin connu dans le pays sous le nom de *Cami-Ferrat* qui, *commençant à la hauteur d'Aiguillon*, côtoyait la rive gauche du Lot jusqu'à Villeneuve où il aboutissait à la voie militaire d'Agennum à Excisum, ville autrefois considérable » ([2]). Il semble admis par tous aujourd'hui que la partie de Villeneuve, située sur la rive gauche du Lot, existait bien longtemps avant l'acquisition de *Gajac* par Alphonse, et, d'après d'Anville, c'est là que passait, en venant d'Agen, la voie de Bordeaux à Argantomagus ([3]). La tour de *Puymerle* y avait été bâtie par les Romains en même temps que les forts de *Fabius* et *Calvetius*. Nous savons que les piles servant de base à celles qui ont été construites, dans ces derniers temps, pour le pont suspendu de Sainte-Livrade et qui datent de l'année 1318 ([4]), avaient été établies elles-mêmes sur d'autres plus anciennes, *servant*

---

1. Aiguillon et Eysses.
2. A. Magen, s'appuyant sur l'itinéraire d'Antonin et la table de Peutinger — extraits des *Essais historiques et critiques* d'Argenton *sur l'Agenais*, p. 30.
3. Argenton, en Berry.
4. Nous prenons ces renseignements dans un vieux manuscrit coté E qui paraît être de cette époque, laissé par M. de Jacobet aîné du Bugatel et que nous possédons. Une note incomplète qui ne le reproduit qu'en partie a été insérée dans un de nos anciens registres. Elle est destinée à faire connaître l'époque à laquelle on commença à *reconstruire* les piliers du pont sur le Loth. *La permission fut donnée aux consuls, manants et habitants de SAINTE-LIVRADE*, alors *ville royale*, par un nommé *Anthoine Pezanne, lieutenant du duc de Guienne et son sénéchal au païs d'Agenais*.

sur la rivière de l'Oldus, à former ces ponts que les Romains, au rapport de Strabon (1), « établissaient au moyen de bateaux dont les armées traînaient, sur des chars roulants, tous les apprêts, consistant en canots faits d'un seul tronc d'arbre, en chaînes, en cordages et autres accessoires ». Nous sommes porté à croire que là, probablement, se continuait, de Villeneuve dans la direction du nord et peut-être même jusqu'à Argenton, une *voie* recevant comme affluent le chemin militaire qui mettait en communication directe, ainsi que nous l'avons dit plus haut, les colonies d'Aiguillon et de Villeneuve ou mieux *Excisum*. On sait que, si des traces des anciennes voies romaines se sont conservées et se retrouvent encore sur les montagnes, les simples collines et les côteaux, il y a longtemps qu'en général, il n'en reste aucun vestige dans les plaines. Toutefois, faute de matériaux suffisants, nous ne prétendons rien affirmer à cet égard.

Nous aurons occasion quelquefois, au cours de notre travail, de rappeler de nombreuses traditions locales qui viennent confirmer tous ces dires. Bornons-nous, pour le moment, à rapporter ce que plusieurs vieillards nous ont dit avoir appris de leurs ancêtres, « que les anciennes traditions du pays faisaient mention d'un grand *camp* s'étendant des lieux appelés encore de nos jours *campus* et *Lac* ou *Luc de Maumyart*, situés entre Sainte-Livrade et Casseneuil, comprenant le vaste périmètre appelé autrefois *Gardette*, jusqu'au mamelon de la *Tuquette* (en patois *Tuc, Tucque*, monticule) touchant et joignant *Mommiart* ou *Montmart* du Lot ».

On peut juger, du reste, du rôle que Sainte-Livrade a joué dans les événements du temps, surtout au

---

1. Trad., t. II, p. 30.

moyen âge, par l'étendue et la solidité de ses remparts flanqués de plusieurs tours qui leur servaient de bastions et dominés par la forteresse de Mercader ou de Richard, située sur le bord de la rivière. Le tout présentait un complément de défense très propre à repousser l'ennemi. Bien plus, l'entrée en était fermée, rapporte la tradition, par quatre portes d'un beau style, dont la principale était celle du *Bourg* par où entrèrent les Anglais en 1420 ([1]). Elle se trouvait à côté de la tour qui existe encore et qui n'est pas sans caractère architectonique, quoi qu'en ait dit l'auteur de l'*Histoire de Villeneuve*, ouvrage précieux sous bien des rapports mais qui contient, sur Sainte-Livrade, plusieurs documents erronés. Cette tour, démolie et réédifiée plusieurs fois, se fait remarquer par l'assiette et la grosseur de ses tuiles unies sans ciment, ce qui laisserait soupçonner un travail romain, si l'ogive n'y faisait pas son apparition. On ne peut concevoir par quels moyens on était parvenu à achever des travaux aussi considérables, mais il était facile de juger, à leur aspect, combien avait dû être grand le danger dont on avait voulu se garantir par une construction de cette importance. Leur origine n'était pas postérieure au XIVe siècle, mais elle pouvait remonter beaucoup plus haut. C'était l'opinion de M. de Caumont qui, après avoir vu un plan ancien de notre ville, nous demandait, en 1860, des renseignements que notre trop récente arrivée dans le pays ne nous permit pas de lui donner. Ainsi en jugeait aussi, il nous l'a dit souvent, notre ami, l'abbé Barrère, auteur de l'*Histoire religieuse et monumentale du diocèse d'Agen*.

Arrivons maintenant aux preuves que l'archéologie fournit en faveur de notre thèse. Elles sont nombreuses.

1. Darnalt, *Antiquités de la ville d'Agen et pays d'Agénois* (1606).

Nous les trouverons dans des vestiges de constructions gallo-romaines dont quelques-uns existent encore, dans des tombeaux nouvellement découverts et dans des médailles dont l'invention récente est due à des circonstances fortuites.

Dans son ouvrage déjà cité: *Études sur l'archéologie religieuse de l'Agenais*, M. Tholin veut bien rappeler que nous lui avons fourni quelques-uns des renseignements qu'il donne de la page 304 à la page 309. A l'époque déjà éloignée où il nous fit l'honneur de nous visiter, notre attention ne s'était portée que d'une manière imparfaite sur ce genre d'études. Il voudra bien nous pardonner si nous nous permettons aujourd'hui de modifier et de compléter certaines de nos assertions d'alors.

La chapelle dédiée à saint Martin qui existait encore au commencement du XVIIIe siècle sur la plate-forme qui a conservé ce nom, n'était pas une construction ordinaire et sans importance. Nous dirons ailleurs les souvenirs plus particulièrement précieux au point de vue de nos annales chrétiennes qui s'y rattachaient. C'est dans ce lieu et dans ses alentours qu'avait dû exister l'antique ville, objet de cette étude, et une tradition constante fait remonter à une époque fort reculée la dite chapelle qui devint l'église *matricule, primitive* et *paroissiale* de Sainte-Livrade, disent des archives authentiques conservées à l'évêché d'Agen, dont quelques-unes sont reproduites dans le *Gallia christiana* ([1]).

On fut obligé, il y a quelques années, de miner une assez grande partie de la surface de l'ancien cimetière qui entourait cette église et on mit à jour quelques pans de murailles et les fondations primitives. A la même

---

1. *Arch.*, H., 307, 17. — *Gall. christ. inst.*, t. 2, col. 429. — Voyez plus loin chap. XI et XII.

CHAPITRE QUATRIÈME.

37

La Tour de Sainte-Livrade.

époque et durant les années suivantes, des démolitions et des reconstructions importantes eurent lieu à l'extérieur de la ville ; on en fit aussi à l'intérieur et plus particulièrement au centre, dans le pâté où se trouvent, des deux côtés de la rue d'Agen, les maisons de MM. Mabru, Menaud, Brousse, Salbain, Jauzenque, etc. Or, presque partout, à une profondeur variant de 1^m50 à 3^m, on trouva encore des murs et des fondations exactement semblables à ce qu'on avait rencontré à Saint-Martin. Dans ces constructions d'un mètre d'épaisseur environ, offrant au pic et à la pioche la plus grande résistance, figurait le petit appareil formé, comme on sait, de pierres à peu près cubiques et parfois cunéiformes, de sept à huit centimètres seulement, où on avait fait entrer une grande quantité de briques d'une fabrication analogue à celle de l'antiquité. Le tout était établi en zones horizontales pour simuler des assises régulières et était lié par une couche de ciment ressemblant à de la terre cuite et servant d'encadrement et d'ornementation. Personne n'ignore que ce système de construction a été indiqué comme caractère distinctif accusant parfaitement l'époque gallo-romaine, et nous avouons y avoir vu de fortes preuves en faveur de l'opinion que nous défendons, car il faudrait renoncer à posséder dans la Guienne, des monuments de cette époque, si on s'efforçait de les méconnaître à Sainte-Livrade. Des couches de béton formant par intervalles un *nucleus* épais recouvert de quelques fragments de mosaïques sont venus encore corroborer nos appréciations et démontrer qu'il y avait là certainement autrefois des monuments et une ville gallo-romains.

Passons aux sépultures et aux tombes. M. Tholin décrit longuement et savamment celles qui ont été trouvées à Saint-Martin de *Montmart* ainsi que les objets nombreux et intéressants qu'elles renfermaient. Il a laissé néanmoins trop d'obscurité sur l'âge auquel on peut les rapporter. Sans doute il est rare que les antiquaires aient trouvé, dans la forme même des tombeaux, des caractères propres à en déterminer l'époque précise. On peut y arriver toutefois à l'aide des pièces accessoires que l'on y rencontre parfois, soit en dedans soit en dehors, comme des monnaies, des armes, des anneaux, des agraphes, des vases. Les savants semblent d'accord aussi pour rapporter à l'époque romaine les cercueils unis à l'intérieur et creusés ou bâtis carrément, sans que rien, à part la largeur plus considérable, indique la place de la tête. Or, ces indications se sont rencontrées dans les nombreux tombeaux trouvés à Sainte-Livrade, non seulement au dedans et autour de l'ancienne église de Saint-Martin, mais encore à l'intérieur et à l'extérieur de la ville. Les uns étaient formés avec des tuiles à rebords, vulgairement dites sarrasines, mais qu'on sait aujourd'hui être d'origine romaine, et recouverts d'une double voûte, en tuiles de la même forme, avec des lampes au-dessous. Les autres étaient en pierre. Plusieurs d'entre eux renfermaient des ossements humains et les divers vases funéraires usités chez les anciens. Dans un de ces tombeaux qu'il nous a été donné d'examiner de très près en faisant faire des fouilles entre la ville et Saint-Martin, gisaient les restes d'un squelette de haute taille. Il contenait en outre une hachette en fer rongé, deux larges pendants d'oreille, ronds et en cuivre, l'un fortement altéré par la rouille, et l'autre dans un assez bon état de conservation, une espèce de petite lampe, genre poterie, et enfin une bouteille en verre blanc qui s'effleurit et tomba en poussière au premier contact de l'air. La hache était-elle ici une arme de guerre, ou bien l'attribut d'une haute dignité comme celle d'un proconsul, d'un tribun ou d'un préteur ? N'était-elle pas l'arme d'un ancien soldat ou chef gaulois ? C'est aux archéologues à prononcer. A la *Tuquette*, où presque toutes les sépultures étaient en pierre, s'est rencontré un anneau en or dans lequel était enchâssée une pierre précieuse. Ailleurs on a trouvé, assez rapprochés l'un de l'autre, deux autres tombeaux composés de onze tuiles à grands rebords ; trois formant le lit du sépulcre, trois dressées de chaque côté, et une élevée à chaque extrémité de la tête et des pieds. Dans l'un d'eux la main droite du squelette reposait sur une petite urne renversée et inclinée du midi au nord, ne contenant que de la terre durcie. Les deux squelettes avaient la même direction du levant au couchant, et, à la place des pieds, étaient quelques clous en fer, à la tête large et à pointe courte, tels que les portaient à leur chaussure les soldats romains, au rapport de Juvénal ([1]) et d'Adam dans ses *Antiquités romaines* ([2]). A Saint-Martin, dans le même tombeau, étaient le dessus d'un casque romain, en cuivre, surmonté de son aigrette, comme le portaient les centurions, et la partie haute d'un fourreau à glaive ayant à peu près partout le même largeur ([3]). « Sur certains points, rapporte M. Tholin ([4]), on a découvert des séries de tombeaux dont la plupart étaient formés par deux rangs paral-

---

1. *Sat.* l. III, vers 248.
2. 7ᵉ edit. 1818.
3. Nous devons cette indication, comme aussi plusieurs des autres renseignements précieux que nous donnons ici, à MM. Delfour, frères, qu'on sait avoir fait pratiquer, à diverses reprises, des fouilles assez importantes, sur les divers points que nous indiquons, l'un comme architecte et l'autre comme entrepreneur.
4. *Op. cit.*, p. 305.

lèles de petites briques, superposées de plat, et fermées, dans le haut et le bas, par des clôtures pareilles. Ces tombes étaient recouvertes par des briques plus larges que celles des parois, qui étaient élevées en biais sur deux rangs et formaient, par leur jonction, une double pente. Des vases placés près de la tête des morts, renfermaient des charbons et des cendres. L'orientation était encore là la tête au levant. »

Le grand nombre de sépultures n'est-il pas significatif ? Là où il y a beaucoup de morts, il a dû y avoir aussi beaucoup de vivants ; et si ces tombeaux sont tous de construction romaine, tels qu'on les rencontre dans une grande partie du midi de l'ancienne Gaule, n'ont-ils pas dû appartenir à la glorieuse nation conquérante du pays ? L'isolement de la plupart de ces tombeaux rangés dans un ordre symétrique, et répandus sur une grande surface de terrain, prouve que les cadavres n'y ont pas été ensevelis à la suite d'un combat ou d'une bataille, car c'est dans des fosses communes qu'on les accumule en pareil cas. Ce n'est donc qu'à des hommes stationnaires, ayant succombé d'après les lois de la nature que ces tombes ont été destinées ; et si leurs sépultures sont accompagnées d'accessoires, tels que, armes, chaussures ferrées, casques, urnes, poteries et autres ornements funéraires ou objets, portant le type romain, ne sommes-nous pas en droit de conclure qu'ils gisaient sous les ruines d'une ville gallo-romaine qui fut le berceau de Sainte-Livrade ? On doit être peu étonné, du reste, que cette ville, quel qu'ait pu être son nom, n'ait pas été nommée dans les itinéraires, quand on voit que d'autres villes, telles qu'Avignon, Digne, Carpentras, où il y avait sûrement des monuments romains, ainsi que plusieurs lieux de nos propres contrées plus ou moins considérables, y ont été omis ou oubliés.

Toutefois, de quelque utilité que puissent être en général ces nombreuses ruines sépulcrales, pour constater l'existence de l'ancienne ville gallo-romaine, dont nous poursuivons avec tant d'ardeur l'exhumation, quelques esprits prévenus ou inquiets auraient pu néanmoins nous dire : il vous manque jusqu'à présent l'appui de la numismatique, science devenue aujourd'hui indispensable à l'archéologie, pour l'exacte appréciation des monuments antiques.

C'est sur l'énoncé de cette observation que nous aurions pu un moment nous trouver embarrassé, non découragé dans nos recherches. Mais, hâtons-nous de le dire, la découverte récente d'un grand nombre de médailles romaines dont le brillant éclat disparaît sous la patine antique, est venue combler nos désirs et confirmer notre opinion archéologique, en nous fournissant les rares et précieux documents d'une véritable histoire souterraine, ensevelie depuis tant de siècles et qui, dans ces dernières années, a été mise au grand jour.

Sans doute depuis longtemps un grand nombre de médailles avaient été trouvées dans le terroir de Sainte-Livrade, mais le peu d'intérêt archéologique attaché à leur découverte par le vulgaire, nous explique pourquoi elles n'avaient pas été conservées. Nous avons vu neuf de ces médailles chez un ancien employé du chemin de fer (1). Trois seulement étaient *frustes*, une *incuse*, et une autre semblait être *saucée*. Un de nos anciens commissaires (2) en possédait aussi un certain nombre et notamment deux ou trois qui

---

1. M. Darcy, chef de section.
2. M. Benazet qui faisait un commerce d'objets antiques.

CHAPITRE QUATRIÈME. 43

paraissaient être des monnaies consulaires et impériales. Un sous-préfet de Villeneuve-sur-Lot (¹) prétendait avoir enrichi la précieuse collection de médailles romaines qu'on admirait chez lui de celles surtout qui lui étaient venues de Sainte-Livrade. A Saint-Martin ont été trouvées une pièce en bronze sur laquelle une femme et une exergue illisible, une autre représentant *Faustina Annia*, une troisième qui nous a été montrée ces jours-ci ayant sur l'*avers* un Constantin et sur le *revers* deux autres personnages. Au moment où nous écrivons ces lignes on nous en présente deux, une d'Antonin le Pieux, et l'autre de Caracalla. A l'époque où ont eu lieu les réparations de l'église, on a trouvé, parmi les démolitions, un médaillon en bronze de l'empereur Dioclétien et, dans les fondations, avec quelques autres médailles, en bronze aussi, frustes mais accusant l'époque franque, un Pepin le Bref et un Charlemagne en argent. Enfin nous avons possédé nous-même, trouvée en ville, une pièce marquée de l'abréviation *col* pour *colonia* et on sait que ces sortes de pièces forment une classe distincte indiquant des colonies romaines. Aujourd'hui des hommes intelligents et compétents dans la matière savent apprécier ces découvertes beaucoup mieux qu'on ne le faisait précédemment, des collections qui ne seront pas sans valeur sont en bonne voie de formation, et nous ne verrons plus porter ailleurs ce qui constitue, pour une localité, une véritable richesse archéologique et artistique.

Qui pourrait douter aujourd'hui de l'existence d'une station ou gîte romains, là où l'on trouve en abondance la monnaie usuelle, commerciale et de consécration du grand peuple? Qui a pu la transporter et la ré-

1. M. de Quirielle, archéologue et collectionneur.

pandre si loin des ateliers monétaires de Rome, sinon des populations ambulantes et sédentaires ? Serait-ce dans un pays sauvage ou agreste, loin des itinéraires et hors de toute communication, que l'on aurait pu découvrir ou rencontrer ce grand nombre d'objets si précieux au point de vue de l'histoire d'un pays ? Nous dirons plus, si un ancien pays, découvert nouvellement, abondait en médailles et tombeaux grecs, serait-on autorisé à dire que les Mèdes et les Perses ont seuls habité cette contrée ? Si enfin, les temples, les arcs de triomphe, les thermes, les obélisques, les cirques, les amphithéâtres et les gigantesques travaux d'utilité publique connus sous le nom d'aqueducs, servent, par leurs immenses ruines, à constater, dans les trois principales parties de l'ancien monde, les conquêtes et les possessions lointaines de l'empire romain, pourquoi refuserait-on à des monuments tels que les médailles, bien plus durables, quel que soit le métal dont elles sont frappées, que la pierre, le marbre et le granit, le droit d'attester à leur tour, le séjour ou le passage fréquent des vainqueurs du monde, sur une terre qui offre de si glorieuses ruines, et d'où les aigles romaines ont dû prendre souvent leur vol audacieux pour de nouvelles conquêtes ?

Disons en terminant qu'il nous serait difficile d'assigner, dans l'ordre chronologique, la date à laquelle le nom de Sainte-Livrade a remplacé celui de l'antique ville gallo-romaine dont tout ce que nous venons de rapporter nous paraît démontrer l'existence. Toutefois, puisque, au dire de nombreux auteurs, les exemples de substitutions de ce genre remontant à l'époque même de la vie des saints, ne sont pas rares, puisque d'ailleurs des monuments historiques font mention du nom de Sainte-Livrade, comme ville, dès

CHAPITRE QUATRIÈME.

le commencement du XIIe siècle et, qu'au rapport de Chastelain, il était déjà connu du temps de Charlemagne, il nous semble qu'il n'y aurait aucune témérité à placer la substitution particulière qui nous occupe dans les années qui suivirent la mort de notre sainte patronne. Il est vraisemblable, en effet, que c'est lorsque sa vie, ses exemples exhalaient encore le parfum récent de sainteté dont son tombeau devait être rempli, que son nom a été donné à la ville rendue à jamais célèbre par l'éclat de ses éminentes vertus et de son glorieux martyre.

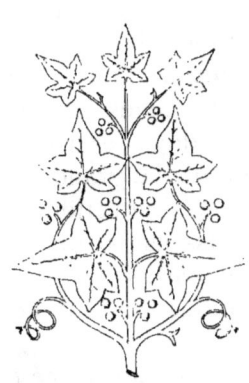

Chapitre cinquième.

Établissement du christianisme. — Son introduction dans les Gaules. — Ses premiers apôtres et sa marche progressive dans nos contrées.

APRÈS avoir triomphé de ses deux rivaux, Antoine et Lépide, Octave s'empara du pouvoir absolu, et reçut du sénat le surnom d'Auguste et le titre d'empereur. Dès ce moment, il se proposa de faire luire aux yeux du peuple romain, sous la pourpre impériale, et sous les apparences trompeuses de la liberté, de longues années de paix, de tranquillité, de justice et de bonheur. Pour étendre de plus en plus sa puissance, il multiplia les colonies, et dota celles auxquelles il donna son nom de monuments dont les ruines sont encore aujourd'hui un reflet de la grandeur romaine. Sous ce rapport, nos contrées si affectionnées des Romains, ne pouvaient être délaissées par un empereur pour lequel l'enthousiasme populaire s'éleva jusqu'à lui dresser des temples et des autels, en lui consacrant un culte solennel.

Un gouvernement si haut placé et une magistrature si paternelle, succédant presque subitement aux discordes civiles, dans tout l'empire, et, dans les provinces, à l'avidité insatiable des préteurs, à la rapacité des gouvernants et aux spoliations des agents subalternes, ne pouvaient que faire espérer la fin des malheurs publics. Rome, veuve de tant d'illustres citoyens immolés par les factions, pouvait enfin quitter le deuil:

tous les intérêts matériels de l'état social paraissaient désormais sauvegardés.

L'avènement d'Auguste, et la pacification générale de l'empire marquent une date d'autant plus mémorable dans l'histoire, qu'ils coïncident avec la naissance miraculeuse de Notre-Seigneur JÉSUS-CHRIST à Bethléem, pays soumis alors à la domination romaine, et qui, par le contraste le plus singulier, verra, dans peu d'années, Rome, conquérante de l'univers par ses armes, conquise à son tour pacifiquement par la simple prédication de Pierre, devenant par là, ainsi qu'il lui avait été prédit, la pierre fondamentale de l'Église de JÉSUS-CHRIST.

A cette époque, du reste, c'en sera fait à jamais de la Gaule et de sa nationalité, et, comme ses deux autres grandes provinces, l'Aquitaine s'abîmera sans retour dans l'empire romain. Avec le christianisme se lèvera sur les peuples une domination nouvelle. La conquête romaine avait organisé partout l'esclavage : la conquête chrétienne établira partout la liberté. A côté du vieux monde qui tombera par les crimes, par les atrocités, par les voluptés, par les ignominies, naîtra par les vertus, par les sacrifices, par la bienfaisance, un monde nouveau enfanté sur le Calvaire.

Ici doit être placée cette question, non moins importante pour l'histoire générale que pour celle des contrées qui nous intéressent, puisqu'elle est, au fond, liée à un grand problème historique : à quelle époque le christianisme a-t-il été, pour la première fois, prêché dans les Gaules ?

Deux écoles sont en présence : l'une, s'appuyant sur la tradition qui n'a pas varié depuis dix-huit siècles, affirme que la parole divine a été portée en Gaule, du temps des apôtres, par les disciples mêmes de JÉSUS-

Christ, et que des églises régulières y ont été dès lors hiérarchiquement constituées : c'est l'école *traditionnelle* à laquelle ses contradicteurs ont aussi donné le nom de *légendaire ;* l'autre qui s'est trop pompeusement attribué le nom d'*école historique* ou *critique,* soutient au contraire que, à part quelques prédications isolées et plus ou moins fécondes dans la province romaine, le christianisme n'y a produit que des résultats éphémères, sans caractère officiel et permanent, et que tout s'est réduit à une sorte d'apostolat nomade et vagabond; quelques-uns même vont plus loin, et, rejetant toute tradition, prétendent démontrer que la parole du Christ n'a été portée sur notre sol que vers le milieu du IIIe siècle.

Notre intention n'est pas de prendre une couleur trop marquée dans une discussion qui a longtemps divisé et qui divise encore le monde savant, et où chaque parti invoque, en sa faveur, des raisons plus ou moins plausibles [1]. Toutefois, on nous saura gré peut-être de relever ici un seul point qui semble acquis aujourd'hui et qui intéresse tous les travailleurs d'histoire. L'évêque d'Angers l'établissait naguère à l'occasion d'un de ces discours remarquables dans lesquels il excelle, en revendiquant comme un des plus beaux titres de Solesmes, « les véritables origines des églises de la Gaule

---

1. Nous n'ignorons pas qu'aujourd'hui l'abbé Duchesne et peut-être, avec lui, presque tous les professeurs d'histoire ecclésiastique de l'enseignement supérieur, ne sont ni pour l'école traditionnelle, ni pour ce qu'on appelait l'école historique. Mais nous les croyons beaucoup plus rapprochés de celle-ci. Quoi qu'il en soit, du reste, de leur manière de voir générale, voici, relativement à nos travaux, l'appréciation du savant professeur de l'institut catholique de Paris : «... En ces choses-là on ne parvient pas toujours à obtenir la lumière que l'on désirerait, mais on peut arriver à des traditions suffisantes pour justifier le culte et, pour la question qui vous occupe, vous paraissez être très bien renseigné. » (Lett. citée plus haut.)

CHAPITRE CINQUIÈME. 49

défendues contre des *novateurs oublieux du respect* de la tradition.» Sans doute l'illustre évêque n'a pas voulu ériger l'opinion de l'apostolicité de ces églises, en vérité qu'il faille croire à l'égal d'un dogme, mais il a confirmé de toute l'autorité de sa parole les bons témoignages rendus déjà en 1871 par Mgr Guibert, alors archevêque de Tours, par M. le chevalier de Rossi et tant d'autres, aux études savantes et approfondies des hommes sérieux qui la soutiennent. Qui ne sait qu'on compte parmi eux plusieurs doctes bénédictins : Dom Guéranger, le cardinal Pitra, Dom Gardereau, Dom Guépin, Dom Piolin, Dom Chamard.

On nous pardonnera de citer une page dans laquelle, en parlant de ses travaux personnels sur ce sujet, un religieux de l'ordre de Saint-Benoît nous paraît faire connaître très bien l'état de cette importante question à l'heure actuelle. Elle aura un grand intérêt aussi bien pour notre étude que pour nos contrées.

« ......Les grands nuages amoncelés depuis trois siècles par une critique fausse et chicanière à l'horizon de nos origines chrétiennes, semblaient devoir nous cacher longtemps encore le soleil de la vérité. Les fondateurs apostoliques de nos églises de France étaient relégués dans l'ombre, et appartenaient, disait-on, à l'*histoire et à la géographie des légendes*, et encore donnait-on à ce dernier mot le faux sens qu'a fait prévaloir depuis trop longtemps l'école janséniste. Pour nous, l'histoire ecclésiastique de la France commençait à peine au milieu du troisième siècle, et se traînait ensuite dans les ombres catacombaires jusqu'à l'heure triomphale.

« Des circonstances plus heureuses nous amenèrent en peu de temps à étudier, dans leurs sources vraies, les origines de nos églises. La grande tradition de l'église de Limoges, mère primitive et maîtresse de toutes les églises d'Aquitaine, se présentait à nous comme fille de l'apôtre saint Pierre et de son légat saint Martial, le jeune enfant des cinq pains et des deux poissons. En étendant peu à peu le cercle de nos études, quelle ne fut pas notre joie de retrouver, vivante partout, dans ses détails les plus précis, la grande tradition limousine. La géographie archéologique et liturgique de l'apostolat de saint Martial s'éclaircissait à chaque pas, et, plus nous avancions, plus nous étions frappé par l'harmonie de l'ensemble et par le parfait accord des moindres détails. Nous n'avions plus affaire à des traditions isolées et sans lien commun qui leur assurât une consistance digne d'être prise au sérieux. Au nom et à l'apostolat de saint Martial se rattachaient obstinément les traditions apostoliques du Gévaudan, du Rouergue, du Quercy, du Limousin, de l'Auvergne, du Berry, du Périgord, de l'Angoumois, de la Saintonge, de Bordeaux, de Bazas, d'Agen, de la Gascogne, de Toulouse et du Languedoc. Et, pendant que nous colligions tous ces fragments épars, cherchant à en faire un tout homogène, chaque fois qu'il nous était permis de porter nos regards au-delà de la Loire et du Rhône, c'est-à-dire en dehors de l'Aquitaine et jusqu'à l'extrémité des Gaules, nous y trouvions encore la même tradition fidèlement observée. Et saint Martial n'était plus seulement l'apôtre de l'Aquitaine ; il devenait bien en réalité l'apôtre des Gaules : *MARTIALIS GALLIARUM APOSTOLUS.*

« Cependant des chercheurs éclairés, hardis, infatigables se mettaient à l'œuvre sur divers points de la France, et, grâce à leurs admirables recherches, grâce

CHAPITRE CINQUIÈME.

au zèle des églises particulières et à la piété bien inspirée de leurs évêques, ce qui était paradoxe depuis plus de deux siècles, devenait un patrimoine religieux digne du plus grand respect. La plupart des églises présentaient à la sacrée congrégation des rites des *propres* nouveaux dont l'approbation était d'autant mieux assurée que Rome, gardienne fidèle et immaculée de la vérité, n'avait jamais cédé aux novateurs sur le terrain ferme et vraiment apostolique de la possession. Ainsi les envoyés de saint Pierre reprirent peu à peu leur place légitime dans la liturgie sacrée, et ces premières conquêtes enhardissant de plus en plus les chercheurs, on vit paraître successivement, en divers diocèses de France, des études magistrales, dont quelques-unes semblent être devenues le dernier mot sur la question et ont obtenu l'adhésion des plus rebelles. »

Nous pouvons citer parmi les auteurs dont les travaux ont obtenu cette fortune, M. le chanoine Arbelot à qui la France entière doit toute reconnaissance pour avoir dégagé et solidement établi le fondement principal de notre histoire ecclésiastique nationale, l'apostolat de saint Martial, disciple du Seigneur et de saint Pierre; M. Faillon, prêtre de Saint-Sulpice, dont l'ouvrage *Monuments inédits de l'apostolat de Marie-Madeleine*, a été défini l'ouvrage le plus érudit sorti de la main des hommes depuis deux cents ans ; Dom Piolin, bénédictin de Solesmes, dont la piété filiale et l'érudition profonde ont remis en lumière la tradition apostolique de l'église du Mans; Dom Chamard qui, en évoquant toute l'antiquité ecclésiastique, a fourni des arguments nouveaux qui ne laissent pas d'embarrasser les partisans de l'école critique, ou, pour mieux dire, qui terminent le débat; et enfin Rawenez, Cirot de la Ville et tant d'autres qui ont fait des travaux vraiment admirables sur la question capitale des origines chrétiennes des divers diocèses de France.

Notre appréciation personnelle est qu'il faut, sur le sujet présent, s'en tenir à peu près absolument à la lettre des anciens chroniqueurs, et cette manière de voir est, de tout point, conforme aux principes que nous avons posés dans notre précédente *étude sur la valeur historique des actes de la vie ou du martyre des saints* ([1]).

Pour la grande thèse des origines chrétiennes en général, il faut en revenir, après deux siècles de discussions verbeuses et chicanières, au texte simple, clair, savant, de ces apologistes humbles et forts que l'école launoyenne écrasait de son mépris, et qui s'appelaient Mathoud, Labenazie, Millet, Bandonnet et surtout Bonaventure de Saint-Amable, le plus étonnant de tous et dont l'érudition est prodigieuse.

C'est avec Labenazie, l'un d'eux, avec Vincent Bilhonis, avec toute l'ancienne liturgie agenaise qui lui donnait le nom de *patronus noster* et le faisait contemporain de JÉSUS-CHRIST que nous faisons remonter jusqu'à saint Martial la conversion des Nitiobriges et la prédication de la foi dans nos contrées. C'est la tradition constante de l'église d'Agen, du Limousin et de toute l'Aquitaine. Elle veut que saint Martial ait reçu sa mission, au premier siècle, des mains mêmes de saint Pierre. Attaquée au XVIIe siècle, dit M. A. Magen ([2]), par le savant chanoine Descordes, qui lui reproche surtout d'être en désaccord avec celle qu'a consignée Grégoire de Tours dans son histoire ecclésiastique ([3]) et qui a pour elle nombre d'érudits, cette

---

1. Voyez plus haut, chap. II, p. 10.
2. *Livres liturgiques de l'église d'Agen*, p. 4, note.
3. Liv. VI, c. XXVIII.

tradition a été défendue par l'illustre Marca, par Longueval, par Denis de Sainte-Marthe, et, de nos jours, par M. l'abbé Faillon (1) et par M. l'abbé Arbelot, archiprêtre de Rochechouart et chanoine honoraire de Limoges (2). Ce dernier prouve de la manière la plus évidente que le passage où Grégoire de Tours fixe au milieu du IIIe siècle, sous le consulat de Dèce et de Gratus, la mission de saint Martial, s'appuie sur une citation inexacte; qu'il est en contradiction avec des écrivains antérieurs, saint Irénée de Lyon, Tertullien, Lactance (3); qu'il contient des faits particuliers dont la fausseté est démontrée historiquement; que, dans ce passage, Grégoire de Tours est en contradiction avec lui-même; enfin que les nombreux adversaires de l'apostolat de saint Martial ne se font pas illusion sur les défectuosités de ce même passage. L'auteur énumère ensuite les témoignages qui, du second au onzième siècle, se groupent comme un faisceau, pour appuyer la constante tradition de l'Église d'Aquitaine, d'ailleurs parfaitement concordante avec celles de Rome et de Colle. en Toscane, où notre saint reçut de saint Pierre le bâton pastoral dont le contact rendit la vie à Austriclinien; il combat, successivement et une à une, les différentes objections qu'elle a rencontrées dans sa marche continue, marque soigneusement l'époque de la mission des premiers évêques des Gaules et termine par une liste chronologique des écrivains qui, du

---

1. *Monuments inédits sur l'apostolat de sainte Marie Madeleine en Provence.*
2. *Dissertation sur l'apostolat de saint Martial, et sur l'antiquité des églises de France.*
3. Il aurait pu ajouter Innocent I, qui assure, de la manière la plus expresse, dans une de ses épîtres, que les fondateurs des églises des Gaules, de l'Espagne et de l'Afrique, avaient été ordonnés évêques par saint Pierre,

XIe siècle jusqu'à nos jours, ont vu et montré dans saint Martial le successeur immédiat des apôtres et le fondateur de nos églises.

La même thèse a été soutenue, dans nos contrées et de nos jours, par MM. Cirot de La Ville et l'abbé Barrère. Le premier (¹) nous représente saint Martial, s'avançant, par les voies romaines ouvertes devant lui, jusque dans l'Aquitaine, en parcourant les diverses villes dont plusieurs gardent des monuments authentiques de son passage, et y baptisant grand nombre d'infidèles; le second (²) nous le montre s'attachant, après l'Ascension, à saint Pierre, son maître, le suivant à Antioche et à Rome, envoyé ensuite dans les Gaules et établissant à Limoges le premier siège de son apostolat. « De là, continue-t-il (³), il se répand dans l'Aquitaine, alors plongée dans les ténèbres de l'idolâtrie. La puissance de sa voix et de ses miracles renverse les temples des faux dieux, et, à leur place, il élève des temples en l'honneur du Dieu unique et véritable. Bourges, Poitiers, Saintes, Angoulême, Bordeaux, Agen, etc. reçoivent tour à tour les lumières de l'évangile. Le bréviaire de Limoges ajoute que l'église d'Agen fut du nombre de celles que saint Martial érigea en évêché, sous l'invocation de saint Étienne, et qu'il arrosa de ses sueurs. » Le titre glorieux de *patronus noster* que lui avait conservé l'antique liturgie agenaise, fait assez voir que ses courses apostoliques ne furent pas inutiles sur notre sol, qu'il y alluma de tous côtés le flambeau de la foi, qu'il y fit connaître et aimer Jésus-Christ, qu'il y établit des églises ou des oratoires, y ordonna des prêtres, y laissa

---

1. Dans son ouvrage des *Origines chrétiennes de Bordeaux*.
2. Dans son *Histoire religieuse et monumentale du diocèse d'Agen*.
3. *Op. cit.*, p. 26.

CHAPITRE CINQUIÈME.

peut-être un évêque, et y exerça les autres fonctions de son apostolat.

Après lui c'est un enfant de l'Espagne qui vient évangéliser l'Agenais et le pays des Nitiobriges. Issu d'une famille de sénateurs de Pampelune, et disciple de saint Honeste, Firmin avait reçu l'onction épiscopale à Toulouse de saint Honorat, successeur de saint Sernin ou Saturnin, l'un des apôtres envoyés directement dans les Gaules, comme saint Martial, par le pontife romain. Son zèle s'exerça d'abord dans toutes les villes de la Navarre qui étaient ensevelies dans les ténèbres de l'idolâtrie. Après y avoir établi la religion chrétienne, se souvenant de ces paroles de Notre-Seigneur : *Allez, instruisez toutes les nations*, il quitta son pays et entra dans les Gaules. Il y commença sa mission par la ville d'Agen, où il demeura quelque temps avec un saint prêtre appelé Eustache, pour y raffermir les fidèles dans la foi que Martial y avait prêchée quelques années auparavant ([1]). De l'Agenais, il se rendit en Auvergne, en Anjou, à Beauvais et enfin à Amiens où il reçut la couronne du martyr.

Un des hommes qui ont encore énergiquement et victorieusement soutenu la question de l'apostolicité des églises des Gaules, M. l'abbé Dô, chanoine honoraire de Bayeux ([2]) prouve que saint Firmin, *un des premiers apôtres d'Agen et du pays des Nitiobriges, vivait au commencement du second siècle*. L'église de Pampelune rapporte son martyre à l'an 101 de l'ère chrétienne et les hagiographes s'accordent à dire qu'avant d'aller fixer son siège à Amiens il avait rempli le rôle d'évêque régionnaire et de prédicateur apostolique.

---
1. Bollandistes.
2. Dans son ouvrage sur saint Reynobert, *passim*.

Remarquons, du reste, que chaque fondateur d'église ne venait pas seul dans la province que le sort ou la voix de Pierre lui avait assignée. Avant le départ, au moment du départ, chacun travaillait à former sa *compagnie*. Saint Pierre et saint Paul l'avaient fait et nous pouvons raisonnablement admettre que chacun des hommes apostoliques fit de même, et que l'affection et la reconnaissance attachèrent à leur personne un certain nombre de disciples qui jurèrent de partager en tous lieux, et jusqu'à la mort, leurs travaux et leurs souffrances. L'apostolat s'exerçait comme de nos jours et se préparait de même. Les premiers conquérants de la foi comptaient sur Dieu, mais, à l'exemple de Dieu lui-même, ils faisaient concourir à l'œuvre sainte tous les moyens humains possibles et honnêtes. Il faut même remarquer qu'en cette matière les saints furent toujours d'une parfaite clairvoyance et d'une habileté merveilleuse. Ainsi, au moment où les apôtres se partagèrent le monde, chaque chef de la milice sainte comptait un certain nombre de collaborateurs. Sans doute la première place était toujours remplie par l'apôtre fondateur ou par son délégué immédiat, mais il y avait les prédications concomitantes et postérieures qui se rattachaient à la première et en étaient le corollaire harmonieux.

Ces considérations nous amènent, on le comprendra facilement, et c'est là notre but, à établir que ce n'était pas par leurs seules prédications, mais encore par celles des personnages qui les accompagnaient, que les hommes apostoliques parvenaient à convertir, en peu de temps, des villes et des provinces entières dans lesquelles ils ne faisaient cependant que passer. Ils y laissaient, pour continuer leur ministère, quelques-uns de ces hommes qui jouissaient de toute leur confiance,

CHAPITRE CINQUIÈME. 57

et ainsi, cette première période de leur prédication évangélique n'était en quelque sorte que comme une

Vue de l'abside et d'une partie de la grande nef de l'église de Sainte-Livrade (Intérieur).

période de préparation pour la prédication stable et définitive qui fondait à jamais, dans tout un pays, la religion nouvelle. Ceci nous explique encore comment les cités secondaires les plus reculées, même les plus petites bourgades, les *vici* et les *pagi* des campagnes, comme l'a dit Dom Chamard, n'échappaient pas à l'action chrétienne et civilisatrice qui s'exerçait partout ; comment s'élevaient déjà des églises destinées à grouper et à réunir les nouveaux fidèles ; et enfin, comment quelques-unes d'entre elles se trouvèrent très florissantes, à la fin du premier siècle et pendant le second, lorsqu'arrivèrent les persécutions.

Telle fut probablement l'origine de cette église qui, à la suite des pérégrinations apostoliques de quelqu'un des disciples de saint Martial ou de saint Firmin, dut se fonder dans cette antique ville *gallo-romaine* que nous avons cherché à faire revivre, et que nous verrons, un peu plus tard, illustrée par le martyre de la jeune et courageuse sainte qui lui donnera son nom. Inutile de dire qu'en écrivant les pages que nous allons maintenant lui consacrer, nous espérons bien, malgré notre insuffisance, contribuer de notre mieux à la gloire de sainte Livrade ainsi qu'au bien spirituel des enfants de sa cité et de notre chère paroisse, qui regardent encore aujourd'hui son patronage comme leur meilleure gloire et leur plus solide espérance.

Chapitre sixième.

Différentes saintes du nom de Libérate (SANCTA LIBERATA). — Confusion introduite, avec le temps, par suite de cette diversité, dans les récits relatifs à leur naissance, à leur vie, à leur mort, à leurs reliques. — Ce qu'il faut penser de ce que nous apprennent sur la plupart d'entre elles, les légendes anciennes ou l'histoire.

DES difficultés historiques nombreuses ont été soulevées au sujet de sainte LIVRADE, appelée le plus ordinairement en latin *sancta Liberata*. Nous sommes amené à croire avec les Bollandistes ([1]) qu'elles viennent, en grande partie, de ce que les anciens hagiographes ont confondu ensemble plusieurs saintes du même nom. C'est le motif qui nous porte à en faire connaître brièvement quelques-unes. Ce que nous en dirons aidera puissamment à mieux caractériser celle qui nous occupe, et peut-être arriverons-nous par là à faire disparaître la confusion qui se trouve dans les récits de ses différents biographes. Constatons, du reste, que les noms *Liberatus*, *Liberata* étaient assez fréquents chez les Romains, et ne soyons pas surpris de les trouver chez la plupart des peuples qu'ils avaient soumis à leur empire, à une époque où ils régnaient en souverains sur tout l'univers.

Nous avons en premier lieu, sainte Libérate de

---

1. *Acta sanctorum*, t. V, comm. hist. critic.

Pavie *(sancta Liberata nobilis virgo ticinensis)*. Elle était sœur de l'évêque saint Épiphane et des trois saintes *Luminna, Honorata et Speciosa*. Ces saintes étaient de noble race et toutes vécurent très pieusement, les deux premières restées vierges comme Libérate, dans un monastère, et celle-ci et Spéciosa qui avait accepté un époux, dans leur propre maison, dont elles avaient fait comme une communauté et le centre de toutes sortes de bonnes œuvres. Le corps de sainte Libérate fut placé, après sa mort qui arriva l'an 500, à côté de celui de sa sœur sainte Spéciosa, dans une église qui prit plus tard le nom de Saint-Épiphane, et des chanoines réguliers attachés au service de cette église y ont honoré sa mémoire pendant de longs siècles. Sa fête était célébrée le seize janvier.

Nous trouvons, en second lieu, une autre sainte Libérate, vierge, florissant dans le VIe siècle et honorée à Côme, sa patrie, où elle mourut l'an 580 ou 581. Quelques auteurs l'ont confondue avec une sainte Libère ou Libra — *sancta Libera* — vierge comme elle, portée même martyre, mais à tort, dans quelques calendriers [1], et honorée à Vérone le 23 avril. Une critique plus sévère et en même temps plus sûre a établi que cette prétendue sainte Libère n'était autre que sainte Libérate de Côme elle-même, dont on avait altéré le nom et Augustin Valérius, évêque de Vérone [2], dit en propres termes que cette *sainte Libérate* était sœur de sainte Faustine, et que toutes deux furent vierges. Elles furent honorées à Plaisance et à Vérone, mais plus particulièrement à Come, en Lombardie, où elles avaient établi un couvent de bénédictines qui devint célèbre. La plupart des

---

1. *Acta sanctorum*, t. 2, p. 560.
2. *Livre des Saints de Côme*, p. 26.

martyrologes placent la fête de ces deux saintes au 18 janvier.

Nous ne suivrons pas les Bollandistes dans tout ce qu'ils font dire de contradictoire aux auteurs sur cette sainte Libérate. Notons cependant qu'elle est regardée par tous comme vierge seulement, et qu'il sera impossible de reconnaître, plus tard, ses reliques dans celles que nous trouverons transportées et honorées en Espagne comme étant d'une vierge-martyre.

Molanus, dans ses additions au martyrologe d'Usuard, Ferrarius et plusieurs autres citent une troisième sainte Libérate, sœur de sainte Olivère ou Olive — *Oliveria* — qu'ils disent avoir vécu et être morte dans les Gaules *apud Calvum Montem*. C'est celle qu'indique encore du Saussay, dans son *Martyrologe gallican* : *in Monte Calvo transitus sanctæ Liberatæ*. Les noms latins *Calvus Mons* ou *Monscalvus* peuvent être appliqués, en France, à un grand nombre de villes et de bourgades. C'est, notamment, l'étymologie de Montcaut, village de notre diocèse, situé entre Agen et Nérac, où un de nos anciens liturgistes avait cru, au mépris de toutes les règles de la critique hagiographique, pouvoir placer le martyre de notre sainte *Livrade* agenaise. Il était trompé en cela non seulement par du Saussay qui ne fait suivre le nom *Mons-Calvus* d'aucune explication, mais encore par les auteurs espagnols toujours disposés à confondre, avec celles des autres contrées, la sainte Libérate qu'ils ont cherché à s'approprier et que quelques-uns d'entre eux, par suite toujours de la confusion dont nous parlons, disent simplement avoir souffert in *Monte Calvo*. Le *Calvus Mons*, dont il est ici question, est Chaumont-Porcien dans l'ancien Rhetelois, aujourd'hui chef-lieu de canton, dans le département des Ardennes. C'est dans le voisinage de cette localité où leurs parents tenaient le premier rang, que sainte Libérate et sa sœur sainte Olivère, sous la direction du saint confesseur Bertaut — *Berthaldus* — qui vivait au commencement du VIᵉ siècle, s'adonnèrent, dans la solitude des forêts, à la pratique de la plus austère pénitence, méprisant et fuyant les plaisirs, renonçant aux richesses, et n'aspirant qu'à garder cette fleur de la pudeur et de la virginité qui devait attirer sur elles les faveurs les plus précieuses de leur *céleste époux* (1).

Nous trouvons encore ici un monastère de chanoines réguliers d'abord, et, plus tard, de prémontrés, dans l'église duquel sont gardés, en très grande vénération, les corps de ces deux saintes, et, à quelques pas de là, coulent habituellement deux fontaines miraculeuses, objet de la vénération des peuples qui viennent, à travers les âges, y chercher la guérison de leurs maux (2).

Nous tenons à dire enfin qu'en parcourant récemment, grâce à l'obligeance de M. Duteïs de Villeneuve-sur-Lot, un ancien martyrologe d'Usuard, imprimé à Cologne en 1521, par conséquent assez longtemps avant celui renfermant les additions de Jean Molanus, qui ne fut imprimé, à Louvain, qu'en 1568 et 1573, et à Anvers, qu'en 1583, nous n'avons pas été médiocrement surpris de trouver au 18 janvier cette mention : *Conchas monasterio, Marcie et Liberate virginum*. Nous n'avons pas besoin de rappeler qu'Usuard était bénédictin et disciple d'Alcuin, au IXᵉ siècle, et que son ouvrage a été toujours célèbre et très estimé. Nous savions que Conques possédait les chefs des saintes Marse et Libérate où nous avions eu le bonheur de les vénérer ; nous y avions lu dans un catalogue du

---

1. et 2. Litantus dans la *Vie de saint Bertaut*, écrite en 1634.

XVIᵉ siècle relatant les reliques que possédait l'église collégiale de cette localité : *Corpora sanctarum Marciæ et Liberatæ ;* mais nous étions loin de penser que Conques eut aussi sa sainte Libérate *locale*, d'autant que, dans le pays, aucune tradition ne paraît rendre témoignage sur ce fait. Au contraire, M. l'abbé Servières, dans le *Guide du pèlerin à Sainte-Foy de Conques*, semble appliquer à cette sainte toutes les traditions espagnoles, bien gratuitement cependant, à notre humble avis, car Usuard avait voyagé longtemps en Espagne et, si ces saintes avaient été de cette contrée, il ne l'aurait pas ignoré (¹). Si nous sommes bien renseigné nous-même, dans les monuments qu'on possède à Conques, rien ne paraît indiquer, d'une manière certaine au moins, que la sainte Livrade qu'on y honore ait été martyre (²).

Étant donné cependant qu'elle ait véritablement existé et qu'elle n'ait été que vierge (³), bien loin d'in-

---

1. Comme nous ne voudrions laisser aucun point obscur dans ce qui fait l'objet de ce chapitre et, qu'en critique, Molanus est une vraie autorité, aussi bien que Chastelain dont nous parlons ailleurs, nous croyons devoir remarquer ici qu'il a pu y avoir interpolation dans le martyrologe d'Usuard de 1521 et que le véritable texte ancien est peut-être celui de Molanus. Hâtons-nous de dire toutefois que les additions faites par cet auteur sont, en général, séparées du texte. Quelle que soit, d'ailleurs, l'opinion qu'on adopte pour le texte primitif, elle ne peut rien enlever à l'importance de notre présente démonstration.

2. et 3. Un vieux graduel manuscrit de Conques dont M. l'abbé Servières a daigné nous envoyer une copie, renferme tout au long une messe des saintes Marce et Libérate. Nous ne devons pas taire que, dans les parties principales, elle est du commun des vierges-martyres *Me expectaverunt*. Mais notons aussi que la mention *martyrum* ne se trouve pas dans la collecte que voici : *Propitiare quæsumus, Domine, nobis famulis tuis per harum sanctarum virginum tuarum Martiæ et Liberatæ quæ in præsenti requiescunt ecclesia merita gloriosa, ut earum pia intercessione ab omnibus sempe proiegamur adversis. Per Dnum.* N'est-ce pas singulier ? La dite mention ne se trouve non plus ni dans le catalogue des reliques que nous avons cité, ni dans l'hymne de la fête des saintes reliques qu'on célébrait à Conques. Il est même à

firmer en aucune manière ce que nous aurons à dire sur notre sainte Livrade *martyre* et sur ses reliques, ce fait ne pourrait que le confirmer, comme nous aurons occasion de le démontrer dans la suite de nos travaux. Remarquons une fois de plus seulement, combien nous avons raison de chercher à faire ressortir la confusion qui résulte, pour leurs actes, d'un même nom donné à un aussi grand nombre de saintes.

Bornons, du reste, à ce qui précède, nos investigations sur les homonymes de *sainte Libérate* sans parler, pour le moment, de celle que plusieurs peuples honorent sous le nom de *Wilgeforte* et qui fera l'objet spécial d'une de nos prochaines études. Nous n'avons que résumé leurs vies, mais combien de traits de ressemblance n'y pourrions-nous pas relever avec ce qui a été écrit, en Espagne, sur celle que nous revendiquons comme ayant illustré nos contrées ? Mêmes assertions sur la noblesse de leur origine, sur les sentiments et la conduite, à l'égard de leur vertu, de plusieurs de leurs parents, sur les efforts qu'ils tentent pour les détourner de l'attachement inviolable qu'elles ont *voué à leur céleste époux;* chez elles, même amour de la prière, de

---

remarquer que, dans cette hymne qui se chantait à vêpres, la mention de ces deux saintes vient immédiatement après celle du saint prépuce, de la robe de Notre-Seigneur, de la vraie croix, du voile de la sainte Vierge... de saint Étienne, de sainte Foy, et précède celles de saint Laurent, de saint Vincent, des saintes Marthe et Madeleine, etc. Cela ne viendrait-il pas à l'appui de l'opinion qui fait vivre ou mourir ces deux saintes à Conques et à propos desquelles l'oraison de la messe dit : *quæ in præsenti requiescant ecclesia ?* A de plus érudits de trancher la question. Toujours est-il que cette dernière opinion expliquerait admirablement la coïncidence de deux chefs attribués à sainte Livrade et se trouvant l'un à Conques l'autre à Siguenza, supposé que ce dernier ne fût pas celui de sainte Libérate de Côme, et qu'il fît partie des reliques primitives de notre sainte Livrade qui étaient dans cette église vers 1082, comme nous le dirons plus tard. — Voyez plus loin, Ch. XIII, p. 117.

la solitude, des bonnes œuvres ; elles ont des sœurs ; elles s'adjoignent des compagnes ; elles quittent, pour la plupart, la maison paternelle afin d'être plus libres de servir leur Dieu ; de la part des peuples, même vénération pour leurs reliques, mais, en même temps, mêmes incertitudes historiques à l'égard des diverses translations ou repositions qui en sont faites.

Il suffit d'avoir quelques teintures de la science des origines chrétiennes et des difficultés rencontrées par nos hagiographes lorsqu'ils ont voulu réunir sur nos saints des matériaux dont les premiers éléments avaient été perdus, pour comprendre qu'ils n'aient pu souvent que s'emparer des données traditionnelles, les compléter, les embellir et en faire des œuvres à leur façon. Il n'est nullement étonnant qu'ils aient attribué à certains saints ce qui était propre seulement à quelques autres de même nom et que, par là, ils aient jeté dans leurs récits cette confusion qui a empêché plus tard de démêler le vrai du faux, la réalité de la fiction. Ces récits n'étaient plus dès lors qu'une sorte de légende, et, en tant que valeur historique, comme nous l'avons dit ailleurs, ils ne pouvaient témoigner que de deux choses : l'existence du personnage et le fait même du martyre dépouillé de tous ses accessoires.

Nous avons pensé, avec les hommes les plus compétents en ces matières, que la critique pouvait aller plus loin de nos jours, et, pour la démonstration que nous avons entreprise, ayant eu la bonne fortune de mettre la main sur quelques documents traditionnels et archéologiques précieux, nous croyons avoir trouvé le filon d'or qui nous permettra d'arriver à ce que nous espérons pouvoir être regardé comme une vérité historique.

Chapitre septième.

Documents hagiographiques espagnols. — Peu de valeur de quelques-uns d'entr'eux en raison des sources suspectes où ils ont été puisés. — Ce qu'il faut penser, en particulier, de LA CHRONIQUE DE FLAVIUS DEXTER, de celle de JULIEN DE TOLÈDE, des commentaires de Bivarius et du Martyrologe de Tamayo de Salarar.

AVANT d'aborder la question principale, objet de nos recherches et but unique des travaux préliminaires auxquels nous nous sommes livré jusqu'ici, le moment nous paraît venu de faire connaître l'opinion des auteurs et de dire notre propre pensée sur les *traditions espagnoles*, en présence desquelles nous allons nous trouver. Nous n'avons pour cela rien de mieux à faire, ce nous semble, que de rapporter ce qu'en a dit, dans ces derniers temps, un savant ecclésiastique, M. l'abbé Dudon, directeur au grand-séminaire d'Aire, qui a daigné répondre plusieurs fois à nos demandes, avec sa grande compétence hagiologique, et surtout avec cette bonne grâce qui le caractérise et dont nous gardons le meilleur souvenir. Nous lui devons des indications précieuses dont nous sommes heureux de lui témoigner ici notre vive gratitude.

Sa notice sur sainte Quitterie Gasconne a pu le faire trouver un peu fantaisiste par quelques rares contradicteurs qui n'ont pas eu, comme lui, à soumettre la question à une critique sévère et ne sont pas allés au fond des choses. Il faut reconnaître néanmoins avec M. Tholin, notre érudit archiviste, et Dom Piolin dont il est difficile de récuser le témoignage (¹), que la dissertation de ce jeune écrivain plein de sagacité et de talent est une œuvre *véritablement savante*, comme le disait Mgr Bourret, évêque de Rodez, dans le célèbre panégyrique qu'il prononça à Aire, en 1885, à l'occasion des fêtes de sainte Quitterie (²). Pour ceux, du reste, qui accuseraient le lettré directeur de *faire trop bon marché* des auteurs espagnols, citons ce passage du même discours de l'illustre évêque. Il sera la confirmation autorisée de tout ce que nous aurons à dire dans cette étude: « Nous n'ignorons pas que les Espagnols et leurs hagiographes ont volontiers accaparé tous les saints du ciel et les élus des deux Testaments. Il leur a paru que ces glorieux habitants de l'empyrée ne pouvaient avoir foulé d'autre terre que celle de l'Hispanie. Pardonnons-leur cette ambition que l'on n'a plus assez aujourd'hui...... » Ajoutons que la même thèse a été soutenue par Dom Guéranger dans ses *Institutions liturgiques* (³), par Rohrbacher, dans son *Histoire universelle de l'Église catholique* (⁴), et hâtons-nous de reproduire l'intéressant travail de M. l'abbé Dudon intitulé *Usurpations espagnoles* (⁵).

---

1. Depuis que nous avons écrit ces pages, nous avons appris avec plaisir que le supérieur des Bollandistes contemporains, le R. P. de Smedt et M. de Rossi pour ne nommer que les plus illustres, ont fait parvenir à M. l'abbé Dudon leur adhésion la plus formelle. Nous avons trop avec lui les mêmes vues sur l'ensemble de nos travaux pour que nous n'éprouvions pas une véritable satisfaction à faire connaître la pensée de ces éminents critiques.
2. *Univers* du 6 août 1885.
3. T. I, p. 429, 431, 437.
4. T. IX et X passim.
5. *Sainte Quitterie Gasconne*, p. 11 et suiv.

« Les serviteurs de Dieu, en arrivant aux honneurs de la canonisation, perdent, si je puis m'exprimer ainsi, leur caractère privé pour revêtir un caractère officiel ; leur gloire et leur protection deviennent un patrimoine général sur lequel tout catholique a des droits. Aussi est-il permis de leur dresser des autels et de solenniser leur mémoire, même dans les lieux où ne se grava jamais l'empreinte de leurs pas. Si les Espagnols, usant du privilège commun, s'étaient contentés d'ajouter à leur catalogue des saints nationaux les noms de quelques saints étrangers, sans fausser leur histoire, ils seraient exempts de reproche ; mais ils ont eu une ambition plus haute : ils ont voulu déposséder les autres pays et s'approprier des saints, qui manifestement ne leur appartenaient pas ; pour cela, ils n'ont pas craint de créer des actes fictifs, d'altérer des légendes, ou de les compléter par des détails de pure fantaisie : ceci dépasse les limites de la piété bien entendue. On n'aura pas de peine à se convaincre de ce que j'avance, en ouvrant, au hasard, un volume des Bollandistes. Je pourrais multiplier les exemples ; je n'en relaterai que quelques-uns, qui suffiront pour donner une idée du procédé. Ne serviront-ils pas aussi, du moins les premiers, à faire voir que, dans la cause que je défends, avec les intérêts de la ville d'Aire, ceux de plusieurs autres cités du midi se trouvent engagés ?

« Saint Vincent de Xaintes fut le premier apôtre de Dax. L'Espagne nous l'a pris et l'a inscrit parmi les évêques de Tolède. La sentence portée par les Bollandistes me dispense d'entrer dans une discussion qui me mènerait trop loin. La voici textuellement : *en conséquence, j'ai une conviction absolue que saint Vincent et saint Lætus sont exclusivement Dacquois* ([1]). Donc, il

---
1. T. XLI, 203.

y a eu larcin et larcin avec complication d'artifice. Nos traditions ou monuments locaux nous apprennent trois choses sur saint Vincent: 1º Ils nous disent qu'il fut évêque *civitatis aquensis;* 2º qu'un oratoire érigé par lui fut restauré par un de ses successeurs du nom de Gratien; 3º que la vierge Maxime, de Dax, apprit par révélation où reposaient les saintes reliques de Vincent et de Lætus ([1]). Les Espagnols travestissent ces souvenirs. Une petite bourgade, aux environs de Tolède, est décorée par eux du nom illustre de *civitas aquensis,* qu'elle ne porta jamais; un évêque de Carthagène s'appellera à propos Gratien, pour remplir le rôle de l'évêque de Dax; enfin ils feront, sans plus de façon, de Maxime, une vierge castillane.

« De la petite ville de Dax passons à la métropole. Auch a eu, au Ve siècle, un grand évêque, saint Orens. L'Espagne s'en empare et le fait évêque d'Huesca. Pourquoi? En vertu d'une simple consonnance. Huesca, en latin, s'écrit Osca; et Auch a à peu près la même orthographe. Dès lors, il est légitime de substituer Huesca à Auch. Ainsi raisonnent les Espagnols. Et que l'on ne m'accuse pas d'inventer: je copie les Bollandistes ([2]). Il y a plus. Attiré à Huesca, saint Orens s'y rencontre avec le diacre saint Laurent, que les Espagnols font plus ou moins gratuitement naître dans cette ville. Mais si l'évêque et le diacre sont compatriotes, pourquoi ne seraient-ils pas frères?...... Et des écrivains sérieux donneront sans sourciller à saint Laurent et à saint Orens un même père et une même mère, quoiqu'ils aient vécu à près de deux siècles d'intervalle ([3])! »

---

1. *Gallia christiana.* Édit. Palmé, t. I, p. 1037.
2. T. XXXVI, p. 502 et suiv.
3. Ibid.

L'abbé Dudon cite encore sainte Foy qui est née et a été martyrisée à Agen (¹), et qui, au témoignage des Espagnols, serait née à Mérida, de même qu'une sainte Sabine qu'ils lui associent et qui n'est pas non plus originaire de cette ville (²). Mais nous ne pouvons pas être de son avis lorsqu'il dit que sainte Foy n'eut pas de sœur et que celle que les Espagnols lui donnent, sous le nom de sainte Alverte, appartient, selon toutes les probabilités, au diocèse de Périgueux. Bien que les Bollandistes (³) puissent l'autoriser, jusqu'à un certain point, à tenir ce langage, nous revendiquons pour Agen et notre diocèse, aussi bien dans sa naissance que dans son martyre, sainte Alberte dont toutes nos traditions confirmées par le *Gallia christiana* (⁴) font une sœur de sainte Foy. Ce ne furent que ses restes, vénérés aujourd'hui à Vénerque, dans le diocèse de Toulouse, qui furent déposés et demeurèrent longtemps, avec ceux de saint Phébade, dans le diocèse de Périgueux (⁵). Nous constatons toutefois, à cette occasion, avec notre auteur, la tendance qu'ont les Espagnols, pour des motifs qui nous échappent, à grouper les saints et à imaginer entr'eux des liens de famille. Il importera de s'en souvenir lorsqu'il sera question de sainte Livrade.

« Si notre pays, continue M. Dudon, a payé un plus large tribut au besoin d'accaparer qui a tourmenté les Espagnols, les autres n'en ont pas été néanmoins affranchis. Saint Valens, évêque, souffrit le martyre avec trois jeunes enfants, à Auxerre, ou tout au moins dans le Nord de la France. Le Martyrologe romain

---

1. Boll. LI, p. 268, *Martyr. rom.*, 6 octobre.
2. Boll., ibid.
3. Boll., ibid.
4. *De sancto Phebadio et vitis sanctorum Aginensium*, in calce.
5. *Ibid.*

ayant hésité à fixer le lieu précis où ce saint répandit son sang, l'Espagne se hâte de lui assigner une patrie : Saint Valens, devenu saint Valère, par une altération destinée sans doute à déguiser la fraude, mourra avec les trois enfants à Pampelune (1). J'omets saint Théodore et sainte Philippe, transportés d'Asie à Huesca (2), sainte Vérène, enlevée à la Suisse (3), et beaucoup d'autres, pris un peu partout.. J'en ai dit assez pour édifier le lecteur. »

C'est suffisant, en effet, et nous ne devrons pas être étonnés plus tard, lorsque nous aurons à parler de sainte Livrade, de trouver les Espagnols très hardis dans leurs affirmations contradictoires pour chercher à se l'approprier.

Citons encore cette autre page de l'intelligent critique :

« Comment des faits de la nature de ceux que je viens de relever, ont-ils pu s'accomplir sans soulever une énergique réprobation ? L'intérêt engagé ici est de premier ordre : c'est la sincérité liturgique qui est en cause. Car la plupart des saints indûment placés dans le calendrier espagnol, eurent leurs offices particuliers; il fallut donc corrompre la légende; et, du Martyrologe, l'inexactitude passa nécessairement dans le bréviaire. On a de la peine à s'expliquer que des prélats pieux et zélés, comme l'Espagne en a eu à toutes les époques, aient toléré que des esprits inventifs disposassent à leur gré de la prière publique; on ne s'explique pas mieux que des historiens sérieux. Marieta, Villégas, Thomas de Trugillo, Padilla, Herreras aient été dupes et complices de ces témérités.

---

1. Boll., t. XVIII, p. 7.
2. Migne, *Patrol. lat.*, t. XXXI, p. 315 et *Martyr. rom.*, 20 septembre.
3. Boll. t. XLI, page 207.

Je ne prétends pas éclaircir ce mystère ; ce que je dirai rendra cependant la chose moins surprenante.

« On ne peut nier que pendant les XIVe, XVe et XVIe siècles, il ne se soit introduit dans la liturgie de l'Espagne, comme dans celles des autres églises particulières, des nouveautés regrettables. Au besoin, la réforme, entreprise en 1502 par Ximénès, dans son diocèse de Tolède, suffirait à le démontrer. Lorsque le concile de Trente constatait l'abus universel en cette matière, il était loin de faire une exception pour l'Espagne. Il est certain qu'il y avait eu déviation là comme ailleurs. Mais, tandis que le redressement, sous la direction de Rome, se faisait dans les autres pays avec régularité, il était empêché en Espagne, par la confiance trop grande qu'un faux esprit national avait fait accorder à deux documents indignes de toute considération : *la chronique de Flavius Dexter* et celle *de Julien de Tolède*.

« Flavius Dexter vivait au IVe siècle ; il fut l'ami de saint Jérôme ; il avait commencé une chronique qu'il n'acheva pas, ou qui, du moins, ne nous est point parvenue ; celle que les Espagnols présentent sous son nom ne nous vient certainement pas de lui ; *elle est généralement méprisée et reconnue pour une pièce supposée,* dit D. Ceillier, dans son *Histoire des auteurs sacrés* ([1]). Les Bollandistes appellent celui qui l'a rédigée *Pseudo Dexter* et lui refusent toute créance. En Espagne même, les critiques judicieux la rejettent ([2]). Mais elle a eu aussi des partisans crédules qui ont fait école. Pendant le XVIe et le XVIIe siècle, la fausse chronique a été trop généralement prise au sérieux. Bivar l'a rééditée en 1624, en la faisant suivre d'un long et

---

1. Édition Vivès, t. VI, p. 279.
2. *Espana Sagrada*, t. III, édition de 1748.

indigeste commentaire, qui valut à l'auteur des approbations flatteuses, mais imméritées. On peut lire tout au long dans la *Patrologie* de Migne, le travail du faussaire et celui de l'annotateur. Ils sont précédés de cette remarque sommaire et juste : *On est unanime aujourd'hui, à considérer comme apocryphe la chronique publiée par Bivar sous le nom de Dexter* (¹).

« Le mémoire historique attribué à Julien de Tolède et qui remonterait au VIIᵉ siècle, n'offre guère plus de garanties. Si tout ici n'est pas dû à la plume d'un scribe innommé, il reste avéré que l'œuvre primitive a été substantiellement modifiée par de nombreuses interpolations. Les Bollandistes se prononcent là dessus, en divers passages, de la façon la plus catégorique.

« A côté des chroniques de Dexter et de Julien, il convient de placer le Martyrologe espagnol de Tamayo de Salazar, qui a induit en erreur quelques écrivains de cette nation. Sous une apparence de piété, cet ouvrage présente comme acquis les faits les plus controversés et raconte, du même ton et avec la même assurance, les données positives de l'histoire et les inventions plus ou moins ingénieuses de l'auteur. Aussi les Bollandistes n'ont-ils pour lui aucun ménagement : ils déclarent l'avoir surpris fréquemment en flagrant délit d'imposture manifeste. *Martyrologium hispanicum jam toties tamque evidenter imposturæ convicimus ut ei similia testimonia proferenti fidem non adhibeamus* (²). »

Tous ceux qui ont étudié quelque peu l'hagiographie savent que Higuera, Bivar, Tamayo de Salazar sont des faussaires, ni plus, ni moins, et qu'il n'est plus

---

1. *Patrol. lat.*, t. XXXI, p. 10.
2. T. XXXIX, p. 109.

permis aujourd'hui de prendre au sérieux la chronique du faux Dexter qui est chose jugée. C'est pour cela que quelques critiques ont pu dire de l'argumentation de M. Dudon qu'elle est trop laborieuse sans nécessité et on sera étonné peut-être de la longue citation que nous venons d'en faire. Si on veut connaître le motif qui nous y a porté et savoir pourquoi nous insistons sur les *travestissements de l'histoire des saints*, chez les Espagnols, nous dirons que c'est uniquement pour y trouver une solution, et la seule possible en même temps que plausible, aux difficultés de la légende de sainte Livrade. Elle ne peut être que là, en effet. Cette légende n'est due qu'aux auteurs dont nous venons de parler. Jusqu'à eux, en remontant les siècles, nous ne voyons rien d'authentique ou de sérieux qui favorise leurs dires où le merveilleux occupe une si large place. Il est donc évident qu'il nous sera impossible d'accepter, sans réserve, dans toute son étendue, ce qu'ils donnent gratuitement comme une tradition remontant au IVe ou au VIIe siècle. Et c'est uniquement pour cela, qu'avec les plus graves auteurs espagnols : Nicolas Antonio, le marquis Péralta, D. Louis de Salazar, Ferréras, il nous plaît de redire et de soutenir, pour ceux surtout qui ne sont pas au courant de ces questions, que la chronique publiée sous le nom de Dexter est supposée et que les commentaires que le P. Bivarius y a ajoutés sont sans discernement et sans critique ; c'est pour donner un premier fondement solide à nos futures thèses, qu'avec les Bollandistes, nous disons *éprouver pour les écrits mis sous le nom de Julien une répulsion d'autant plus forte que des prélats espagnols en assez grand nombre, plus pieux que circonspects, se sont laissé tromper par eux au point de décerner les honneurs publics à beaucoup de person-*

CHAPITRE SEPTIÈME.

nages qui, non seulement n'appartiennent à aucun titre à l'Espagne — ceci serait moins grave — mais peuvent même être tenus pour chimériques (¹) ; c'est enfin pour rester complètement dans la vérité historique, qu'avec l'abbé Dudon, nous regardons Tamayo de Salazar comme très peu sérieux et, qu'avec les historiens de Languedoc, nous n'hésitons pas à porter sur lui ce jugement *qu'il est l'un des plus impudents faussaires qu'ait produits le dix-septième siècle.* « Non seulement », dit M. E. Mabille, savant annotateur de cet ouvrage, il a inséré dans son *Martyrologe* une foule de pièces apocryphes, mais encore des mentions fausses et des inscriptions supposées (²). »

On comprendra facilement qu'il nous sera beaucoup plus facile maintenant, sous le bénéfice de cette observation, de faire le jour sur les traditions vraies se rapportant à la sainte à laquelle nous consacrons ces pages et d'en éliminer les éléments hétérogènes qui les ont altérées.

1. Boll., t. XVIII, p. 174.
2. *Hist. de Lang.* édit. de Toul, p. 159, note 3.

Chapitre huitième.

Sainte Wilgeforte. — Ses diverses légendes. — Étendue de son culte. — Est-elle la même que sainte Libérate ? — Ce nom peut-il indiquer une nationalité portugaise ou espagnole ? — N'est-il pas plutôt belge ou allemand ? — Que faut-il penser de la barbe que lui attribuent certaines légendes et, en général, des crucifix appelés à tort androgynes (de deux sexes) ? — Opinion des auteurs sur ces différentes questions.

NOUS sommes en présence d'une des questions les plus ardues de la vie des saints, et nous ne sommes pas surpris que les Bollandistes, si érudits pourtant et à la sagace investigation desquels échappent peu de secrets concernant l'hagiographie, la représentent comme un véritable labyrinthe dont il est *extrêmement difficile de parcourir les voies tortueuses et surtout de trouver l'issue* (1). Ce sera aussi, dans notre travail, — pourquoi n'en conviendrions-nous pas et ne le dirions-nous pas dès le début ? — le sujet qui nous offrira les difficultés les plus sérieuses, à cause surtout de la confusion à laquelle ont donné lieu des faits, des circonstances et des traits appliqués par les auteurs à deux saintes différentes, ou bien à la même sainte qu'ils ont nommée tantôt Libérate et tantôt Wilgeforte. Hâtons-nous de dire que nous n'avons pas la prétention d'arriver plus

---

1. *Acta sanct.*, t. V, p. 50, n. 1.

facilement que d'autres à une solution. Nous avons le désir seulement de faire profiter ceux qui liront ces pages de nos longues recherches, de nos patientes et solitaires études et de leur donner, par là, la possibilité d'apprécier par eux-mêmes et de se former une opinion.

La sainte sur le véritable nom de laquelle les historiens varient, mais qui est le plus ordinairement Libérate ou Wilgeforte, est certainement l'une des figures les plus intéressantes et les plus curieuses qu'on rencontre dans les légendes des saints du moyen âge.

Fille d'un roi de Portugal, elle avait fait vœu de chasteté. Un roi de Sicile, que quelques rares auteurs ont nommé Amase, ayant fait la guerre au premier et étant resté vainqueur, la demanda en mariage et fit tous ses efforts pour vaincre le refus qu'elle lui opposait. La sainte, lassée des poursuites de ce jeune seigneur, demanda à Dieu de devenir laide ; ses prières furent exaucées : son visage se couvrit d'une longue barbe et prit l'aspect de la vieillesse et de la laideur. Le roi de Sicile, pour se venger, alla dénoncer la jeune vierge comme chrétienne. Elle fut aussitôt conduite devant le tribunal, et opposa les refus les plus énergiques à l'offre qui lui fut faite d'avoir la vie sauve à la condition qu'elle renierait sa foi. Après avoir enduré divers genres de tortures, elle fut condamnée à être crucifiée ([1]).

Telle est, en résumé, une des légendes de sainte Wilgeforte.

En voici une autre qui lui est appliquée sous les noms de *Libérate* et *Wilgeforte* ou même *Kummernis*.

Elle était fille d'un prince portugais idolâtre qui,

---

1. Aglaus Bouvène, pris dans les Bollandistes, passim.

épris de son extrême beauté, conçut pour elle une passion coupable qu'il ne lui cacha point. La sainte, convertie depuis quelque temps déjà au christianisme, en fut grandement affligée et demanda à son divin époux de changer sa beauté en laideur. Sa prière fut exaucée : les charmes de sa figure disparurent et firent place à une énorme barbe. Son père enragé du refus de sa fille et de cette transformation, la fit crucifier *afin qu'elle partageât le sort de son divin époux.* C'est pour cette raison qu'on la représente avec une grande barbe (1).

Dans les *Acta sanctorum* des Bollandistes (2), elle est représentée crucifiée, vêtue d'une grande robe, la tête couronnée. Un long voile descend de sa couronne ; sa robe est garnie de perles et de rubans ; quoique longue, elle laisse voir ses pieds, dont l'un est chaussé, tandis que l'autre est nu. La chaussure qui s'en est détachée est restée sous le pied. A sa gauche, à genoux, est un jeune homme qui joue de la viole pour implorer sa pitié, disent les traditions dont nous parlons plus haut, et la bonne sainte, pour récompenser sa confiance, fait tomber son soulier d'or aux pieds de ce malheureux. D'après une autre légende, le jeune homme représenté ici, est celui qui avait été accusé d'avoir volé une pantoufle brodée en argent. Cet homme, étant condamné à mort pour ce vol prétendu, alla près d'une image de la sainte afin de lui demander sa protection. En effet, la pantoufle disparue fut retrouvée aux pieds de la sainte, et l'accusé déclaré innocent. Une troisième légende enfin veut que, la sainte étant en croix et y souffrant affreu-

---

1. Traditions de Munich, de la Bavière et des bords du Danube où son culte s'étend très loin.
2. T.V, p. 63.

CHAPITRE HUITIÈME. 79

sement pendant de longues heures, un ménétrier, touché de compassion, s'approche d'elle, joue longtemps de son instrument pour charmer ses douleurs, et, qu'avant d'expirer, la jeune princesse martyrisée lui jette son soulier d'or en témoignage de sa reconnaissance. Tout ceci explique la présence d'un jeune homme qu'on voit presque toujours représenté près des statues, des figures ou des images de sainte Wilgeforte.

Sainte Wilgeforte. (D'après une gravure du XVIIIe siècle.)

Nous croyons devoir faire observer que ces légendes diffèrent notablement des légendes espagnoles et portugaises que nous allons rapporter dans un instant. Elles ne font connaître les noms ni du père ni de la mère de la jeune fille ; elles ne nomment ni la capitale, siège du royaume du père, ni les lieux soit de la naissance, soit du martyre ; elles introduisent un roi de Sicile et le miracle de la barbe dont ne parlent pas les Actes de Siguenza ; enfin, elles font arriver le supplice de la croix que leur emprunteront les nouveaux Actes espagnols rédigés après la découverte vraie ou fausse de la chronique de Lucius Dexter, imprimée pour la première fois, à Sarragosse, en l'année 1619.

Ici, le père est appelé *Lucius-Catellius-Severus, præses Gallæciæ et Lusitaniæ ;* la mère Calsia. Ils étaient idolâtres et eurent neuf filles jumelles, venues au monde *uno partu (ut multarum in Hispania ecclesiarum fert traditio).* Voici leurs noms : *Genivera, Wilgefortis* seu *Liberata, Victoria, Eumelia, Germana, Gemma, Marcia, Basilissa* et *Quiteria.* La mère, honteuse et craignant d'être accusée d'infidélité, les fit exposer. Mais la sage-femme trompa sa confiance, leur fit donner le baptême et confia à diverses femmes, chrétiennes comme elle, le soin de les nourrir et de les élever. La ville, *Catellii sedes,* est appelée *Balchagia,* et on ajoute la glose *quæ hodie dicitur Bayona Tudensis,* glose qui ne se trouvait pas dans la légende ancienne.

Dans une persécution, les neuf sœurs furent arrêtées comme chrétiennes et conduites devant leur père qui, dans l'interrogatoire, reconnut ses filles. Comme elles ne furent pas gardées étroitement, elles s'enfuirent, peu de temps après se séparèrent et subirent le martyre en plusieurs lieux. Libérate ou Wilgeforte se retira dans un désert où elle fut reprise et où on chercha, mais vainement, à attenter à sa virginité. Enfin elle mourut en croix, en Lusitanie, vers l'an 139 à *Castraleuca.*

Nous venons d'analyser aussi fidèlement qu'il nous a été possible les principales légendes de sainte Wilgeforte, *alias Liberata,* que nous retrouverons, en partie, lorsque nous aurons à parler plus explicitement ailleurs de cette dernière sainte.

Nous ne serions pas complet si nous n'ajoutions ici que son culte a eu des proportions très vastes. L'An-

CHAPITRE HUITIÈME.

gleterre, le nord et le midi de la France, la Belgique, la Hollande, l'Allemagne, la Bavière, l'Espagne et le Portugal l'ont eue en grande vénération. Partout on en a raconté des choses tout à fait merveilleuses, mais qu'il faut voir surtout dans les auteurs espagnols et portugais dont l'habitude n'était pas de ménager à leurs saints privilégiés même ce qui était bizarre. A l'époque où l'extraordinaire captivait plus particulièrement les esprits, l'imagination des légendaires ajouta aux faits primitifs des embellissements nombreux que ne connaissait pas l'antiquité et il en résulta, pour la vie de la sainte, un composé de circonstances toutes plus singulières les unes que les autres sur lesquelles il n'entre pas dans notre plan de nous arrêter.

C'est surtout dans les pays du Nord que la légende de la barbe avait fleuri et trouvé de l'écho. Là, le nom de *Liberata* donné à la sainte à cause de la façon dont le ciel l'avait débarrassée du mariage, la fit appeler sainte *Debarras*. Par suite de cette dénomination était venue, en Angleterre, l'idée que la sainte pouvait être particulièrement secourable aux femmes qui voulaient se débarrasser de leurs maris ([1]) et, dans le département de l'Aisne, à Marle, ou dans ses environs ([2]), exista autrefois, dans une paroisse aujourd'hui supprimée, un pèlerinage d'un très singulier caractère où se rendaient celles qui en étaient fatiguées ([3]). Wilgeforte devint, en Allemagne : Ontkummer, Ontkurmernuss, Kummernis, Kummernissa, Sanct-Gehult ; en Flandre : Ontcommera, Onkummera, Ontcommene,

---

1. *Revue britannique*.
2. L'abbé Palant.
3. On sait qu'à coté du culte liturgique, *le seul autorisé par l'Église* et auquel est imprimé le cachet de son institution divine, il y a eu des dévotions *dites populaires* consistant en des rites pratiqués par la foule et dans lesquels la religion du peuple a quelquefois été mêlée à la superstition.

Regenflegis, Regnufledis ; en Angleterre : sainte Uncumber ; en France : sainte Livrade ; et en différents pays, pour les livres liturgiques, Liberata, Liberatrix, Eutropia, etc. Ces noms, du reste, ont à peu près par-

Sainte Wilgeforte, (*alias* sainte Livrade), vénérée à Béthune, en Artois ; Bollandistes, 20 juillet. (Martyr. romain.)

tout la même signification : *délivrée, qui a échappé au danger ou qui l'a fui, qui souffre sans peine ou qui délivre de tout chagrin ceux qui l'invoquent* (¹).

Mais sainte Wilgeforte est-elle la même que sainte Libérate ?

1. *Acta Sanct.*, T. V. n. 61.

Cette question était déjà, au commencement du XVIIIe siècle, l'objet d'une sérieuse et très grande controverse. Elle fut du nombre des six, concernant la même sainte, sur lesquelles l'ex-provincial des Carmes, Frère André de Saint-Nicolas, crut devoir demander des éclaircissements aux historiographes d'Anvers. Nous n'avons pas malheureusement leur réponse. Mais voici celle du Père Guillaume Cuper qui travaillait, en 1733, à la grande œuvre de Bollandus et auteur du *Commentaire historico-critique* qui nous fournit des renseignements précieux. Il était belge et, à notre sens, c'est ce qui l'a porté à s'étendre davantage et même avec une certaine complaisance sur tout ce qui pouvait donner plus d'importance à la sainte honorée dans son pays. « *Kummernus* ou *Ontkommera* », dit-il, « est la même que *Wilgeforte* nommée quelquefois *Libérate* par les Belges et les Allemands, mais cette Wilgeforte est loin d'être la même que la sainte *Libérate* vénérée, comme leur patronne, par les habitants de Siguenza. » Parmi les raisons qu'il en donne nous trouvons celle-ci « que le *nom* de Wilgeforte n'est ni espagnol, ni lusitanien ou portugais, vu que le double W est inusité chez ces peuples, de même que chez les Italiens et chez les anciens Latins. » Et, ajoute-t-il, « on ne peut pas supposer que les Goths, les Suèves ou autres peuples aient apporté ce nom dans leurs irruptions en Espagne, car les écrivains espagnols et portugais postérieurs au faux Dexter prétendent, presque tous, que leur Libérate qu'ils nomment aussi Wilgeforte, a souffert dans le second siècle ; *tanto longius a vera Wilgeforte recedentes, quanto eam faciunt antiquiorem* ([1]). » Il faut donc, d'après lui, écarter absolument une Wilgeforte

---

1. *Op. cit.*, n. 81.

espagnole et la laisser tout à fait belge ou germaine, comme l'indiquent encore, du reste, les noms *Ontkummer* ou *Ohncummernus* et, par abréviation, *Kummernus*, composés de la préposition *Ohu* ou *Ont* qui veut dire sans, *sine*, et du substantif *Kummer* ou *Kummernus*, qui veut dire peine, sollicitude, chagrin, mots uniquement allemands, ayant la même signification que Libérate, — *qui a échappé à la peine, délivrée de toute peine.* —

La manière de voir du grave auteur que nous venons de citer, favorise trop la thèse que nous aurons à développer nous-même plus tard afin de prouver que la *Librada* des Espagnols n'est autre que notre sainte LIVRADE, pour que nous ne nous empressions de l'adopter dans son entier. On s'explique difficilement, en effet, qu'alors qu'on n'avait jamais nommé notre sainte que *Libérate* dans les anciennes leçons espagnoles, on ait ajouté, dans les récentes, celui de Wilgeforte. La responsabilité doit en retomber, disent encore les Bollandistes (1), sur le pseudonyme Dexter qui, outre le nom de *Libérate*, sous lequel elle était exclusivement honorée à Siguenza et connue, dans l'antiquité, a le premier donné également à la sainte celui de *Wilgeforte*. Aucun des auteurs qui dépeignent Wilgeforte, au moins dans les contrées dont nous parlons, n'est antérieur au XVIIe siècle ou tout au plus à la fin du XVIe. Le véritable Flavius-Lucius Dexter était contemporain de saint Jérôme, né vers l'an 331, dont il fut l'ami, et de Théodose le Grand, né en 346, dont il fut le ministre. Comment aurait-il pu écrire, dans sa chronique, le nom de Wilgeforte alors que le double V ou W lui était complètement inconnu ?

Il y a encore une grande différence entre sainte Wilge-

1. *Op. cit.*, n. 40 et 82.

forte honorée en Allemagne, en Belgique et ailleurs et Libérate, patronne de Siguenza, en ce que la première n'est nulle part peinte, gravée ou ciselée que suspendue en croix; la seconde, au contraire, n'est représentée que décapitée ou percée de glaives, sans aucune mention de croix, par tous les écrivains et les bréviaires antérieurs au faux Dexter. D'où nous devons tirer cette conclusion, avec G. Cupper ([1]), que, dans les nouvelles leçons de Siguenza, les actes de sainte Wilgeforte et de sainte Libérate ont été mêlés et confondus, ou mieux encore que, de deux saintes différentes, on n'en a fait qu'une.

Ajoutons enfin que Wilgeforte, conformément au miracle dont parlent ses légendes, est représentée avec la barbe que personne n'a jamais attribuée à sainte Libérate de Siguenza. Cette dernière raison a forcé Tamayo-Salazar lui-même, que nous combattons ailleurs et dont le témoignage ici est loin d'être suspect, à convenir, dans son *Martyrologe*, au 20 juillet, qu'il est impossible d'admettre avec certains auteurs, que Wilgeforte, vierge et martyre, appelée par lui *nôtre, nostram*, et celle que les Allemands appellent *Ontcommera*, soient une seule et même personne, *quia*, dit-il, *nullibi in nostris breviariis, chronicis, scriptoribus et monumentis vetustissimis aut recentioribus miraculum de barba, quam Germani S. Virgini hispanæ tribuunt invenitur*.

Abordons maintenant la question de cette barbe. La nécessité de rendre complètes nos notes sur sainte Wilgeforte nous le commande, et nous espérons que cette nouvelle dissertation, loin de nuire à notre sujet principal, nous aidera puissamment, au contraire, bien qu'indi-

1. *Op. cit.*, p. 85.

rectement, à lui donner plus d'importance et de lucidité.

Le Père Cahier, à nul autre pareil quand il s'agit d'expliquer les légendes du moyen âge, s'exprime ainsi dans ses *Caractéristiques des saints*. « Pour moi, je penche à croire que cette couronne, cette barbe, cette robe et cette croix qui ont été prises pour les insignes d'une princesse miraculée, ne sont qu'un détournement de la piété envers le célèbre crucifix de Lucques. On sait que la dévotion à cette image de JÉSUS-CHRIST crucifié était fort répandue au XIIe siècle, si bien que le roi d'Angleterre, Guillaume Roux ou Rollon, jurait volontiers par le saint *Voult* (¹) de Lucques. Or, ce fameux crucifix, comme plusieurs autres de ces temps-là, est entièrement vêtu et couronné. A distance de temps et de lieu, le long vêtement aura fait penser à une femme, et la barbe lui aura valu la qualification de vierge forte. Ajoutons que le crucifix de Lucques ayant été chaussé en argent pour obvier à la détérioration que ses pieds pouvaient subir sous les baisers des nombreux pèlerins, cette circonstance nouvelle aura tourné encore à la plus grande gloire de sainte Wilgeforte. On a dit qu'un pauvre ménétrier étant venu jouer un air devant la statue de la sainte en avait été récompensé par une de ses riches pantoufles. Ce prodige, prêté aussi à un pèlerinage de la sainte Vierge, a tout l'air d'être né au sanctuaire du *santo volto de Lucca* d'où il aura fait son chemin à travers les pays slaves et germaniques. »

Le Père Cahier, dans cet article, ne fait que résumer l'opinion des Bollandistes qui donnent des images attribuées à sainte Wilgeforte, une interprétation identique (²). Bivarius lui-même blâme Laurent Ra-

---

1. Vieux mot, *vultus*, image.
2. T. V, *Comm. hist. crit.*, n. 46, 47, 48 et 49.

mires de Prado d'avoir eu la pensée d'appliquer à sainte Wilgeforte l'image trouvée à Madrid ; et, d'après ces données, l'œuvre de Valdor du cabinet des Estampes, à Paris, qui n'est que la reproduction de cette même image, aurait été attribuée, à tort, à la même sainte par M. Aglaus Bouvenne, dans la notice qu'il lui a consacrée (¹). Valdor travaillait sous les règnes de Henri IV et Louis XIII et, selon M. Guenebault, auteur non sans mérite du dictionnaire iconographique publié par Migne, sa sculpture n'aurait trait qu'à saint Wilgeford, enfant, jouant du violon *au pied d'un crucifix où l'on voit Jésus-Christ vêtu d'une robe, ayant un pied chaussé et l'autre nu ; l'autre chaussure est près d'un calice* (²).

Dans ses lettres écrites de Prague en 1687, Blun (Henricus-Julius de), que le Père Cuper dit être de très noble race et très érudit, rapporte avoir fait, dans ses longs voyages, de sérieuses recherches, pour se rendre compte et de la légitimité du culte rendu à sainte Wilgeforte, comme espagnole ou portugaise, — *il a en vue celle dont parle le Martyrologe romain au 20 juillet* — et de ce qu'il pouvait y avoir de fondé dans l'application qu'on lui faisait de certaines images, de celle de Madrid, en particulier. Il établit, d'une part, 1° que les noms *Wilgeforte* ou *Kummernissa* n'indiquent que des étymologies belges et nullement espagnoles ou lusitaniennes, 2° qu'à l'époque des gentils, il n'y avait aucun royaume en Lusitanie ; et, d'autre part, que les images qu'on lui attribue ne sont que la reproduction de celle du très saint Crucifié honorée à Lucques, en Italie, depuis de longs siècles et attribuée à Nicodème (³).

1. *Légende de sainte Vilg.*, p. 5.
2. *Dict. iconog.* de Migne, p. 651.
3. *Comm. hist. crit.*, n. 48.

Bollandus enfin dit qu'il a voulu se rendre compte par lui-même de ces assertions. Il les assure vraies et donne tout au long la description que fait de cette image attribuée, en effet, à Nicodème, Rocca, à la suite de son livre *sur une parcelle de la vraie croix*, édité à Rome en 1609 ([1]). Il convient, qu'à part la couronne et un peu la forme du vêtement, tout ce qu'indique cette description comme se trouvant à Lucques, sandales, calice et joueur de viole, ressemble à ce qu'on voit dans les images belges et autres de Wilgeforte ([2]).

Nous ne devons pas terminer cette étude déjà longue sans parler, comme nous l'avons promis, des crucifix appelés, à tort, androgynes, relatifs à sainte *Souci* ou sainte *Affliction*, noms qui, pour quelques peuples, avaient la même signification que Wilgeforte *alias Liberata*. Nous aurons tout dit, sur ce sujet, lorsque nous aurons reproduit, en entier, bien que cela puisse ressembler à des redites, non pas les dessins qu'en a donnés M. Auguste Demain, dans l'encyclopédie des *Beaux-Arts plastiques* ([3]), où on peut les voir, mais les notes qui les accompagnent, ainsi que l'article qu'il consacre à la légende, dans l'*introduction* au sous-chapitre sur *la Croix de crucifiement, les agneaux et le crucifix* ([4]).

Voici d'abord ces notes :

1. Crucifix nommé faussement androgyne, représentant sainte Souci ou sainte Affliction (Kümmerniss). Il est reproduit d'après un bas-relief en pierre d'Oberwinterthur, en Suisse, où on l'attribue au VIIIe siècle.

---

1. P. 40.
2. *Acta Sanct.*, t. v. *Comm. hist. crit.*, n. 19.
3. Paris, 1873, p. 137.
4. P. 145.

CHAPITRE HUITIÈME.

2. Crucifix représentant, selon M. A. Bouvenne, sainte Wilgeforte. Il est copié sur un triptyque du XIIIe siècle.

3. Crucifix avec inscription : *salvator mundi*, et au millésime de 1516, d'après un tableau de l'église d'Ettersdorff, près de Nuremberg. Ce crucifix ressemble, quant au *musicien, au pied droit déchaussé* et à la *barbe de la figure couronnée*, au crucifix des saintes Souci et Wilgeforte.

4. Crucifix de ce même genre en bois sculpté, de la collection Nadar à Paris.

5. Crucifix de sainte Souci, d'après une gravure du XVIIe siècle, reproduit par M. A. Bouvenne, dans sa légende de sainte Wilgeforte. (C'est le même que celui ci-haut des Boll., p. 79.)

Et voici maintenant l'article dont nous parlons à la page précédente. Nous le reproduisons en entier et textuellement.

« Le *crucifix appelé à tort androgyne* (de deux sexes), tire son origine d'une légende attribuée, en Suisse et dans une partie de l'Allemagne, au martyre de *sainte Souci* ou sainte *Affliction*. Douée d'une beauté merveilleuse, elle avait tourné la tête à nombre de seigneurs et barons. La renommée de ses charmes parvint jusqu'à la cour du roi qui, en la voyant, tomba amoureux et voulut l'épouser. Mais sainte Souci avait déjà fait des vœux et était religieuse dans un couvent. Ne pouvant faire renoncer au roi de donner suite à ses désirs, elle pria la Vierge de lui ôter cette beauté funeste qui l'exposait au parjure, et celle-ci exauça sa prière. La figure de la jeune religieuse fut ornée, pendant la nuit, d'une barbe d'homme, et lorsque le roi se présenta le lendemain pour chercher sa fiancée, la voyant tellement changée, il devint furieux et cria non pas au miracle, mais à la sorcellerie; et il ordonna le supplice de la malheureuse. La victime fut crucifiée. Clouée sur le bois, elle avait déjà enduré plusieurs jours cette affreuse torture sans qu'aucun soulagement lui fût apporté, lorsqu'un musicien ambulant vint demander au couvent l'hospitalité. Touché du spectacle, ce pauvre ménétrier essaya de faire oublier ses douleurs à la victime par le charme de sa musique, et celle-ci, avant de mourir, récompensa l'artiste en lui laissant tomber, du pied droit, le soulier d'or dont elle était chaussée, etc. (v. mon *Encyclopédie*, etc., de la Suisse.). Cette même légende se retrouve très répandue dans le Tyrol allemand où grand nombre d'habitations de paysans sont ornées de peintures murales qui représentent le supplice de cette vierge. A l'église d'Ettersdorff, près de Nuremberg, en Bavière, on voit aussi un tableau de ce genre, mais où le crucifié est un homme barbu, à longue robe, le pied droit également déchaussé, et un joueur de guitare agenouillé; le tout cependant entouré de l'inscription: *Salvator mundi* M. 1516. M. Aglaus Bouvenne, à Paris, a publié, en 1866, une notice sur cette sainte légendaire, dont il a retrouvé des traces en Portugal, en Espagne, en France et en Belgique, mais sous le nom de Wilgeforte, de Liberata et d'Ontcomera. Il signale une statue en bois du XVIIe siècle, à l'église de Saint-Étienne, à Beauvais. La plus ancienne représentation connue de la sainte est cependant la sculpture d'*Oberwinterthur*, attribuée en Suisse au VIIIe siècle, mais qui est probablement du XIe, et dont on trouvera plus loin la reproduction. » (V. ci-dessus aux notes 1.)

Chapitre neuvième.

Notre manière de voir personnelle sur les sujets traités dans l'étude qui précède, et avant-propos ou entrée en matière pour nos futurs travaux sur sainte Livrade.

NOUS avons dit déjà toute notre pensée sur la *valeur historique des actes des martyrs ou de ce que la tradition nous en rapporte*. Les considérations générales que nous avons émises conservent ici toute leur importance et y deviennent d'une application facile ([1]).

La sainte que nous avons cherché à faire connaître, qu'on l'ait appelée Libérate, Wilgforde, Ontcomera, Kummernis, a été incontestablement comme une gloire qui, au temps des persécutions, rayonna sur toute l'Église et dont les fidèles gardèrent le souvenir, mais d'une manière vague et sans des détails précis sur sa naissance, sa vie, son martyre, surtout à mesure qu'ils s'éloignèrent davantage du temps où elle avait vécu.

On doit d'ailleurs, en général, se garder de croire que les récits de la vie des saints ne furent, chez nos ancêtres, que de pures imaginations. Transmises d'âge en âge, dans l'Église chrétienne, les scènes diverses de leur vie, de leur martyre, de leurs miracles frappaient le peuple et s'emparaient de son esprit aussi bien que de son cœur. Seulement, comme son imagination est active quand elle se saisit de faits qui l'intéressent, au cours des siècles, elle se prenait aisément à ranimer, dans des récits embellis et exagérés

1. Voir plus haut, ch. II

par elle, l'histoire un peu oubliée des saints qui lui étaient plus particulièrement chers et à leur faire une vie extraordinaire. Souvent même des motifs exceptionnels, comme ceux d'exciter, dans une contrée, une dévotion plus grande ou de donner plus d'importance à une église, pouvaient l'y porter, sans qu'on y vît de graves inconvénients. Les écrivains venus longtemps après ces saints et qui n'avaient plus sur leur vie et sur leur mort des données suffisantes, pressés néanmoins par leur désir où d'en écrire l'histoire où de rendre leur culte plus populaire, prenaient l'habitude de mêler aux faits peu nombreux que la tradition pouvait rappeler, des choses apocryphes, d'inventer même, ou bien d'appliquer à certains saints ce qui était propre à d'autres. Par suite, confondre les temps, les lieux, les noms devenait chose facile, et c'est ce qui nous explique la diversité que nous trouvons dans les légendes de sainte Wilgeforte. Tout y ressemble beaucoup trop à des histoires faites à plaisir. L'invraisemblance même y paraît parfois choquante, et, comme nous l'avons dit ailleurs, en tant que valeur historique, elles ne peuvent témoigner que de la certitude du fait même du martyre dépouillé de tous ses accessoires. Notons que le Martyrologe n'a, en effet, retenu que cela: *Passio sanctæ Wilgefortis virginis quæ etiam Liberatrix, Eutropia, vel Reglufedis nominatur* ([1]). Lindanus, premier évêque de Ruremonde, dans les Pays-Bas, s'en tient à ces simples données et applique aux saintes *Regenflegis*, *Eutropie* et *Oncommera* les actes de sainte Wilgeforte parce que, d'après lui, tous ces noms ne peuvent désigner que la même personne.

Et qu'on ne nous accuse pas de traiter un peu trop

---

1. Ex Florario.

à la légère d'*apocryphes*, certaines circonstances des actes de la vie de cette sainte. Il nous est facile de démontrer notamment, comme l'affirment les Bollandistes (¹), que, dans les premiers siècles de l'Église, il n'y avait des rois ni en Lusitanie, ni en Sicile. La Lusitanie, dont la Galice n'était qu'une province, fut conquise par les Romains en 140 avant Jésus-Christ et la Sicile l'avait été pendant les guerres puniques. Les Ostrogoths qui s'emparèrent de celle-ci à la fin du Ve siècle de notre ère, en furent chassés en 535 par Bélisaire. Les Sarrasins l'occupèrent vers 830 ; mais ils durent, au IXe siècle, céder la place aux Normands qui réunirent la Sicile à Naples, et ce ne fut que dans le XIIe siècle que commença ce qu'on a appelé, plus tard, le royaume des Deux-Siciles. Les Romains gardèrent la Lusitanie comme province jusqu'au cinquième siècle de l'ère chrétienne, époque où les Visigoths et d'autres barbares du Nord l'envahirent. Au commencement du VIIe siècle, elle fut conquise par les Arabes ou Maures, auxquels Alphonse VI, roi de Léon et de Castille, l'arracha en partie, vers la fin du XIe siècle et ce ne fut que dans la première moitié du XIIe que le royaume de Portugal fut définitivement fondé. Il est donc impossible que *deux rois païens de Sicile et de Portugal* aient pu se faire la guerre, à l'époque des persécutions chrétiennes. La Sicile, d'ailleurs, n'était voisine ni de la Galice ni de la Lusitanie et il aurait été difficile qu'un de ses rois ou de ses gouverneurs entrât dans ces provinces *manu violenta*, comme dit la légende. Il n'y est question ni de flotte ni d'armements et les rois, dans tous les cas, n'auraient pu se donner que des combats singuliers, ce qui est invraisemblable.

---

1. *Comm. hist. crit.*, n. 9.

Ce sont ces considérations, et plusieurs autres encore n'ayant pas moins de valeur, qui *rendent suspects aux Bollandistes les actes de sainte Wilgeforte et les empêchent d'ajouter foi à ce qui en constitue la plus grande partie* ([1]). Ils nous paraissent apprécier très bien toutes choses lorsqu'ils disent que, d'après eux, il y aurait eu dans les temps anciens, une vierge ou du pays même ou étrangère, *peregrina*, comme il s'en est trouvé plusieurs chez les Belges et ailleurs, qui, par amour de la chasteté, n'aurait pas hésité à endurer et même à braver la mort. Son nom serait tout d'abord resté inconnu ou aurait fini par être oublié. Plus tard, les moines et les clercs se seraient contentés de l'appeler, à cause de l'héroïsme dont elle aurait fait preuve pour la conservation de sa pudeur, vierge forte, en latin, *virgo fortis* et, ce nom, le vulgaire qui n'en comprenait ni le sens ni la portée, l'aurait changé en ceux de Wilgforde, Wilgeforte, et autres, selon les peuples chez lesquels s'établissait son culte ([2]).

Quoi qu'il en soit, nous reconnaissons qu'il existe réellement une légende vraie ou dénaturée de sainte Wilgeforte et nous ne mettons nullement en doute l'existence d'une sainte, vierge et martyre, qui en a été l'objet et à laquelle doivent être appliqués quelques-uns des détails qu'elle rapporte. Cette légende ne remonte-t-elle, comme l'assure, non sans quelque raison, le Père G. Cupper ([3]), qu'à trois ou quatre cents ans au plus, ce qui ne nous reporterait qu'au XIIIe ou au XIVe siècle, puisqu'il écrivit vers l'année 1733, ou bien a-t-elle une origine plus ancienne ? Il nous est difficile de nous prononcer à ce sujet. Cette sainte a-

---

1. *Op. cit.*, n. 97.
2. *Op. cit.*, n. 98.
3. *Op. cit.*, n. 99.

Portrait conforme, moins la barbe, aux traditions des peuples slaves.

t-elle été belge ou germaine ? Tout ce que nous pouvons dire, c'est qu'elle a appartenu à une des contrées du Nord. Mais certainement elle n'a été ni portugaise, ni espagnole quoi qu'aient pu en écrire plusieurs auteurs de ces deux contrées qui n'ont appuyé leurs assertions sur aucun fondement solide, alors, qu'indépendamment de la grave autorité des Bollandistes, les monuments historico-géographiques déjà cités ne peuvent laisser aucun doute sur la vérité de l'opinion que nous émettons nous-même.

Qu'il nous soit donc permis de dégager de l'ensemble de tout ce qui précède ces quelques affirmations :

Il a existé dans la Belgique ou les contrées du Nord, dans les pays slaves ou germaniques, une sainte, vierge et martyre, du nom générique de Wilgeforte, dont le culte a eu, chez tous ces peuples et ailleurs, des proportions très vastes. Les légendes nombreuses et variées qui l'ont eue pour objet sont cependent, en général, *apocryphes* et, comme valeur historique, ne peuvent témoigner que de la certitude du fait de son existence et de celui de son martyre. Elle n'est pas espagnole, et, bien qu'elle soit vénérée en Portugal, sa prétendue nationalité portugaise ne repose que sur des témoignages inadmissibles. Nous dirons plus tard, avec Benoît XIII, comment peuvent être jugées certaines indications du martyrologe ([1]).

Il nous semble, étant posés ces préliminaires qui étaient nécessaires et pour la justification desquels les Bollandistes nous suffisent largement, que nous nous trouvons parfaitement en règle avec Baronius et le martyrologe lui-même dans ce qu'ils disent de sainte Wilgeforte. En abordant maintenant la question de

---

1. Voy. plus loin, C. X. p. 109.

CHAPITRE NEUVIÈME.

sainte LIVRADE nous sommes sur notre terrain puisqu'elle va se présenter à nous dégagée à peu près de tout ce qui pouvait y mettre de la confusion et y laisser de l'obscurité. Bien que quelques auteurs les confondent trop souvent avec elle, nous saurons qu'il ne s'agit ici ni des saintes Libérate de Côme, de Padoue, de Chaumont et d'ailleurs, ni de sainte Libérate *alias Wilgefortis*, honorée en Allemagne, en Belgique et dans les contrées du Nord, mais uniquement d'une sainte qui nous appartient, par son martyre au moins, et que nulle autre contrée ne peut raisonnablement revendiquer, pas même l'Espagne, comme il nous sera facile de le démontrer.

Notre vif désir de reconstituer par là, si c'est possible, les titres de notre église à la possession de sainte LIVRADE, ne pourra paraître à tous, nous voulons bien l'espérer, que légitime et louable.

Chapitre dixième.

Sainte Livrade. — Elle n'est ni portugaise ni espagnole. — Elle est de l'Aquitaine, ancienne province de la Gaule (1).

U N des plus savants érudits de nos contrées et de notre époque, en nous donnant, dès le début de nos travaux, ses précieux encouragements nous disait avec beaucoup de sens : « Si vous permettiez à ma vieille expérience de chercheur de vous donner un conseil, je vous engagerais à réunir sur la gracieuse patronne de votre belle paroisse tout ce que l'on possède de vieilles légendes, à les coordonner, et à présenter ensuite ce recueil comme un résumé de ce que l'on a cru et de ce que l'on peut croire sur sainte Livrade. En restant prudemment dans cette voie, vous éviterez le reproche d'avoir présenté ce qui est simplement conjectural pour ce qui est vrai... Vous pouvez être un critique sérieux sans être un fantaisiste... » Tel est aussi notre désir. Si en cherchant à réunir en faisceaux toutes nos traditions éparses, il nous arrive parfois de combattre

---

1. C'est uniquement à cause de l'époque à laquelle nous écrivons que nous employons dans cette étude les mots modernes *portugaise, espagnole, française*, et *France, Espagne, Portugal*. Nous n'ignorons pas toutefois que les auteurs ne s'en servent pas, en général, pour les temps antérieurs à la formation de nos actuelles nations européennes, et, en ce qui concerne la France, pour ceux qui ont précédé la féodalité.

Peut-être pourra-t-on trouver aussi que l'expression *aquitanique* dont nous nous servons quelquefois ne se dit habituellement que des choses. Des écrivains très autorisés s'en servent cependant pour les personnes et le *Nouveau Dictionnaire encyclopédique* ne la condamne pas. C'est pour cela que nous nous permettons de l'employer nous-même, ce terme nous paraissant d'ailleurs rendre mieux notre pensée.

les assertions qui ne nous paraîtront pas fondées, de relever les contradictions trop choquantes, nous n'abuserons jamais de l'adage : *in dubiis libertas*. Seulement comme il n'est pas défendu d'incliner vers des hypothèses qui nous attirent, on voudra bien n'être pas surpris si nous indiquons *chaudement* nos préférences pour tout ce qui est favorable à la cause de nos contrées.

Établissons d'abord que sainte Libérate, appelée chez nous *Livrade* et à Siguenza *Librada* et *Librata* [1], est aquitaine et non espagnole ou portugaise. C'est l'opinion des Bollandistes, et on sait qu'il n'y a pas, en fait de critique historique, de plus grave autorité que la leur. Lorsqu'ils émettent un sentiment, c'est toujours appuyés sur d'excellentes preuves qu'ils le font. *Il ne faut jamais se montrer plus difficile qu'eux*, nous écrivait dom Piolin, à l'occasion précisément de la question qui nous occupe [2]. Ils ont, sur cette sainte, une longue et très savante étude qu'ils intitulent : *commentarius historico-criticus*, et il n'y a pas, la concernant, de question si difficile, si embarrassée soit-elle, qu'ils n'y relèvent et qui ne devienne l'objet de leurs investigations. Or voici, en quelques paroles simples mais catégoriques, le résumé de leurs travaux et toute leur pensée :

Suspicor potius eam aquitanam esse [3].

C'est comme un verdict que de bons arguments à l'encontre pourraient seuls infirmer et, ces arguments, il est impossible de les produire. Le moment est venu, du reste, d'examiner ceux que fournissent nos compétiteurs.

---

1. Boll., t. v, *Comm. hist. crit.*, n. 18.
2. Lettre du 1ᵉʳ mars 1887.
3. *Acta sanct.*, t. v, *Comm. hist. crit.*, n. 17.

Nous avons déjà parlé des prétentions portugaises, à l'occasion de sainte Wilgeforte, et nous les trouverons confondues avec celles de l'Espagne. Nous n'en dirons donc ici que quelques mots et cela pour faire surtout sentir à quelles contradictions déplorables elles ont donné lieu.

Un martyrologe de 1591, imprimé à Coïmbre (1), nomme sainte Libérate ou Wilgeforte, mais en avouant qu'on ignore *où elle est née, où elle a souffert le martyre, où sont ses reliques*. Dans des notes qui sont jointes au texte du martyrologe (2) on dit que sainte Wilgeforte était patronne de la ville de Siguenza, mais sous le nom de *Liberata*, et qu'elle est la même que celle qui est honorée en Belgique sous le nom de Wilgeforte ou Ontcomera, synonyme du mot latin *Liberata*.

Inutile de dire que nous ne partageons pas ce sentiment et qu'avec les Bollandistes (3), nous pensons que ce sont deux saintes distinctes.

Martin Carillus, dans ses *Annales chronologiques du monde*, réimprimées en 1634 à Sarragosse (4), dit qu'il existe deux saintes *Liberata* honorées en Portugal, dont l'une aurait vécu en l'an 138 de Jésus-Christ, et l'autre en 308. Il est incontestable que cet auteur suspect qui se contredit, et qui rétracte dans une seconde édition, relativement à la légende des neuf sœurs, ce qu'il avait dit dans la première, n'a cherché qu'à favoriser les inventions fantaisistes des faux Dexter et Julien et de leurs partisans (5). Il serait embarrassé pour dire sur quelles autres autorités il s'appuie. Les Bollandistes jugent avec raison qu'il est inutile de

---

1. Portugal.
2. *Op. cit.*, p. 21.
3. *Op. cit.*, n. 5.
4. Liv. 2.
5. *Act. sanct.*, *loc. cit.*, n. 24.

CHAPITRE DIXIÈME.

s'arrêter à ces dires qui *n'ont rien de sérieux et dans lesquels on ne voit que de la confusion* (¹). La légende portugaise, sauf quelques noms de lieux, n'est, du reste, que la reproduction fidèle de celle de l'Espagne et nous la retrouverons.

Dans une de nos précédentes études nous avons parlé des documents hagiographiques de cette dernière contrée et du peu de valeur de quelques-uns d'entre eux. Il sera nécessaire, pour la complète intelligence de ce qui va suivre, de rappeler ce que nous avons dit sur cet important sujet (²).

Le droit des Espagnols n'est rien moins qu'établi.

1º Ils ont contre eux la confusion qu'ils font de la vraie sainte Livrade que toutes leurs traditions primitives et tous les documents anciens, d'accord en cela avec les légendes, les vieilles images et les traditions de nos contrées, représentent ou décapitée ou percée au cœur, morte, en un mot, par le glaive, avec sainte Wilgeforte, dont leurs auteurs ne revendiquent pour eux la possession que tout à fait à la fin du XVIᵉ siècle. C'est cette dernière que Dexter et Julien ont été les premiers à représenter, à la suite des Belges et des Allemands, mourant sur une croix, et même douée de la barbe, la confondant trop facilement, comme ces peuples, avec le Christ de Lucques ou avec les crucifix nommés faussement androgynes sur lesquels nous avons dit plus haut toute notre pensée (³). Cette première observation résulte soit de ce que nous avons déjà rapporté nous-même, soit des indications précises et des explications données par G. Cupper (⁴).

2º Leur sainte Livrade, ou plutôt la sainte Livrade

---

1. *Op. cit.*, n. 24.
2. Voy. plus haut chap. VII, p. 66 et suiv.
3. Voy. plus haut chap. VIII, p. 88 et suiv.
4. *Comm. hist. crit.*, n. 5, 6, 28, 32, 40, 44.

dont ils ont possédé des reliques depuis plusieurs siècles, est italienne; l'identification qu'ils font de cette *vierge* lombarde avec notre *martyre* française est gratuite. Elle est due à leur oubli de leurs traditions primitives et surtout à leur esprit inventif qu'il est aisé de prendre ici en flagrant délit, comme pour beaucoup d'autres saints qu'ils ont voulu à tort s'attribuer ([1]).

On ne trouve chez presque tous les auteurs espagnols: Rodrigue de Caunha, Thomas Trugillo, Mariana, Jean Tamayo, Jean Balthasar Sorreno, Gonzalez Davila, relativement aux reliques de Siguenza, que de l'incertitude et de la confusion. Or, c'est cette incertitude même, c'est cette confusion qui nous confirment dans l'opinion que nous ne faisons qu'émettre ici, nous réservant de lui donner plus tard de plus grands développements, en nous appuyant sur un ancien propre du diocèse d'Agen, que les reliques portées là, dans le IXe ou le XIe siècle, étaient de notre sainte Livrade ([2]). Aux diverses époques — et on sait qu'elles furent longues et nombreuses — où ils eurent à subir le joug des Maures et des Musulmans, les Espagnols durent perdre le souvenir et de la nationalité de la sainte et de ses reliques, comme l'assure un des auteurs que nous venons de citer. Dans les premières années du XIVe siècle, l'Italie rendant de grands honneurs aux restes de sainte Libérate de Côme ([3]), ils tinrent à s'y associer, demandèrent pour eux une partie de ces reliques, et c'est vers cette même époque que, la confusion se faisant complète 1° entre les vagues souvenirs de la sainte LIVRADE française, *vierge et martyre*, dont les reliques avaient été placées sans éclat dans quelques-unes

---

1. V. ci-dessus les documents hagiographiques espagnols, p. 66 et suiv.
2. Voy. plus loin l'ensemble du chap. XIII.
3. Ferrario, *in catal. SS. Italiæ*, et Fernandez-Guerra.

de leurs grandes églises, Palencia, Oviedo, Siguenza ; 2° entre les récits venant d'Italie sur sainte Libérate, *vierge* seulement ; et 3° entre les prétentions qu'on avait à la possession d'une sainte locale, *portugaise* ou *espagnole* ; c'est à cette époque, disons-nous, que durent être composées, avec le cortège obligé d'incidents surnaturels répondant au goût du temps, les premières légendes espagnoles. Cette composition nous semble devoir être placée entre le XIVe et le XVe siècle. Et qu'on ne se hâte pas de regarder comme hasardée l'opinion personnelle que nous venons d'émettre, car l'*Ano christiano* (¹) qui est, croyons-nous, la meilleure collection hagiographique de l'Espagne contemporaine, assure que la cathédrale de Siguenza était en possession du *précieux trésor* de reliques de *sainte Livrade* dès l'époque de sa fondation, ou plutôt de sa restauration, vers 1082. Qui ne sait qu'à peu près à cette même époque, l'illustre Bernard de Sérillac, et, à sa suite, des prêtres et des moines agenais assez nombreux allèrent en Espagne où quelques-uns devinrent évêques des églises que nous avons citées comme ayant eu sainte Livrade en particulière vénération, ayant possédé de ses reliques, et l'ayant honorée par la récitation d'un office spécial (²) ?

Quant aux prétentions de Siguenza à la possession de reliques d'une sainte indigène, *espagnole* ou *portugaise*, et surtout *martyre*, elles sont plus que contestables. Nous avons, pour le prouver, une autorité de poids et qui nous paraît décisive. Rodrigue de Caunha, archevêque de Brague, dit catégoriquement, dans son *Histoire ecclésiastique* (³), à quelle époque et par qui

---

1. L'Année chrétienne. C'est aussi ce que rapporte Fernandez-Guerra.
2. Voy. plus loin l'ensemble du ch. XIII.
3. Part. 1, cap. 26, n. 3.

les reliques de *sainte Libérate lombarde* furent portées à Siguenza: *Sancta Liberata seguntina fuit itala, et nata, ut probabilius existimamus, Novocomi civitatis ducatus mediolanensis... Sanctam Liberatam italam memorat martyrologium romanum, tribuens illi tantummodo titulum virginis,... uti etiam et facit Usuardus... Italam Florentia seguntium transtulit episcopus Simon Giron, cum peculiari facultate, sub pontificatu Bonifacii VIII qui fuit inter annos MCCXCIV* (1294) *et MCCCII* (1302), *ut constat ex breviario istius ecclesiæ in lectionibus matutinis, quando illic celebrabatur hoc festum...*

Il est vrai que dans son martyrologe espagnol, au 20 juillet, Tamayo Salazar combat fortement cette assertion du docte historien de Brague. Nous avons dit le peu de confiance que doit inspirer cet auteur ([1]). Et toutefois, comme, d'une part, son sentiment paraît partagé ici par Bollandus ([2]) qui, s'étayant des leçons de l'ancien bréviaire dont parle Balthazar Sorreno ([3]), soutient que c'est une *vierge martyre* qu'on honore à Siguenza, et comme, d'autre part, l'auteur déjà cité, Caunha, laisse suffisamment entendre ([4]) que les ossements de sainte Libérate lusitanienne dont il écrit la vie n'ont été l'objet d'aucune translation : *eodem quo primum condita sunt loco, etiamnum requiescunt*, nous trouvons, dans les dires contradictoires de ces divers auteurs et dans la confusion même à laquelle ils donnent lieu, une preuve nouvelle en faveur de notre double thèse que sainte Livrade est *française*, et qu'il est très probable que c'est d'elle qu'il y a eu des reliques à Siguenza avant et toujours au moins avec

---

1. V. les documents hagiographiques espagnols, p. 66 et suiv. ci-avant.
2. *Comm. hist. crit.*, p. 6, n. 22.
3. *Op. cit.*, p. 98.
4. *Op. cit.*, n. 87.

celles de sainte Libérate de Côme. Nous ne croyons devoir entrer dans aucun détail sur la dernière translation qui eut lieu à Siguenza et que les auteurs placent à l'année 1537, parce que tout nous porte à croire que ce ne fut qu'une simple reposition. Avait-elle pour objet les reliques de sainte Livrade *martyre*, ou bien celles de sainte Libérate de Côme ? Les écrivains de ce temps ne l'indiquent pas. C'est alors qu'on trouva, prétend Gonzalez Davila, dans son *Théâtre ecclésiastique de Seguntina*, la tunique que portait la sainte, lors de son martyre, teinte d'un sang aussi frais que s'il venait d'être répandu. Nouvel indice qu'on honorait, à Siguenza, une *vierge martyre*, fait, du reste, sur lequel ne laisse aucun doute le *propre* actuel de cette église.

Nous ne dirons rien de la prétendue translation des mêmes reliques d'Espagne d'abord en Italie, et puis de Florence à Siguenza, indiquée par quelques auteurs, mais qui n'est appuyée sur aucun monument grave. *Nec negare nec affirmare est animus*, disait le précieux manuscrit aujourd'hui imprimé, croyons-nous, de Nicolas Antonio ([1]). Elle ne paraît pas même vraisemblable, et elle n'est due qu'au désir de rapporter à une sainte indigène le culte rendu depuis des siècles, dans l'église de Siguenza, à une *vierge martyre*, de la vie de laquelle, nous l'avons dit, on avait perdu les actes et probablement jusqu'au souvenir. C'est encore leur imagination ardente et leur esprit inventif qui a trop souvent porté les Espagnols, Mariana notamment ([2]), à faire, de l'endroit où on célébrait le culte d'un saint, le lieu même de son martyre, comme aussi de prendre quelques parties seulement de ses reliques pour son corps entier. Toutes

1. *Op. cit.*, n. 34. — 2. *Op. cit.*, n. 23.

ces réflexions peuvent être appliquées et le sont, en réalité, par quelques auteurs, au culte de sainte Livrade à Siguenza.

3° Enfin, ce qui vient démontrer encore que le droit des Espagnols n'est rien moins qu'établi, c'est que leurs écrivains eux-mêmes les plus éclairés et les plus sincères, Ambrosius Morales, Padilla, Villégas, Britto, frappés de la plupart des motifs qui déterminent nos propres convictions, se refusent catégoriquement à admettre une sainte Libérate *espagnole*, et que quelques-uns vont jusqu'à avouer l'existence d'une sainte de même nom *française*. Ce qui faisait dire à un critique de nos jours qui partage nos idées : *habemus confitentes reos.*

Dans sa *Chronique générale de l'Espagne* (1), Ambrosius Morales s'exprime à peu près en ces termes : « Ce qu'on trouve dans les leçons et l'office de cette sainte ne peut être que d'une étrangère...... Je n'y vois rien de raisonnable ni de certain... l'histoire ne dit nulle part qu'elle soit espagnole... et, pour ma part, je ne vois pas qu'il soit possible de le prouver. »

Porreno, dans sa vie de sainte Libérate (2), déclare que, sous l'épiscopat de Frédéric de Portugal, de 1512 à 1532, c'est-à dire dans la première moitié du XVIe siècle, l'église de Siguënza ne la considérait nullement comme *lusitanienne*. La légende disait seulement : *Nata ex patre Cathelio et matre Calcia regibus gentilibus, inter finitimos Occidentis, haud infimis* (3).

Dans son *Histoire ecclésiastique* (4), Padilla ne cache pas ses doutes sur la nationalité de cette sainte et sur

---

1. Liv. x, ch. xviii.
2. *Acta sanct.*, t. v; *Comm. hist. crit.*, p. 58.
3. Nous verrons plus loin que c'était ce que disaient aussi nos anciens bréviaires.
4. Part. i, p. 26.

ce qu'en rapportent les historiens d'Espagne. Il cite notamment Basile Sanctorus qui dit n'avoir trouvé nulle part qu'il y eût eu une ville portant le nom de Bolcagie : *nec in lexico, nec in ullo cosmographo, sive antiquo sive moderno, invenire potui quis sit ille locus Bolcagiæ*. Nous aurons occasion de dire que le même langage pourrait être tenu à l'endroit de la plupart des autres circonstances de la vie de cette sainte rapportées dans ses légendes.

Villégas (1) la fait *française*. Britto dont le témoignage ne peut pas être suspect, veut qu'elle ait été martyrisée en France (2). Et enfin, c'est encore la France que lui donnent pour patrie les auteurs qui ont réformé le bréviaire de Pampelune.

Qu'on nous permette de dire maintenant, en terminant cette étude dont ce sera le résumé, que quatre choses se dégagent pour nous, d'une manière claire et nette, de ce que nous venons d'essayer de démontrer :

1º. Il est comme certain que l'Espagne n'a pas eu de sainte indigène du nom de Livrade ou Libérate. À part un seul dont nous avons apprécié la sérieuse autorité, mais qui a commis néanmoins, au dire d'un critique judicieux, bien des fautes contre la chronologie, la géographie et l'histoire, les nombreux auteurs de cette contrée qu'il nous a été donné de consulter sont unanimes sur ce point. Nous pouvons tenir le même langage à propos du Portugal, malgré les légendes inventées par les faux Dexter et Julien ou leurs partisans qui n'ont été connues, d'ailleurs, et qui n'ont eu cours que dans les trois derniers siècles.

2º Il y a eu sûrement à Siguenza des reliques de sainte Libérate de Côme, *vierge* seulement, puisque

1. Liv. X, c. XVIII. — 2. II par. *Lusitaniæ monarchia*, l. I, c. 18.

des écrivains sérieux et les documents de cette église nous apprennent à quelle époque et par qui elles y avaient été portées. Mais comme cette église a toujours honoré, dans sa patronne, une *vierge martyre* et qu'elle n'en a jamais eu d'indigène de ce nom, des reliques de celle-ci ont dû lui venir d'ailleurs et, de fait, son histoire nous apprend qu'elle en possédait au XIe siècle au moins, sinon plus tôt.

3°. Ces dernières n'ont pu lui venir, ni de l'Italie, puisque les seules saintes du nom de Libérate qui y sont connues, celle de Pavie et celle de Côme, n'y sont honorées que comme *vierges*, ni du Portugal, puisqu'en admettant, à la rigueur, qu'il ait eu une sainte Libérate ou Wilgeforte, ses ossements, d'après la plupart des auteurs qui ont parlé d'elle, et principalement Rodrigue de Caunha, n'ont pas été portés ailleurs.

4°. La France n'a donc pu ni prendre à l'Espagne ni en recevoir *sainte LIVRADE, martyre*, et son culte, puisque rien n'indique que cette sainte soit née, ait vécu ou soit morte dans cette dernière contrée. La France l'honore cependant elle-même, depuis des siècles, comme étant de l'Aquitaine, une de ses plus anciennes provinces, et les Espagnols ne nient pas l'existence d'une sainte LIVRADE *française*.

La conclusion naturelle et logique est donc incontestablement celle-ci : sainte LIVRADE est sûrement *française et aquitaine*. Ce n'est pas de l'Espagne que son culte a pu venir chez nous, mais de chez nous plutôt qu'ont dû être portés en Espagne son culte et probablement ses reliques.

Nous ne devons pas terminer ce travail sans répondre à une objection. Le bréviaire, peut-on nous dire, doit être une autorité suffisante pour la certitude de l'histoire, et la légende espagnole de sainte Libérate, patronne de l'église et du diocèse de Siguenza, qui célèbrent sa fête le 20 juillet, se trouve rapportée tout au long dans un *propre* des saints d'Espagne approuvé par Grégoire XIII en l'année 1573.

Le Père Papebroch, un des bollandistes, a répondu plusieurs fois, d'une manière victorieuse, à des objections de ce genre, à l'occasion de certains autres saints, et le très savant Nicolas Antonio, déjà cité, dit, en propres termes, « que, le plus souvent, dans ces cas, la sacrée-congrégation des Rites, sévère néanmoins à cet endroit, et sans *avoir l'intention de prendre la responsabilité d'une décision*, ne fait que se rendre aux sollicitations *parfois importunes* des églises, de peur de contredire des traditions qui pourraient *à la rigueur* avoir leur raison d'être ». Nous pouvons citer encore une autorité plus haute. Benoît XIII, alors qu'il n'était encore qu'archevêque de Bénévent, a écrit ceci : « *Maxime quidem auctoritatis esse Breviarium Romanum in iis quae, per sese, ad cultum ecclesiasticum attinent ; minoris tamen ponderis esse in privatis factis et gestis, quae in vita sanctorum ex occasione referuntur, ita ut efficax inde argumentum peti non possit.* » Il ajoute que l'Église elle-même, tantôt en permettant et tantôt en ordonnant des corrections ou de simples changements dans le bréviaire, a donné la preuve qu'elle ne regarde pas comme étant d'une vérité absolue tout ce qu'il renferme.

Ce pape qui passait déjà pour profond théologien et pour très érudit, alors qu'il n'était pas encore monté dans la chaire de Saint-Pierre, professe la même manière de voir à l'égard du Martyrologe et il cite des exemples qui confirment tout ce qu'il dit à ce sujet.

Chapitre onzième.

Sainte Livrade aquitanique et française (¹). Ce qu'il faut penser de son culte à Mazères et des revendications du diocèse de Tarbes. — Elle appartient, au moins par son martyre, à la localité du diocèse d'Agen, à laquelle elle a donné son nom. — Preuves tirées de l'histoire, de pièces manuscrites, de la tradition locale et de l'archéologie.

IL est certain qu'il y a eu une sainte LIBÉRATE ou LIVRADE, *vierge et martyre*, immolée par le glaive, celle dont on retrouve le souvenir dans la légende complaisamment élaborée de Siguenza; celle dont des reliques ont existé et existent encore çà et là, dans le sud-ouest; celle dont parlaient, dans leurs *propres*, les anciens bréviaires de presque toute notre région ainsi que ceux de notre antique prieuré (²) et de l'abbaye de Saint-Robert de la Chaise-Dieu (³), celle qui a donné son nom à plusieurs villages, bourgades, villes, églises et paroisses de la Guyenne et de toute l'Aquitaine ; celle à laquelle a été dédiée, de temps immémorial, la vieille église de Sainte LIVRADE D'AGENAIS, et dont la tradition, appuyée sur des monuments la plupart authentiques et tous des plus respectables, s'est conservée de tout temps dans nos contrées.

---

1. Voir plus haut, chapitre précédent, p. 98, note 1.
2. Manuscrit de 1527.
3. Imprimé à Lyon, chez Balthasar Arnollet, en 1553

Nous devons avouer pourtant qu'il nous sera difficile d'éclairer, *d'une manière complète*, la physionomie de notre sainte patronne. Nous savons d'avance que nous n'arriverons pas à la mettre en *pleine lumière*. Il restera des *ombres*. Quels furent les parents de cette sainte ? Où naquit-elle ? Comment fut composée la trame de sa vie ? Autant de questions qui présentent de grandes difficultés, si même elles ne sont pas tout à fait insolubles. On ne peut pas retrouver ce qui n'existe pas. Au moment du martyre, les actes ne furent pas écrits ; et lorsque, plus tard, on voulut sauver cette mémoire de l'oubli, il fallut interroger les traditions qui ne pouvaient fournir que des indications assez vagues. Heureux serions-nous encore si les pieuses amplifications de la légende, et les inventions des faussaires, n'étaient pas venues altérer ces récits primitifs !

La sainte, au moins, nous appartient-elle par sa mort ? A-t-elle confessé la foi et versé son sang chez nous ? C'est, ce nous semble, tout ce que la critique doit chercher à établir. C'est ce que nous nous sommes demandé au début, sachant que nous avions à compter avec des revendications contraires, et il nous a paru qu'il serait possible de réussir à prouver assez péremptoirement la supériorité de nos droits. Puissions-nous répondre à l'attente et de ceux à l'érudition desquels nous avons eu recours pour des renseignements, et de ceux qui ont bien voulu nous encourager dans notre œuvre ardue ! Les uns et les autres sont nombreux, et leur bienveillance qui nous honore nous est infiniment précieuse. « *Vos titres, si je ne m'abuse, sont les plus probants que l'on puisse produire* », nous écrivait l'un d'eux [1] ; *vous arrivez parfaitement*, nous disait un

---

1. L'abbé Dudon, directeur au grand séminaire d'Aire, lettre du 29 septembre 1887.

autre (¹), *à dégager la vie de sainte Livrade des récits légendaires et apocryphes des Espagnols et des Portugais, et vous démontrez son origine aquitaine et son martyre agenais.* Un troisième (²) nous disait très gracieusement : « *il n'y a rien à ajouter à vos informations, elles sont on ne peut plus précises* ». Et c'est à peu près dans le même sens que nous faisaient l'honneur de nous écrire M. Le Blant, directeur de l'école française de Rome (³) et Sa Grandeur Mgr l'évêque de Rodez (⁴).

Les matériaux rassemblés par les Bollandistes nous ont été jusqu'ici d'un grand secours. Nous devons convenir cependant que le travail qu'ils ont fait sur sainte Livrade, notre patronne, est bien incomplet et cela parce qu'il leur a manqué pour l'achever, il faut aussi le reconnaître, ce que nous pouvons plus aisément recueillir, nous qui sommes sur place, les données

---

1. Dom Piolin, 1 mars 1887.
2. M. l'abbé Duchesne, professeur à l'institut catholique de Paris, 12 décembre 1886.
3. Lettre du 20 décembre 1886.
4. Lettre du 29 août 1886.

Au moment de la correction des épreuves de ce livre, nous recevons de M. Jules Serret d'Agen une lettre que nous ne plaçons en note ici qu'à cause de la valeur, comme chercheur et écrivain, du trop bienveillant ami qui nous l'adresse.

Agen, le 23 novembre 1889.

Cher Monsieur le Chanoine,

J'ai lu avec le plus vif intérêt le manuscrit relatif à votre très curieuse et très savante DISSERTATION *sur sainte Livrade*.

Vous aviez à cœur d'honorer d'une manière exceptionnelle la patronne de votre belle paroisse. Vous avez pleinement réussi dans votre pieuse entreprise.

La magnifique restauration de votre basilique et le beau livre que vous publiez complètent, au plus haut degré, le panégyrique de la vierge martyre.

Je vous félicite sincèrement d'avoir ainsi marqué votre passage et votre saint ministère dans ces parages du Lot où l'on vous estime autant qu'on vous aime, comme il m'a été permis de le constater encore récemment.

CHAPITRE ONZIÈME.

locales. C'est à cette source, c'est-à-dire dans l'histoire du pays, dans les vieux papiers manuscrits, dans la tradition écrite et orale et dans l'archéologie que nous puiserons le plus souvent désormais nos informations.

Mais avant d'aller plus loin et pour n'avoir pas à y revenir plus tard, disons ce qu'il faut penser des revendications de Mazères.

On sait qu'en France même, dans l'ancienne Aquitaine, l'honneur d'avoir vu le martyre et d'avoir recueilli les restes d'une sainte *Libérate* ou *Livrade*, nous est disputé par le diocèse de Tarbes. On montre à Mazères, près de Castelnaud-Rivière-Basse, dans les Hautes-Pyrénées, un sarcophage de marbre blanc qui aurait été la sépulture de son corps, et c'est là que fut faite en 1342, par Mgr Pierre Raymond de Monbrun, une translation de ses reliques. M. Abadie de Sarrancolin, dans son ouvrage : *Indicateur des Hautes-Pyrénées*, M. Bascle de Lagrèze, dans son *Histoire religieuse de la Bigorre*, M. Cénac-Moncaut, dans le *Voyage archéologique et historique dans l'ancien comté de Bigorre*, parlent à peu près dans les mêmes termes et de l'église, et du tombeau, et de la translation, et de la sainte qu'ils disent avoir été mise à mort dans la forêt de Monthus. La châsse qui avait renfermé les reliques et qui était fort gracieusement ornée dans le style du XIVe siècle, est vide aujourd'hui, sans que pourtant les précieux restes qu'elle renfermait aient été portés à Saint-Sever de Rustan, comme le dit, à tort, M. Cénac-Moncaut. Ils ont dû être enlevés pour être profanés ou cachés à l'occasion de la guerre de Cent-Ans ou des troubles de la Réforme.

Les archives de l'évêché de Tarbes rapportent avec détail la cérémonie qui eut lieu, à l'occasion de cette translation, ainsi que l'inscription latine en gothique ronde qui la rappelle. Elle est gravée sur le couvercle en batière qui recouvre la châsse, et l'estampage en a été transmis, dans ces derniers temps, par M. l'abbé Canéto, à la *Revue des Sociétés savantes* qui l'a reproduite ([1]). L'angle de la pierre ayant été cassé, un mot fait défaut, et l'écriture de la dernière ligne, qui est incomplète, paraît être d'une époque postérieure. Nous croyons néanmoins pouvoir la traduire ainsi.

« Qu'il soit connu de tous, que le R. P. en Jésus-Christ, le seigneur Pierre Raymond de Monbrun, par la bonté particulière de Dieu, évêque de Tarbes, ordonna que le corps très vénéré de la vierge et martyre sainte Librate ([2]) fût transféré du lieu où il était ([3]), dans cette église paroissiale de Saint-Jean de Mazères, diocèse de Tarbes, en présence du clergé, du peuple et d'une multitude de fidèles, l'an 1342, et, avec honneur et révérence, il l'enferma dans cette châsse ([4]).

Il serait difficile, en présence de ce document, de nier qu'il y ait eu à Mazères une *translation* de reliques de sainte Livrade. Elle eut lieu à une époque où les cérémonies de ce genre étaient nombreuses et où les populations cherchaient à avoir quelques ossements des vénérables personnages dont elles honoraient, de-

---

1. V^e série, t. v, 1873, p. 479-480.
2. Ainsi écrit en latin.
3. *De loco ubi erat.*
4. Voici le texte latin de cette inscription :
+ VNIVSIS: PATEAT: Q^d: REVENDVS: IN: XPO: PAT: PETVS: RAMVÑ-DI: DE MOTEBRVNO: DIGNA: DEI: PROVIDEN^a: TARVIENSIS: EPS: SACRATISSIMV: CORP^s: VIRGINIS: ET: MTIRIS: B$\bar{\text{T}}$E LIBRATE: DE: LOCO: VBI: ERAT: IN: ECCA: PAROCHIALI: BI: IOHIS: DE MAZERIIS: TARVIEN: DYOC: PRESENT: CLERO: ET: PPLO: ET: MVLTITVDIE: FIDE LIV: ANNO: DNI: M°: CCC°: XL°: SECVNDO: ET: CVM: REV...: ET HONORE: IN: HAC: CAPSIA: NVXIT: PROPISS: MADIB^s TRANSLATA: NDVM.

puis des siècles, la mémoire, ou dont elles avaient quelque motif particulier de rappeler le souvenir. On sait aussi, comme nous en avons fait la remarque, qu'on indiquait assez facilement, même dans des actes officiels, en parlant de reliques, le corps entier pour ce qui n'en était qu'une partie seulement, ce qui a pu laisser supposer quelquefois que le corps de certains saints était simultanément en plusieurs endroits. Les exemples en sont fort nombreux, nous n'en rappellerons que deux : le Mont-Cassin et Fleury-sur-Loire assurent posséder le corps entier du patriarche saint Benoît, et Castres, en Albigeois, croit avoir le corps de saint Vincent de Sarragosse, alors qu'à Sarragosse on affirme que ce corps est toujours là.

Nous ne savons pas quels motifs avaient rendu chère aux habitants des bords de l'Adour la dévotion à notre sainte Livrade d'Aquitaine. Une vieille tradition populaire apprend seulement qu'ils avaient senti le besoin de placer les enfants chétifs sous le patronage de cette jeune sainte, et, de temps immémorial, rapporte l'*Histoire religieuse de la Bigorre*, des mères chrétiennes apportaient leurs fils malades dans la vieille et curieuse église de Mazères. Quoi d'étonnant que là, comme ailleurs, on ait cherché à avoir des reliques de la sainte qui y était l'objet d'un culte particulier, et à qui le peuple de ces temps de foi, avec son imagination ardente, assignait volontiers comme lieu de refuge et théâtre de son martyre, les forêts environnantes ? Mais ces indications sont loin d'être suffisantes pour établir, d'une manière sérieuse, les prétentions tarbaises et voici les motifs qui nous portent à les combattre.

Le procès-verbal parle non pas de sainte Libérate, mais de *sainte Libérate*, comme on l'écrivait chez nous à la même époque (¹) et comme on nommait aussi, à Siguenza, la sainte dont on avait eu les *premières* reliques et que nous supposons être la nôtre. Le corps ou l'ossement, objet de la translation, n'était pas là, on l'avait pris ailleurs : *de loco ubi erat*. C'était l'expression consacrée dans ces sortes de cérémonies lorsque la relique venait de loin, et ici, le mot de l'inscription *translatum* ou *translatandum* indique assez qu'il en était ainsi. Nous trouvons cette même expression et ce même mot dans le compte-rendu de la translation qui eut lieu, chez nous, d'une portion de relique de la même sainte, et nous y trouvons aussi le mot *corpus*. Que Mazères, que le diocèse de Tarbes aient eu une sainte indigène du nom de *Libérate* ou *Livrade*, aucun monument ancien ne le laisse entendre, pas même le procès-verbal de 1342 qui l'aurait certainement rappelé si telle avait été la croyance à cette époque. Les missels, les bréviaires, les *propres* anciens en auraient parlé, et leur silence à cet égard est complet. Les Bollandistes qui, dans leur longue et savante étude, font connaître les nombreuses contrées qui revendiquent cette sainte, ne disent pas un mot d'une sainte Libérate *tarbaise* ou *pyrénéenne*. *La tradition populaire a seule conservé un souvenir de cette sainte*, dit, d'une façon bien peu explicite, M. Bascle de Lagrèze, et il se contente, comme les autres écrivains déjà cités, de rapporter le manuscrit de M. Larcher qui la fait martyriser dans la Bigorre, sans fournir une seule preuve pouvant donner de la valeur à son assertion. Dans son *Histoire de la Gascogne* (²), M. le chanoine de Monlezun rappelle la même tradition, mais il avoue catégoriquement *ne pas savoir sur quel fondement on peut l'appuyer*.

---

1. Voyez plus haut, chap. 1, p. 3, note 3.
2. T. 1, p. 196.

CHAPITRE ONZIÈME.

Nous en avons dit assez sur ce sujet, et il nous semble qu'il s'en faut que les prétentions des Hautes-Pyrénées puissent être avérées. N'aurions-nous pas même d'excellentes raisons de penser que nous sommes ici encore en présence d'une usurpation ? Toujours est-il que la date de la translation des reliques à Mazères, que l'inscription gravée sur le reliquaire de marbre qui les reçut alors, que l'absence de tout document antérieur et jusqu'aux traditions locales, écho manifeste de celles de nos contrées que nous ferons connaître, attestent que le culte de sainte Livrade a été implanté là. Sainte Livrade est, pour Mazères, une patronne, non une concitoyenne (1).

Combien nos titres sont autrement probants ! Le moment est venu de les faire connaître.

Des pièces officielles attestent l'existence du culte de sainte LIVRADE, dans notre paroisse, au diocèse d'Agen, en 1117. Il y avait, à cette époque reculée, une église qui lui était dédiée, dont les dépendances étaient déjà nombreuses et au service de laquelle était attaché un chapitre de chanoines et de clercs séculiers, qui avait

---

1. Une particularité, qui ne doit pas être passée sous silence, vient confirmer toutes nos assertions. M. E. Humbert, un des collaborateurs de Mgr Paul Guérin, dans le grand ouvrage de la *Vie des Saints*, nous a fait l'honneur de nous écrire, le 9 janvier de l'année 1888, pour nous fournir quelques renseignements. Il nous dit que la translation solennelle des reliques de sainte Livrade, à Mazères, eut lieu le 23 février 1342, et il cite le R. P. Dom Piolin dans son supplément (t. I, p. 251) et le *Gallia christiana* (t. III, col. 1087). Or, nous verrons plus tard que ce même jour est celui auquel sont rapportés par plusieurs martyrologes, notamment par celui de Chastelain, le martyre et la fête de notre sainte agenaise. N'est-il pas évident, qu'en choisissant identiquement ce jour pour une fête solennelle de translation, l'évêque et le diocèse de Tarbes n'avaient pu avoir en vue que la grande patronne de nos contrées dans les honneurs qu'ils voulaient rendre à sainte Librate ? — Voy. plus haut, chap. I.

des droits considérables sur douze autres églises. Notre intention n'est pas d'entrer aujourd'hui dans des détails sur cette circonstance précieuse de notre histoire locale qui fournira plus tard à nos études, nous l'espérons, une page d'un vif intérêt. Nous n'avons pour le moment, qu'à constater le fait dont nous parlons, et pour cela qu'il nous suffise de citer, entre autres documents :

1º Un acte de 1117 conservé aux archives de l'évêché ([1]), et reproduit par plusieurs de nos historiens, par lequel l'église de *Sainte-Livrade* d'*Agenais*, *avec toutes ses appartenances*, fut donnée aux religieux bénédictins de l'abbaye de la Chaise-Dieu, par Izarne, doyen du chapitre, et tous les chanoines qui la desservaient.

2º Une bulle de 1120 du pape Callixte II, rapportée *in extenso* dans le *Gallia christiana* ([2]), et fidèlement transcrite par Labénazie ([3]), qui confirma ladite donation et ratifia le consentement de l'évêque d'Agen, Hildebert, plus connu sous le nom d'Aldebert.

3º Des lettres patentes de 1122 de Guillaume le Jeune, duc d'Aquitaine, recueillies aussi dans le *Gallia christiana* ([4]), qui confirment encore la donation susdite, ainsi que les actes de l'évêque d'Agen et du Souverain Pontife.

4º Une bulle de 1184 du pape Lucius III, qui se trouve aux archives de l'évêché ([5]) et qui a été traduite par l'abbé Barrère ([6]), accordant aux religieux des privilèges considérables et désignant les

---

1. H. 307.
2. T. II, aux *Instrumenta*, col. 428.
3. *Hist. du dioc. d'Agen*, p. 248.
4. T. II, *Instrumenta*, col. 429.
5. H. 17.
6. *Hist. relig. et mon. du dioc. d'Agen*, t. I, p. 328.

douze églises qui dépendaient de celle de Sainte-Livrade (¹).

Il est donc historiquement démontré qu'au commencement du XIIe siècle, existaient à Sainte-Livrade d'Agenais, et une église dédiée à cette sainte, et un chapitre de chanoines séculiers qui *avaient pour mission d'y entretenir son culte*, comme nous le ferons voir dans un instant. Mais ce chapitre et conséquemment cette église remontaient beaucoup plus haut. Nous en trouvons une première preuve dans le nombre relativement considérable de chanoines attachés à cette dite église, et dans celui des églises qui dépendaient de celle-ci. Vingt-six chanoines à une époque où les *prêtres*, les *abbés*, les *chanoines*, les *évêques eux-mêmes*, *étaient contraints, en raison de leurs fiefs, d'aller à la guerre par eux-mêmes* (²); douze églises attachées à une autre qui n'était ni métropole ni cathédrale, laissent incontestablement supposer des groupements faits peu à peu et commencés depuis longtemps. Il est dit dans un des considérants de la bulle de Callixte II, relativement aux prêtres séculiers formant le collège ou chapitre : *qui quondam seculari nimium conversatione vivebant*. Ce n'est pas d'un collège, d'une communauté *conventus* de près de trente personnes, récemment fondés, que l'on aurait pu écrire ces lignes. Cette décadence nous est une seconde preuve que les temps heureux et fervents de la fondation étaient déjà éloignés, et nous nous rangeons volontiers au sentiment, certainement fondé et puisé quelque part, de l'abbé Barrère : *que ces chanoines étaient là de temps immémorial* (³).

---

1. Nous avons en main et en manuscrit toutes ces pièces et plusieurs autres ayant trait aux mêmes objets.
2. Abbé Barrère, *Hist. rel. et mon. du dioc. d'Agen*, p. 336.
3. *Op. cit.*, p. 312.

Ils étaient là *pour desservir l'église de notre martyre, sainte Livrade, et pour y entretenir et y développer son culte*, disaient de vieux papiers, trouvés dans une famille qui avait été au service des bénédictins pendant plusieurs générations. Nous n'avons pas eu la bonne fortune de pouvoir mettre la main nous-même sur ces pièces, mais M. Bru, vicaire dans notre paroisse depuis plus de trente ans lorsque nous y sommes arrivé, en 1859, nous a affirmé plusieurs fois les avoir vues et y avoir lu ce passage, en visitant, dans sa dernière maladie, l'unique survivant de cette ancienne famille.

Nous n'oserions pas faire remonter l'institution de cette communauté aux temps qui suivirent saint Eusèbe et saint Augustin, qu'on regarde comme les pères et les instituteurs de ces sortes de collèges ecclésiastiques, où *les évêques faisaient vivre leurs clercs en commun dans l'observation exacte des canons des conciles*, ce qui fit qu'on leur donna le nom générique de chanoines, c'est-à-dire *inscrits dans le canon ou le catalogue de la communauté*, et cela, indifféremment, qu'ils fussent ecclésiastiques ou moines (¹). Cette assertion qui ferait de nos premiers clercs-chanoines presque des contemporains de sainte Livrade, attachés, après son martyre, au service de la chapelle qui lui aurait été dédiée, nous paraît beaucoup trop hardie et surtout dénuée de critique, bien que donnée et soutenue par un de nos prédécesseurs, M. Antoine de Roche, recteur de l'église paroissiale et couventuelle de Sainte-Livrade et de son annexe Saint-Martin de Montmart, de 1599 à 1618 (²).

Mais il nous paraîtrait difficile de ne pas admettre l'opinion qui fixe cette fondation aux temps carolin-

---

1. Thomassin, *Discipl. ecclés.*, 1ᵉ part., liv. I, ch. 40.
2. Rapport à Mgr Nicolas de Villars, évêque d'Agen.

giens au moins. De fait, historiquement, c'est l'époque où, sur tous les points du territoire franc, on vit naître et fleurir ces sortes d'institutions, grâce au zèle des princes Pépin, Charlemagne, Louis le Pieux, et à l'activité de leurs principaux auxiliaires, saint Chrodegand et les deux Amalarius. Ce fut, en partie, par elles que se fit la lutte de l'Église contre la barbarie, et la Gaule tout entière fut façonnée dès lors avec une parfaite unité de direction par les moines, les clercs et les évêques. Pendant que des asiles sacrés s'ouvraient en tous lieux à la prière et au travail, nos prélats, ceux de l'Aquitaine notamment, allaient partout où se tenaient des conciles, pour sanctionner les règles de la morale chrétienne et de la discipline ecclésiastique, si souvent méconnues par les grossières natures de ces époques troublées. Malheureusement notre province n'a pas eu d'historien dans les siècles de Frédégaire et de ses continuateurs, ainsi que d'Eginhard ; les chartes elles-mêmes qui pourraient nous servir de monuments historiques ont été en grande partie perdues, et voilà pourquoi les origines de nos plus anciens chapitres, collèges de clercs et monastères sont restées obscures. Ce qu'il y a de certain c'est que le chapitre de Sainte-Livrade réunissait toutes les conditions exigées pour ces sortes d'institutions par le concile d'Aix-la-Chapelle de 816, qui les avait en vue. Les canons 118 et 119 surtout y avaient leur pleine exécution, comme le prouve la donation de 1117, et nous ne croyons pas nous éloigner de la vérité historique en faisant remonter son établissement à l'époque dont nous venons de parler.

« Il me paraît hors de doute », nous écrivait un auteur de sa vie qui n'est pas sans valeur, M. Mailhard de la Couture (1), « que Charlemagne est venu dans

1. 9 juillet 1887.

vos contrées. Les révoltes d'Aquitaine qu'il a voulu réprimer lui-même ; les guerres d'Espagne contre les Sarrasins ; la trahison de Loup dont il tira vengeance après avoir châtié Waïfre ; tout cela démontre non seulement qu'il y a passé, mais encore qu'il y a séjourné ». « Bien que je n'hésite pas plus qu'il y a vingt ans », nous disait à son tour M. Adolphe Magen, dans une lettre du 28 novembre 1887, « à placer à Casseuil le lieu de naissance de Louis le Débonnaire, il ne m'est jamais venu dans la pensée que Charlemagne n'ait, à aucun moment de sa vie, mis le pied et même séjourné dans l'Agenais. » Et il nous engageait à prendre des informations aux sources, c'est-à-dire *dans les publications historiques de Berlin, qui ne laissent rien en dehors de leur sphère*. Nous l'avons fait, et voici ce qu'a eu l'obligeance de traduire pour nous de Simsons (¹), le secrétaire de l'*Union des bibliophiles de France*... « Au retour de cette expédition manquée, Charlemagne demeura près de sa femme à *Cassinogilum* (²), et partagea l'administration du pays entre les abbés et les comtes d'origine austrasienne ; car il se méfiait des indigènes... Sa politique consistait, en effet, pour organiser les contrées sur lesquelles s'étendait son empire, à y fonder des collèges de clercs, des monastères et à y créer des évêchés. Il ne s'éloigna que lorsque ces fondations, ces assises de gouvernement furent établies. » C'est presque textuellement ce que dit aussi, sur le grand empereur, M. A. Vétault (³), lauréat du prix Gobert pour l'année 1887 (⁴).

---

1. Leipzich, 1883, t. XI, p. 90.
2. Chasseneuil, Lot-et-Garonne, a-t-il dit plus haut.
3. Charlemagne, édit. illustrée de 1880, p. 225-238, et éclaircissements § XI, in fine.
4. Nous devons noter ici une chose qui nous a frappé. Il est évident que, dans ses *Études sur la géographie de la Gaule*, le savant M. A. Lon-

CHAPITRE ONZIÈME.

Nous n'avons pas été peu surpris, en parcourant quelques-unes des pages de ces écrivains, d'y retrouver la plupart des indications données, il y a près de trois siècles, par Darnalt, dans ses *antiquités de la ville d'Agen*, etc. Ce qui nous a convaincu que ce premier historien agenais, trop mal jugé parmi nous, surtout par Labrunie et son copiste servile Saint-Amans, qui ne l'avait probablement pas lu, comme le laisse entendre avec beaucoup de finesse M. J. Andrieu ([1]), avait dû cependant puiser ses informations à de très bonnes sources. Nous adoptons, non sans les avoir soumis à une critique sévère, à peu près tous ses dires, sur le passage, le séjour et les fondations de Charlemagne dans nos contrées et, avec lui, avec l'abbé Barrère qui nous paraît avoir lucidement analysé les deux opinions en présence, surtout avec le très savant Mabillon, nous admettons que Casseneuil a été une de ses résidences. Ce n'est pas toutefois que nous voulions entreprendre ici une étude à fond sur ce sujet longtemps débattu. Nous sommes un trop petit personnage, comme critique, pour oser nous permettre de combattre de front des érudits tels que MM. L. de Pichard et A. Magen dont l'opinion a pour elle, au dire d'un autre savant que nul n'apprécie plus que nous, *l'autorité de la chose jugée et celle aussi de l'évidence*. Mais, contraint, aussi bien par la nécessité où nous nous trouvons de fournir toutes nos preuves que par notre sujet, à ramener cette

---

gnon se montre partisan de Casseuil, et néanmoins, dans la carte dressée par lui en 1876 de l'empire de Charlemagne après le partage de 806 et qui se trouve aux éclaircissements faisant suite à l'important ouvrage de M. Vétault, il n'hésite pas à placer, avec le signe de la légende qui indique *castrum* ou *villa*, Cassinogilum, sur le Lot, à la même place que Casseneuil y occupe de nos jours.

1. *Bibliog. de l'Agen*, t. I, p. 211.

question sur le tapis, qu'il nous soit permis, en faisant connaître nos préférences, de dire ce qui nous a porté à les avoir ([1]).

Eh bien ! nous n'hésitons pas à en convenir, c'est l'étude approfondie des controverses qui ont eu lieu à cet égard. Nous voulions nous mettre en mesure d'asseoir, d'une manière aussi sûre que possible, notre jugement sur cette question si controversée du *Cassinogilum*, *Cassignol*, ou *Cassiniolum* de Charlemagne. Pour cela, nous avons lu et étudié tout ce qu'ont écrit, à ce sujet, les grands et petits historiens et géographes des temps antérieurs : Éginhard, l'Astronome, Aimoin, Hugues-de-Fleury, Baluze, dom Ruinart et Mabillon si autorisés ; Adrien de Valois et Danville si érudits et si exacts ; du Tillet, Belleforest, Estiennot, Argenton et Labrunie qui, avec Darnalt et de Saint-Amans, possédaient les traditions locales ; dom Vaissette, né à Gaillac, religieux de la Daurade à Toulouse, presque du pays par conséquent et dont l'érudition est si profonde, sans omettre les notes de la dernière édition de son ouvrage fournies par M. A. Molinier, élève de l'école des Chartes ; les auteurs si appréciés du *Gallia christiana*. Nous avons voulu connaître,

---

1. Aujourd'hui l'identité du *Cassinogilum* de Louis le Débonnaire avec *Casseuil* paraît à plusieurs suffisamment démontrée. Il est incontestable cependant qu'elle n'est pas admise par tous, et cette seule considération suffirait pour justifier l'étendue que nous donnons à notre discussion sur Casseneuil. Mais on ne doit pas perdre de vue que notre thèse s'appuie surtout sur le fait de la fondation, dans nos contrées, par Charlemagne, d'une église en l'honneur de sainte Livrade aquitanique. Nos traditions si bien établies et si anciennes tendent à démontrer que le théâtre des héroïques combats de cette sainte, fut, non à Mazères ou ailleurs, mais *non loin d'Agen, sur les bords du Lot, près de Cassinogilum*, notre Casseneuil. Que pour ce motif encore, on ne soit donc pas surpris si nous cherchons à réunir, sur ce point capital, les preuves les plus nombreuses. Arriverions-nous seulement à prouver que Cassinogilum = *Casseneuil* est également des temps carolingiens, que cela suffirait amplement à notre thèse et expliquerait l'importance que nous lui donnons.

avec les grands travaux de nos écrivains contemporains, H. Martin, Guyzot et autres, les études non moins intéressantes pour nos contrées des historiographes de nos jours qui sont venus *jeter aussi leur poids dans la balance*, et dont quelques-uns nous ont honoré de leur amitié : les abbés O Reilly et Barrère, Mazet, de Pichard, A. Magen, Samazeuil qui est formel, de Monlezun qui ne donne pas de preuves. Nous devons avouer que tout ce que nous avons lu là-dessus, dans les documents qu'a pu nous fournir la critique historique la plus sévère, ne nous a pas convaincu que Casseneuil ne soit pas l'antique *Cassinogilum* ([1]), comme le veut, du reste, la tradition de toute la contrée, conservée d'âge en âge et remontant aux siècles les plus reculés.

Le savant Moréri, encyclopédiste et historien du XVII° siècle, nous semble avoir répondu d'avance, en quelques mots, à la plupart des objections qui devaient tendre, de nos jours, à déposséder Casseneuil et par lesquelles on a fait trop bon marché, il faut en convenir, de tous les grands noms qui se sont rendus si célèbres dans la critique et dans la science de l'antiquité. « Il savait, sans doute, dit l'abbé Barrère ([2]), que, d'après l'historien de Condom, rapporté par d'Acheri et par dom Bouquet, un noble et puissant chevalier, nommé Bertrand de Taurignac, et son épouse, Sodome, avaient donné à Saint-Pierre de Condom les restes d'un château d'apparence royale, situé au confluent du Dropt et de la Garonne. Il est loin de contester ce passage qui faisait pencher dom Estiennot pour Casseuil. Mais il n'en défend pas moins son sentiment. Seulement il ajoute » — voulant probablement éclairer la question

---

1. Voir plus haut, p. 123, note 4 et p. 124, note 1.
2. *Hist. rel. et mon. du diocèse d'Agen*, t. 1, p 168.

et concilier toutes les opinions — « à l'égard de ceux qui croient que cette maison royale était sur la Garonne, on peut leur accorder qu'il y en avait eu une à Casseuil. Mais celle qui est nommée *Casseneuil* et où naquit Louis le Débonnaire, n'était pas en ce lieu, parce que tous les titres la mettent dans le diocèse d'Agen, et Casseuil-sur-Garonne est constamment du diocèse de Bazas. »

Qui ne sait qu'indépendamment des quatre résidences royales bien connues, quant aux noms au moins, — et ici pourquoi ne pas convenir, comme le fait observer l'érudit dom Piolin (¹), que l'étymologie seule tranche plutôt la question pour Casseneuil que pour Casseuil (²) — qui ne sait, disons-nous, qu'indépendamment de ces quatre résidences à chacune desquelles on donnait le simple nom de *Villa*, maison de campagne, rarement celui de *palatium*, palais, il y avait, à cette époque, de nombreuses citadelles ou forteresses dont les rois francs faisaient parfois et momentanément leur habitation ? C'était, ici, le *castellum* ou le *castrum*, là, l'*oppidum*, comme Fronsac, par exemple, construit sur la Dordogne, par Charlemagne lui-même. Les derniers débris qu'on y a retrouvés récemment indiquent que Casseuil avait dû être un de ces châteaux-forts, ayant une double destination : empêcher l'approche des barques ennemies et protéger en même temps les chantiers de la flotte royale. D'après les chroniqueurs de l'Aquitaine rapportés par Alexandre Mazas, dont l'opinion sur

---

1. Lettre citée.
2. D'après les règles de la phonétique, Cassinogilum devient, en effet, Casseneuil en languedocien et en français, mais Casseuil en gascon. Nous devons supposer que le savant bénédictin que nous citons s'inspire, dans son appréciation, de ce qu'enseigne la phonétique française. Toujours est-il qu'il est au moins permis d'établir qu'il y a eu deux Cassinogilum dont le nom était absolument semblable et dont la traduction est double, d'après des règles très bien établies.

Casseneuil diffère de la nôtre, *Waïfre en avait fait une de ses demeures* (¹).

A notre humble avis, d'ailleurs, on a beaucoup trop cherché jusqu'ici à tirer des nécessités créées par la guerre, les motifs qui pouvaient porter Charlemagne et son fils à préférer certaines résidences à d'autres, Casseneuil à Casseuil par exemple. C'était plutôt et presque uniquement le besoin de repos et de délassements, après les fatigues de nombreuses et pénibles campagnes, qui commandait un séjour plus ou moins prolongé dans lesdites résidences. « Ces maisons, d'après les chroniqueurs du temps, avaient, outre la beauté et les agréments de la situation, le voisinage de grandes forêts pour la commodité de la chasse, et les ressources de la campagne pour la nourriture d'une suite nombreuse. » *Quæ loca*, dit un auteur contemporain cité par Pitou et par Darnalt, *quando quartum redibatur ad annum, sufficientem regio servitio exhibebant expensam*. Or, qui ne voit que tous ces avantages se trouvaient largement soit dans les collines très boisées et giboyeuses, soit dans les riches et vastes plaines de la rive gauche du Lot qui entouraient Casseneuil ?

Quoiqu'il en soit, du reste, des opinions diverses des auteurs que nous avons dû rapporter, à cause de leur importance pour ce qui va suivre et de la force qu'elles peuvent donner à notre démonstration, quant à ce qui nous concerne, l'existence du chapitre de Sainte-Livrade, dont nous avons précédemment parlé, nous fournit précisément un argument nouveau en faveur de Casseneuil. N'était-il pas naturel que le grand empereur qui souhaitait si vivement voir se multiplier

---

1. *Cours d'histoire de France*, la Guienne, le Languedoc et la Provence, p. 68.

les collèges de clercs, vivant en communauté, donnât l'exemple et commençât par attacher des chapitres aux églises dépendant immédiatement de lui ? Si nous avons eu des chanoines à l'époque que nous avons indiquée plus haut, c'est parce que, sur notre territoire, et à côté de nous, se trouvait une résidence royale. Et ce que nous alléguons ici n'est pas une simple conjecture. En raisonnant par analogie, c'est un fait. Nous savons qu'il y avait, dans le midi, quatre principales résidences royales fondées probablement par Charlemagne, qui, avec la destination dont nous avons déjà parlé, avaient encore et surtout celle de donner à ses fils et successeurs les moyens d'étudier sur place les mœurs et les besoins des populations du royaume pour mieux y adapter leur gouvernement : *Cassinogilum* ou *Cassignolium*, *Théotuadum*, *Eurogilum* ou *Ebrolium* et *Andiacum*. Les historiens déterminent difficilement où était *Andiacum*. Ils ont été plus heureux pour *Eurogilum*, surtout pour *Théotuadum*. Or il est certain qu'à l'église de cette dernière résidence fut attaché un chapitre, sous Charlemagne ou son successeur ([1]) et qu'une communauté eut aussi le service de la vieille église d'*Eurogilum* ([2]). Il dut en être de même de l'église de Sainte-Livrade qui était plus importante encore, comme le prouvent les monuments authentiques déjà cités et où nous avons trouvé, en 1117, une communauté de clercs qui existait depuis plusieurs siècles.

Invoquons maintenant le témoignage de Claude Chastelain qui confirmera tout ce que nous venons de dire. Le Père Dom Piolin a cet auteur en très grande estime. Il assure qu'*il composait ses ouvrages sur de*

---

1. A. de Valois, *Notitia Galliarum*.
2. Lettre du 1er avril 1887 de M. Desborde, curé-doyen et *Gallia christ*.

CHAPITRE ONZIÈME.

très bons mémoires et n'avançait rien à la légère (¹). On sait qu'il avait parcouru l'Italie, la France, l'Allemagne, et que partout il avait étudié les usages de chaque église particulière. « Il connaissait tout ce qu'il y avait de curieux et de spécial dans les lieux où il passait et souvent il en instruisait même les gens du pays(²). » Il ne peut donc que nous être d'une précieuse utilité dans les deux choses que nous cherchons à établir : 1º que sainte Livrade nous appartient par son martyre, et 2º que son culte a toujours été en honneur dans nos contrées et plus particulièrement dans l'église de notre paroisse érigée par les soins pieux de Charlemagne. Chastelain a deux ouvrages : 1º Le *Martyrologe universel*, contenant le texte du *Martyrologe romain*, traduit en français et plusieurs tables bien faites, etc. (³), *ouvrage très estimé et recherché, et qui devient de plus en plus rare et cher*, dit M. Guénebault, dans son *Dictionnaire iconographique* publié par Migne ; 2º une *traduction du Martyrologe romain avec des notes*. Ce dernier ouvrage bien estimé aussi ne comprend que les mois de janvier et février. Il ne doit pas être confondu avec le *Martyrologe universel* (⁴). « Les recherches de l'auteur ont trait principalement à la vérité des faits (⁵). »

Nous avons la bonne fortune de trouver le nom de notre patronne, avec quelques détails la concernant, dans ces deux ouvrages. Dans le premier, *Martyrologe universel*, il en est parlé, à la date du 23 février, en ces termes reproduits dans le *Dictionnaire d'hagiogra-*

---

1. Lettre du 1ᵉʳ mai 1887 et *Analecta Bollandiana*.
2. Feller.
3. 1 vol. énorme, in-4º, Paris 1709.
4. Un volume, in-4º, Paris 1705. Aglaus Bouvenne, *Légende de Sainte-Wilgeforte*, p. 3.
5. Feller.

phie de Migne et que M. Carnandet, l'un des traducteurs des *Actes des saints*, nous a assuré être textuels ([1]): « Livrade (sainte), *Liberata*, vierge et martyre, souffrit dans l'Agenais. Charlemagne fit bâtir, en son honneur, une église près du lieu où elle avait souffert, et il s'est formé dans le voisinage une ville qui porte son nom. «Les notes du second, *Traduction...... des deux premiers mois*, sont plus étendues et plus explicites. Ce n'est qu'à la suite de recherches longues et difficiles qu'il nous a été possible d'en avoir un extrait que nous devons à l'obligeance du secrétaire de l'*Union des bibliophiles de France*. Il est de tout point conforme à ce que nous en avions trouvé dans les *Acta sanctorum* ([2]), et nous en reproduisons textuellement ce qui nous est utile en ayant soin de laisser l'entête ou le titre dont la signification et l'importance n'échapperont à personne: C'est encore au 23 février:

LIBERATA

CASSINOGILUM, sainte LIVRADE.

« Charles le Grand ayant fait bâtir une église non loin de son palais de Casseneuil, sur le Lot, dans le pays d'Agenais, — *circa palatium suum Cassinogilense, ad Oldum, in aginni agro*, disent aussi les *Acta Sanctorum* — ordonna qu'on la consacrât sous le nom de cette sainte ([3]) morte dans ce pays et près de ce lieu...... » Chastelain ajoute : « On l'a prise depuis pour en faire une des huit sœurs de sainte Quitère, dans la légende APOCRYPHE qui en a été dressée.» Tout ce qui précède est donné d'une manière affirmative ; la suite semble exprimer un doute. « Il peut se faire que c'est elle qu'on *prétend* honorer en Portugal, sous le nom de

---

1. Lettre du 19 décembre 1867.
2. T. V, *Comm. hist. crit.*, n. 15.
3. *Livrade* de laquelle il s'agit.

Vilgeforte, et en Flandre, sous celui d'Ontcommere, mot qui signifie *échappée*, comme celui de *Liberata*. » Mais, pour ne donner prise, ce semble, à aucune équivoque, et pour que l'opinion ne puisse pas s'égarer sur une autre sainte ou sur une autre contrée, Chastelain se hâte de ramener l'attention et sur l'église bâtie par Charlemagne et sur la sainte locale qu'il a uniquement en vue, par les détails dans lesquels il entre sur la ville qui porte son nom : « Cette église de Sainte-Livrade fondée en son honneur, par Charlemagne, est devenue un prieuré de l'ordre de Saint-Benoit, autour duquel s'est formée la ville de Sainte-Livrade. Outre le prieuré qui est à présent de la congrégation de Saint-Maur, il y a encore en cette ville un couvent d'Ursulines. »

On voudra bien comprendre l'avantage qu'il nous est permis de retirer de ces passages pour la plupart de nos propositions qu'ils justifient et dont ils sont la confirmation. L'érudit Mabillon et l'abbé O'Reilly pour lequel on s'est montré, à ce sujet, trop sévère, ne semblent donc plus ni *osés* ni *aventurés* lorsqu'ils croient voir, dans l'église de Sainte-Livrade, un *témoin silencieux mais éloquent* qui dépose en faveur de leur thèse, et si MM. Ducourneau ([1]) et Cassany Mazet ([2]) qui trouvent le *Cassinogilum* de Charlemagne dans Casseneuil, *n'ont pas cru devoir étayer leur prétention d'un semblable argument*, comme semble le leur reprocher ironiquement M. T. de Pichard ([3]), c'est probablement parce qu'ils n'avaient pas eu connaissance des ouvrages devenus fort rares de Chastelain. Ils avaient été mal renseignés aussi en écrivant que le

---

1. *Guyenne hist. et monumentale*, 4ᵉ part., p. 4.
2. *Essai sur le 4ᵉ arrondissement du Lot et Garonne*, p. 127.
3. *Réfutation d'un passage de l'histoire complète de Bordeaux*.

prieuré des bénédictins de Sainte-Livrade avait été fondé sous Charles le Simple, vers l'année 920, puisqu'il est certain qu'il ne l'a été que deux siècles plus tard.

Les preuves tirées de l'histoire ou de ce qui s'y rattache, que nous venons de donner, ne nous paraissent pas sans valeur. Voyons maintenant la force que viennent donner à notre démonstration les pièces manuscrites locales que nous avons en main.

Sainte-Livrade posséda de 1654 à 1670 un prêtre fort distingué et très érudit, M. Vignes, qui n'avait pas cessé d'être chanoine de la cathédrale d'Agen et archidiacre de Marmande, en devenant *recteur*, ou mieux, comme on nommait alors les curés des églises paroissiales et conventuelles, *vicaire perpétuel de Sainte-Livrade*, et archiprêtre de Montpezat, chef-lieu de juridiction ecclésiastique, à cette époque. En 1663 et 1664, il s'employa d'une manière très active, avec les religieux bénédictins, à procurer à sa paroisse une relique insigne de son auguste et chère patronne et il a laissé un compte-rendu assez étendu, conservé dans nos archives, de la translation solennelle qui en fut faite en 1666, et sur laquelle nous reviendrons dans l'étude spéciale que nous consacrerons aux reliques de notre sainte. Voici les deux passages courts et simples que nous y trouvons se rapportant directement à notre sujet. « Les religieux et le curé de la ville de Sainte-Livrade sçachant qunne grande partie des ossements, *emportés* au *tems passé*, de sainte Livrade, leur patronne, vierge, *martirisée en ce lieuci* à la fin du troyziesme ou au commencement du quatriesme siècle, estait précieusement conservé dans l'abbaye de Grandselbe, diocèse de Tholoze, si rendirent il y a trois ans... etc. » et plus bas : « Cette sélébrité se fist par deux processions parties une d'Eysses qui passa par Villeneufve, l'autre de Sainte-Livrade, qui se joignirent à la landette où le reposoir estait parfaitement bienparé, en mémoire de ce que de *tout temps et ansiéneté* (¹), *il s'estait dict que la saincte poursuivie et caschée dans les bois i avait estée reconfortée par des anges...*» etc,

Qui ne conviendra que ce témoignage est des plus précieux ? Mais nous pouvons en fournir encore qui ne le sont pas moins.

Un de nos confrères, M. Dubernet, ancien curé de Cardonnet, près d'Agen, a trouvé dans une maison de cette paroisse ayant appartenu à une famille Jabrès, un manuscrit, qu'il a eu l'obligeance de nous communiquer et dont il a bien voulu faire, pour nous, quelques extraits, avec une grâce parfaite. Nous sommes heureux de pouvoir lui en témoigner ici toute notre gratitude. Ce manuscrit qui constitue une pièce parfaitement authentique, est le *Proprium Aginnense*, rédigé sous l'épiscopat de Mgr François Hébert, évêque d'Agen, par M. l'abbé Charles-Joseph Jabrès, prêtre de la Congrégation de la Mission, savant liturgiste, qui habita un certain temps la maison des Lazaristes de la Rose, à Sainte-Livrade même, et fut aussi directeur au grand séminaire d'Agen. Il était né et il mourut dans notre diocèse ; il en avait par conséquent toutes les traditions. Le *Proprium Aginnense* dont nous parlons fut rédigé à la Rose, comme en fait mention la date énoncée à la fin de l'introduction ou dédicace à l'évêque d'Agen :

« A la Rose, le 7 décembre 1723, votre très humble et obéissant serviteur,

---

1. De temps immémorial.

Jabrès, indigne prêtre de la Congrégation de la mission. » Ainsi signé.

Ladite introduction ou dédicace renferme une notice abrégée sur chaque saint vénéré dans notre diocèse. Or, voici, dès le début, ce qu'on y lit concernant le culte de sainte Livrade.

« Votre Grandeur ayant trouvé bon que je fisse la légende de sainte Livrade, je l'ai prise de son culte qui est très ancien et assuré... ses actes sont cependant incertains... Bollandus et les Espagnols (selon ce que j'ai appris d'un de nos missionnaires dans ce pays qui est actuellement à Bordeaux), confondent mal à propos NOTRE *sainte* avec sainte Wilgeforte. Celle-ci nous est étrangère, et l'autre est de cette province, et, selon quelques martyrologes, de ce diocèse même *où elle a été martyrisée.* » C'est dans ce même manuscrit que se trouvent un office de sainte Livrade et une indication relative au missel et au bréviaire de 1530 qui en parlaient ([1]). Nous aurons occasion plus tard de revenir sur cet office. Bornons-nous à dire, pour le moment, combien le manuscrit de M. Jabrès vient encore corroborer toutes nos assertions.

Dans le manuscrit dont nous avons déjà parlé ([2]), intitulé : *Relation précise du prieuré et monastère de la* ville de Sainte-Livrade d'Agenais, vers la fin et sous le titre: 1ers *Bienfaiteurs du monastère de Sainte-Livrade*, nous lisons : « L'an 1117 et le 5me des calendes de mars... la lumière de la grâce ayant découvert à ces chanoines la vanité des choses du monde et la solidité des biens éternels, ils résolurent tous, d'un commun accord, de ne plus penser qu'à leur salut... ils mirent

---

1. Voyez plus loin, chap. XIII et chap. XIV, not. IV.
2. V. ci-dessus : *Notice sur l'antique ville gallo-romaine*, chap. IV, p. 31.

CHAPITRE ONZIÈME. 135

des relig^x bénédictins, tirés de l'abbaye de la Chaise de Dieu, dans leur églize et marquèrent, dans un acte, qu'ils faisaient cet établissement pour quatre raisons dont la 1re feust pour répondre pleinement à l'intention des fidèlles qui aïant offert de leurs biens dans cette églize collégiale *fondée près du lieu où sainte Livrade avait souffert et pour rappeler ce souvenir* il n'était pas juste d'y contrevenir et de la rendre inutile... »

Pour ne pas prolonger ces citations, contentons-nous de mentionner ici les autres vieux titres que nous avons rapportés plus haut ([1]), notamment celui où Albert de la Chaise-Dieu écrit, en 1279, à Guillaume Gérard : *Dans votre antique ville nommée Sainte-Livrade depuis le temps du martyre de cette sainte...* et, après avoir puisé largement dans la tradition écrite pour appuyer nos dires, sans même abandonner ce genre de preuves, puisque nous allons y revenir indirectement, dans un instant, hâtons-nous de faire observer que, sur ce même point, dans la contrée, la tradition orale a été, de tout temps, et est encore, de nos jours, unanime. Non seulement nous l'y avons trouvée nous-même vivante, universelle, rapportée par les enfants comme par les vieillards, par le simple peuple comme par les personnes de condition, mais rappelée encore par la plupart de nos prédécesseurs et cela depuis les temps les plus anciens. On nous saura gré peut-être de citer, en témoignage, les pièces suivantes qui nous paraissent assez curieuses.

Dans un des papiers des archives de l'évêché portant le n° 307 et qui renferme une espèce de sentence arbitrale entre les religieux et le recteur de Sainte-Livrade, formulée le 13 août 1603, par des arbitres

---
1. *Loc. cit.*

députés *pour vider le différend quy est entre le soubs-prieur et les religieux de Sainte-Livrade, avec le recteur de ladiste ville* — arbitres parmi lesquels se trouvent Pierre Sauveur, chanoine théologal d'Agen et fraire Georges de la Duguie, prieur de Saint-Michel de la Sauvetat de balaur, (¹) — je relève ce qui suit : *L'autel de la paroisse sera toujours celluy qui existe de tout tems et ansièneté* (²), *dans ceste églize bastie en l'honneur et souvenir du martyre de notre sainte patronne et que on nomme de Sainte-Livrade.*

Puis est indiquée la place qu'il occupe dans l'église *paroissiale et conventuelle ;* c'est la principale.

Un autre manuscrit antérieur de l'année 1590 (n° 38), parlant des diverses *fréries* de la paroisse, cite, en premier lieu, celle de sainte Livrade *que on vien invoquer de loing, le jour de sa feste, la ou elle sousfrit.*

Et voici ce que nous lisons dans une espèce de relation qui porte la date de 1527 : « Le 24 mois et an susdits fût baptisé Robert Gruelles, immédiatement après être sorti du ventre de sa mère, laquelle étant demeurée 50 heures en ce travail, fist veu à Dieu par mon abvis et conseil que si Dieu luy faisait la grace de la délivrer du danger ou elle estait, qu'en souvenir de ce, elle donnait le nom de Robert, à la créature si elle estait mâle, et si elle estait femelle l'appellerait Livrade, et à cet effet implora l'ayde et l'intercession de ces deux saints, l'un fondateur de l'abbaye de la Chèze-Dieu, dont dépend notre prieuré, et l'autre *martire d'iscy* et notre patrone, et moy soubsigné prononça à Dieu le veu pour elle et luy mis sur le cou des reliques de sainte Livrade et de la chasuble de

---

1. Peu lisible.
2. De temps immémorial.

CHAPITRE ONZIÈME.

saint Robert avec un *Agnus Dei* en la foi de l'esglize catholique et romaine. — De Gontaud, vicaire perpétuel ([1]). »

De temps immémorial, lorsqu'on voulait, non seulement à Sainte-Livrade même, mais dans toute la contrée jusqu'à 10, 15, 20, et même 25 kilomètres ([2]), désigner notre sainte patronne on ne lui donnait pas son nom propre, on se contentait de dire la *sainte, notre sainte*. On le fait encore de nos jours, surtout dans l'idiome patois : *nostro sento, ban à la sento, ses anat à la sento, per la sento* (à l'époque de sa fête). Ces expressions n'indiquent-elles pas que le personnage dont on veut parler n'est pas un personnage ordinaire? car on ne tient ce langage à l'égard d'aucun des saints, d'aucune des autres saintes qui ont donné leurs noms à des localités sises non loin de la nôtre, Saint-Sardos, Saint-Caprais, Saint-Étienne, Sainte-Colombe, Sainte-Radegonde, par exemple. Ne semblent-elles pas être la justification de la tradition qui représente sainte Livrade comme étant plus particulièrement NÔTRE, soit parce qu'elle a vécu, soit parce qu'elle a versé son sang chez nous, et nous appartenant, par suite, à d'autres titres qu'à celui de simple patronne ? D'où aurait pu venir cette habitude, sinon d'une tradition continue, remontant nécessairement à travers les âges, jusqu'aux faits mêmes de sa vie et de son martyre ?
« Il est une chose hors de doute, dit le savant M. de Rossi, c'est qu'il n'y a presque pas une seule des traditions primitives de nos églises qui ne repose sur un fait réel, bien qu'il soit facilement concevable

---

1. Antoine, frère de Robert de Gontaud, prieur. Arrêt du parlement de Bordeaux du 22 août 1662.
2. Nous l'avons entendu, il y a 44 ans, à Tonneins, lorsque nous y étions vicaire.

que, pour ces lointaines et trop vagues histoires, bien des données puissent nous manquer. »

Puisque l'occasion nous en est offerte, du reste, et que, dans le sujet qui nous occupe, la question de la tradition est, selon nous, l'une des plus importantes, qu'on veuille bien nous permettre, sur la valeur de cette preuve, une digression que nous regardons comme essentielle.

De même que dans la philosophie positive, de nos jours surtout, on n'accepte que les vérités dont la raison peut se rendre compte, Dieu et tout le monde surnaturel étant considérés comme une *hypothèse ;* de même, en histoire, on relègue *a priori*, parmi les documents tout au moins douteux, les monuments sur lesquels la critique ne peut apporter le contrôle d'un texte vraiment historique, c'est-à-dire contemporain. A plus forte raison, nos modernes censeurs rejettent-ils parmi les données sans valeur ce que nous appelons *traditions* ecclésiastiques ou des églises, qui, à leurs yeux, ne sont jamais que des traditions populaires ou *légendaires*, dans le sens fabuleux de ce mot.

Nous ne pouvons pas admettre cette *exclusion absolue* de la tradition. Sans doute, il y a des documents historiques contemporains, écrits par des témoins oculaires ou bien informés, qui constituent des monuments historiques certains. Personne ne nie que ces sortes de documents ne doivent être préférés à tous les autres, écrits ou traditionnels. Mais il ne suit pas de là que les données traditionnelles, quoique nous apparaissant sous une forme moins rigoureusement historique, doivent être systématiquement écartées. Elles forment, à leur tour, comme des documents qui, sans mériter la créance absolue des premiers, peuvent parfois leur servir de contrôle, et tout homme impartial doit les admettre lorsqu'elles rapportent un fait public, important et peu susceptible d'être déformé, du moins dans ses lignes principales.

Les traditions locales doivent être respectées surtout lorsqu'elles ne sont pas contredites par un monument historique. La raison nous enseigne, en effet, que les événements qui se produisent à une époque quelconque de l'histoire ne sont pas tous écrits. Dans les siècles passés, les moyens de transmission de la pensée étaient fort limités. Si aujourd'hui, malgré la liberté et l'effervescence de la presse, tant de faits locaux même importants à divers points de vue, ne sont pas livrés au public contemporain, à plus forte raison faut-il admettre que, dans l'antiquité, le nombre des événements transmis par l'écriture à la postérité était considérablement restreint. Pour suppléer à ce silence, la tradition est, en beaucoup de cas, fort utile.

Mais il y a certains faits qui doivent nécessairement emprunter beaucoup à la tradition ; ce sont ceux qui constituent l'histoire intime d'une famille. Or l'histoire de l'Église chrétienne, pendant les premiers siècles, a manifestement ce caractère. La vie est plus intime qu'extérieure. Les événements qui s'y produisent ne reçoivent aucune publicité dans la société au milieu de laquelle elle se meut. C'est dans les archives secrètes et incomplètes de chacune de ses églises particulières, c'est par ses actes surtout que la société nouvelle signale l'épanouissement de sa vie.

Le monde savant ignore complètement ce qui se passe dans cet intérieur encore fermé aux regards profanes. C'est donc la tradition qui jouera le rôle principal pendant cette période primitive. Aussi lorsque, au lendemain de la persécution de Dioclétien, qui s'était acharné contre les archives ecclésiastiques, quelques écrivains voudront composer l'histoire de certaines églises, faire connaître les personnages qui auront illustré certains lieux, ce sera à cette tradition principalement qu'ils feront appel. Ce sera de cette manière aussi qu'on en usera dans la suite des siècles, lorsqu'on voudra recueillir quelques débris du passé. On ne pourra que recourir à la tradition même non écrite, *fama est, a majoribus traditum est*, comme se contentait de le dire Eusèbe ([1]). Ce qui ne l'a pas empêché d'être un illustre historien, ce qui n'empêche pas non plus que nous lui soyons redevables de la connaissance des principaux événements accomplis dans les églises des plus illustres cités *(in celeberrimis civitatibus)*.

Ces graves considérations ne sont pas en dehors de notre sujet, loin de là. Elles ont leur raison d'être pour la question de nos traditions locales que nous venons de traiter, elles vont encore trouver immédiatement leur application pratique dans les preuves que va fournir aussi à notre thèse l'archéologie qui n'est qu'une sorte de *tradition se perpétuant à travers les âges par les monuments de l'antiquité.*

Nous avons dit un mot déjà ([2]) du plateau vulgairement appelé de Saint-Martin, parce qu'il y avait là une église dédiée à ce saint. On sait que cet apôtre thaumaturge fut un de ces grands et saints pontifes qui enseignèrent à notre patrie le nom, la foi, l'amour de Jésus-Christ, et qui, selon la parole souvent répétée d'un écrivain cependant hostile à l'Église ([3]), « formèrent le royaume de France, comme les abeilles forment une ruche ». Il envoya ses disciples, dans les Gaules, là où il n'alla pas lui-même, et ses moines dont l'apostolat

---

1. *Hist. eccl.*, 1, 17, III, I etc.
2. V. ci-dessus *Notice sur l'ant. vill.*, chap. IV, pag. 79 et suiv.
3. Le protestant Gibbon.

ne fut pas seulement celui de la parole, mais encore et surtout l'apostolat de l'exemple, s'employèrent partout, comme lui, à instruire et à baptiser les peuples. Il ne peut entrer dans notre dessein de rechercher s'ils vinrent continuer ou reprendre, dans nos contrées, l'œuvre d'évangélisation des disciples de saint Martial et de saint Firmin. Toujours est-il que la grande figure apostolique, monastique et française de saint Martin exerçait encore dans les Gaules et chez les Francs, après plusieurs siècles, une influence tellement marquée que la plupart des églises bénédictines portent le vocable de ce saint. Nous en trouvons un grand nombre dans l'Agenais, et cette consécration des diverses fondations bénédictines au patriarche des Gaules, nous est une preuve sérieuse que leur origine remonte aux disciples de saint Martin, que ceux de saint Maur et de saint Benoît n'auront fait par conséquent plus tard que relever les établissements de l'évêque de Tours.

On sait encore que Charlemagne, comme s'il eût voulu lier indissolublement, par un signe visible, la fortune de la France au nom de saint Martin, ordonna que le voile orné du portrait du saint évêque, ou, comme on disait alors, la CHAPE, qui reposait sur son tombeau, fût toujours conservée dans le palais de nos rois et portée, dans les batailles, en tête de nos troupes. Dans les expéditions éloignées cependant on ne portait qu'une chape taillée sur le patron et consacrée au contact de la véritable conservée à Tours : des chapelles de monastère ou de paroisse, échelonnées sur le parcours du pays de l'expédition, avec un chapelain en titre qui devenait aumônier sur l'appel du roi, gardaient les reliques et la *chape*, qui était l'unique étendard militaire, religieux et national d'alors. Après avoir été homme d'armes avec les combattants si les circonstances l'avaient commandé, l'aumônier, à la paix, rapportait définitivement les reliques et l'étendard à la chapelle solitaire, mais plus importante que les autres, située non loin du palais, pour le garder là jusqu'au jour où un nouveau ban le rappelait au combat. La chapelle qui devait son nom à la destination du primitif oratoire construit pour la *chape* du saint patriarche, et qui, pour ce motif, prenait le nom d'église de Saint-Martin, devenait facilement une *succursale* de la vraie chapelle de Tours, sous la garde de religieux où d'un chapelain, *curialis*, qui, fixé dans la contrée, en était le missionnaire, le prédicateur, l'instituteur, en un mot, le CURÉ, vivant d'aumônes et de dotations seigneuriales ou royales, et rendant, en civilisation ou en services spirituels, ce qu'on lui donnait en nature (1). — N'aurait-on pas quelque raison, ce semble, de s'autoriser encore de ces données historiques pour trouver, dans l'antique église de Saint-Martin de *Montmart* de Sainte-Livrade, une preuve nouvelle de l'existence, à Casseneuil, du palais royal de nos rois francs et des fondations de Sainte-Livrade dont nous avons déjà longuement parlé? Nous ne pouvons ici, on le comprendra facilement, que poser un jalon et nous laissons à de plus habiles le soin d'en suivre les indications.

Il n'est pas rare enfin de trouver dans les Gaules, des temples consacrés au culte du dieu Mars, du temps des païens, changer de destination dans les siècles chrétiens et être convertis en chapelles ou églises dédiées à Dieu sous l'invocation de Saint-Martin. Là où le paganisme venait honorer, dans le prétendu fils de Jupiter et de Junon (2), le dieu de la guerre et des combats, les Francs, devenus chrétiens sans cesser d'être

---

1. *Vie de Charlemagne*, citée, et chroniqueurs du temps, *passim*.
2. Mythologie.

CHAPITRE ONZIÈME. 143

d'intrépides guerriers, étaient fiers de dresser des autels à l'intrépide soldat qui, assuré du secours du véritable Dieu des batailles, avait su regarder la mort sans trembler et affronter, à lui seul, des légions ennemies, « n'ayant d'autre bouclier ni d'autre casque, que le nom du Seigneur et le signe de la croix (¹) ».

La croyance à une substitution de ce genre, pour ce qui regarde notre vieille église de Saint-Martin, a existé de tout temps dans nos contrées, et tout nous porte à regarder comme n'étant pas sans fondement cette *tradition constante* rapportant que ce serait près du temple primitif du dieu Mars, situé à une des extrémités de l'antique ville gallo-romaine, objet d'une de nos précédentes études, qu'aurait eu lieu le martyre de sainte Livrade. C'était un endroit élevé relativement aux terrains qui l'environnent et surtout au Lot qui est là très encaissé ; et, d'ailleurs, les noms patois, *Tuc*, *Tuquo*, *Tuquette* qu'on lui donne aussi et qui veulent dire monticule, petite élévation, l'indiquent suffisamment. Le mot *mons* qui dérive de βουνός et qui signifie éminence, hauteur, aussi bien que colline, coteau, montagne, se trouve donc parfaitement justifié. En ajoutant à ce mot, par abréviation ou contraction, celui de *Mart*, on a les noms *Monsmart*, *Montmart* ou simplement, par euphonie, *Mômiart*, plus souvent écrit *Mômyart*. Or, ce sont ceux qu'on trouve dans un grand nombre de registres, actes et autres pièces remontant, à travers les siècles, jusqu'aux temps les plus reculés, et ils désignent toujours le plateau où se trouvaient et le cimetière et l'église ainsi indiqués de Saint-Martin de Montmart, Monsmart, Momyart (²). Il n'est tombé

---

1. Sulp.Sév., *De vita B. Martini*, 11.
2. Comme la linguistique est aujourd'hui une science rigoureuse, on pourrait nous objecter, à la rigueur, que l'étymologie que nous donnons

sous notre main, au milieu d'un très grand nombre d'autres pièces qu'il nous a été donné de parcourir, qu'une transaction de 1258, passée entre l'évêque d'Agen et le prieur de Sainte-Livrade, où ladite église est désignée sous le nom de Saint-Martin de Taillape, de *Talhape prope villam Sanctæ Liberatæ*, mais le nom de Mômyart y est aussi : *Saint-Martin de Tailhape ou Mômyart*. Nous nous sommes demandé souvent, à cette occasion, si ce nom de TAILHAPE ne serait pas celui de l'ancienne ville *gallo-romaine*. Mais nous devons avouer que rien ne nous a donné des preuves pouvant nous permettre d'émettre, à cet égard, une opinion suffisamment motivée.

La tradition constante du pays est donc qu'il y avait eu là, avant et au commencement de l'ère chrétienne, un temple dédié au dieu Mars qui aurait été converti en église à la suite du martyre de sainte Livrade, et dans les années de calme et de repos qui suivirent l'époque sanglante des persécutions. Les mots *Monmyart* et *Montmart* peuvent signifier aussi bien *mons martyris* ou *martyrum*, éminence, colline de la martyre ou des martyrs, que *Mons Martis*, montagne, colline du dieu Mars ou dédiée au dieu Mars ; et qui ne voit que l'une et l'autre interprétation se trouvent con-

---

de Monmyart = *mons Martis*, ou *mons martyris, martyrum*, est peu probable, que rien au moins ne paraît l'autoriser. Cette observation ne peut pas être faite, dans tous les cas, avec le mot *Montmart*. Et c'est pour ce motif que nous l'indiquons comme se trouvant, aussi bien que le premier, dans la plupart de nos registres et dans un grand nombre de pièces authentiques. Pour ne pas donner trop d'étendue à cette note, nous n'en citerons qu'une recueillie dans les archives de l'évêché (B. I, p. 76). C'est celle qui est relative à la nomination de M. B. Roche et qui remonte à l'année 1599 : « Die octava Augusti 1599 ecclesia parochialis *Sti Martini de Montmart*, urbis Santæ-Liberatæ, aginnensis diœcesis, vacans per obitum magistri Petri de Maris, magistro Bernardo Roche, sacræ theologiæ, baccalaurio, rectori Sancti Orentii de Dolmayrac, prædictæ diœcesis, fuit donata præsentibus... » etc.

CHAPITRE ONZIÈME. 145

formes aux traditions locales ? Les noms ici ne paraissent-ils donc pas eux-mêmes tout expliquer, et, en corroborant nos traditions, donner à la question qui nous occupe une solution toute naturelle ?

Lalandette (petite lande) dont parlent et l'ancien *propre* du diocèse d'Agen et les divers procès-verbaux de la translation des reliques de 1666, est parfaitement connue dans la contrée. C'est aujourd'hui un très petit hameau qui se trouve à l'extrémité de la paroisse de Sainte-Livrade, dans la partie qui se rapproche de Pujols, d'Eysse (ancien Excisum) et de Casseneuil, localités les plus importantes du pays dans les temps anciens.

Ce n'était autrefois, ainsi que l'indique son nom, qu'une assez grande étendue de terre inculte et stérile, mais complantée de bois qui en faisaient comme une forêt. C'est dans ces bois que, d'après la tradition locale, rapportée déjà par M. Vignes, curé de Sainte-Livrade dès l'année 1654, et que nous avons trouvée nous-même vivante encore et très accréditée dans tout le pays, « notre sainte, *fuyant les dangers de la maison de son père et ses persécuteurs*, s'était cachée et vivait dans la solitude, *confortée même par les anges*, lorsque les émissaires du gouverneur d'Aquitaine vinrent la prendre pour lui faire subir le martyre ([1]). »

On s'accorde à dire que l'église de Sainte-Livrade, du moins dans la partie qui accuse le XIIe siècle, est un des monuments de l'Agenais les plus chargés de représentations symboliques. A l'extérieur de l'abside principale surtout, l'ordonnance générale est d'un grand effet. Nous n'avons à nous en occuper aujourd'hui que dans ce qui a rapport au sujet que nous traitons et nous nous hâtons de dire qu'ici, en particulier,

1. Voy. plus loin, chap. XII, le texte de la légende.

146 SAINTE LIVRADE.

l'archéologie vient donner une importance souveraine à la plupart de nos traditions, même à celle de Lalandette que nous venons de rapporter.

Deux chapiteaux remarquables surmontent les colonnettes placées sur les contreforts qui soutiennent le chevet. Ils occupent chacun la place d'un des curieux et élégants modillons de la corniche. L'abbé Barrère

Chapiteau de la partie la plus ancienne de l'église de Sainte-Livrade *(extérieur-chevet)* —
1ᵉʳ sujet : **Sainte Livrade visitée par les anges dans la solitude de Lalandette.**

y a vu la légende de sainte Livrade. Mais nous voudrions qu'il eût été plus explicite et qu'il fût entré dans plus de détails, ses grandes connaissances iconographiques le lui permettaient. Voici comment les interprète M. le comte de Dienne, dans une très intéressante étude qu'il a daigné faire, à notre intention, sur le *symbolisme des chapiteaux et modillons du chevet* de notre église qui aura sa place au cours de ce travail (¹).

---

1. Voy. à la fin du vol., chap. XIV, *Appendice*.

CHAPITRE ONZIÈME. 147

« Le chapiteau de droite représente une scène de la vie de sainte Livrade. Dans le sujet principal, elle est au désert : elle y a fui ses persécuteurs, s'y est soustraite à la colère de son père et y vit dans la prière : Dieu permet que les anges viennent la consoler et la fortifier et l'un d'eux lui présente un pain ou un fruit. Dans un second sujet juxtaposé on voit un

Chapiteau de la partie la plus ancienne de l'église de Sainte-Livrade (extérieur-chevet) — 2ᵐᵉ sujet : **Sainte Livrade retrouvée, saisie et conduite au martyre.**

autre personnage qui semble s'empresser de la saisir par la robe. On a voulu incontestablement y reproduire sa découverte et son arrestation ([1]).

Le chapiteau de gauche est encore mieux caractérisé et, quoique fruste dans quelques-unes de ses parties ; il ne peut laisser aucun doute dans sa signification. C'est bien le martyre de sainte Livrade : une femme

---
1. Afin qu'on puisse mieux saisir le double sujet de ce chapiteau, on l'a divisé en deux dans la reproduction qui en a été faite en vignettes.

jeune encore qui en est le sujet principal, y est parfaitement dessinée. Un personnage vient de la frapper avec le glaive traditionnel, et la sainte s'affaisse vers la terre ou plutôt vers le billot sur lequel on devait peut-être la coucher. Une femme, probablement de sa maison, cachée par l'angle du chapiteau, semble se dissimuler et attendre avec anxiété le départ du bour-

Autre chapiteau de la partie la plus ancienne de l'église de Sainte-Livrade (extérieur-chevet). Martyre de sainte Livrade, elle est percée en plein cœur.

reau pour prendre et emporter le corps de sa maîtresse ou de sa compagne.

Avons-nous besoin d'ajouter que, dans ce travail si bien compris, si habilement rendu, et qui revêt toutes les formes byzantines, l'artiste n'a pu s'inspirer que de cette croyance, universelle dans le pays, à cette époque encore primitive, que la sainte dont la pierre devait rappeler le souvenir aux générations les plus reculées avait bien réellement illustré, par sa vie sainte et son héroïque martyre, cette région à jamais privilégiée sur laquelle devait s'étendre, dans la suite des siècles, sa bienfaisante et salutaire influence.

La belle église élevée au XIIe siècle par les bénédictins qui avaient pour mission d'y *maintenir* et d'y *développer son culte*, et dont ce qui reste encore suffit pour en faire apprécier la valeur, en avait remplacé une autre de moindre importance, croyons-nous, dont nous avons retrouvé, en 1867, lorsque nous avons fait reconstruire le mur méridional de l'église actuelle, des substructions bien conservées. Elles étaient parfaitement reconnaissables aussi pour appartenir au style latin par les bases de colonnes formées de grossiers piliers massifs et carrés, ainsi que par la façade de l'appareil coupée par plusieurs rangs de briques posées à plat, et par six bandeaux d'autres briques entremêlées de petites pierres disposées en angles saillants, le tout lié ensemble par une couche épaisse de ciment. Nous les fîmes étudier, à cette époque, par M. l'architecte A. Alaux, de Bordeaux, qui nous déclara leur reconnaître tous les caractères architectoniques de l'époque carolingienne.

L'archéologie nous montre donc, aussi bien que la tradition et l'histoire, notre auguste et bien-aimée patronne SAINTE LIVRADE, telle que nous l'avons comprise et que nous la représentons dans cette longue étude, venant dans nos contrées pour se dérober aux dangers que courent, dans le monde et dans la maison de son père, son innocence, sa vertu, sa foi, sa jeunesse, et donnant à nos pères, par sa virginale pureté et l'effusion de son sang, le merveilleux exemple de ce que peuvent produire, même dans la fleur de l'âge et de la beauté, une foi profonde et un amour généreux pour Dieu.

Apothéose de SAINTE LIVRADE.
Gravure du commencement du XVIIe siècle.

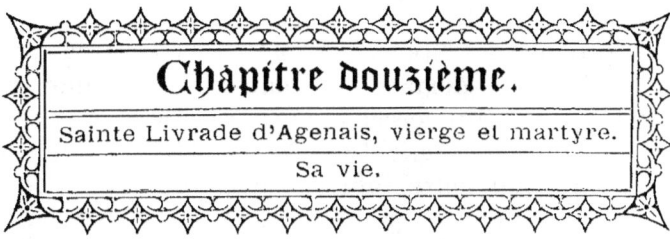

Chapitre douzième.

Sainte Livrade d'Agenais, vierge et martyre.
Sa vie.

O N raconte de certains peintres qu'ils ne peignaient qu'à genoux les têtes du Christ et de la Vierge. Il leur fallait, pour cette œuvre divine, le silence et la solitude d'abord, puis la prière avec ses vœux ardents et les vives lumières qu'elle fait jaillir d'en haut, et enfin les extases de l'amour qui font rayonner dans l'âme les mystères du ciel. Tel est bien, en effet, le peintre chrétien. Le génie, fût-il joint à la sainteté de la vie, ne lui suffit pas. Il a besoin, avant de toucher à son pinceau qui, pour lui, doit être sacré, de recueillir toutes ses facultés, d'effacer, peu à peu, les traits de toute terrestre image, de s'élever au-dessus de lui-même et de se transporter, sur les ailes de la foi, dans un monde nouveau qui s'irradie de clartés inconnues ici-bas.

Et nous aussi, nous voudrions peindre à genoux, dans le ravissement et dans l'extase, une céleste figure. Autrefois, elle glissa sur la terre, comme une étoile à la blanche lumière, et, maintenant, elle resplendit dans les cieux. Il nous semble l'avoir entrevue dans nos longues études, dans nos patientes recherches : elle n'avait rien d'humain ni de terrestre. Nous en gardons tous les traits dans notre cœur et nous voudrions pouvoir les reproduire, dans ce récit, pour relever l'esprit de nos contemporains que la matière fascine et tient comme attachés à la terre.

Notre tableau ressemblera-t-il à ce que nous avons cru voir ? Pourra-t-il atteindre le noble but que nous

nous proposons ? Nous l'ignorons et n'osons pas l'espérer. Nous le demandons toutefois à la sainte patronne de notre paroisse dont nous allons esquisser l'éphémère existence ici-bas. Qu'elle-même, comme le sollicitait d'une autre sainte femme, un auteur dont nous empruntons la pensée, « trace des lettres d'or sous la plume de son historien et verse sur ses paroles la rosée du divin nectar ».

Son nom signifie *délivrée, échappée ;* elle s'appelait LIVRADE, *Liberata*. Les hommes la nommèrent-ils ainsi à son berceau, inspirés par quelque parole prophétique tombée de la bouche des anges, ou bien les peuples, plus tard, ayant perdu les traces de son vrai nom, lui ont-ils donné celui-ci pour indiquer les dangers dont elle avait été *délivrée,* les pièges nombreux auxquels avait *échappé* son innocence ? Nous ne savons. Elle n'en pouvait, toutefois, porter de plus vrai, et, pour toutes les nations chrétiennes, il n'en est guère de plus célèbre.

Sous des dénominations diverses, en rapport avec leur idiome, mais ayant toutes la même signification, presque tous les peuples l'ont exaltée à l'envi. Les saints, les papes, les évêques, les petits, les grands, l'honorent et la vénèrent. Charlemagne lui consacre une splendide basilique, *sur les bords du Lot, dans le pays d'Agenais, là où elle a versé son sang* [1] ; ses soldats et ses clercs font connaître son culte et portent ses reliques partout où se montrent les armées victorieuses du grand empereur [2]. Des hommes désireux d'échapper aux dangers qui menacent leur vertu dans

---

1. Chastelain, *Martyrologe universel* et traduct. du *Martyrologe romain* avec des notes, 23 fév. Paris, 1705 et 1709.
2. *Panégyr. de sainte Livrade*, par un religieux bénéd. 1666.

CHAPITRE DOUZIÈME. 153

le monde se réfugient près de son sanctuaire pour y vivre dans la solitude du cloître (¹) et y ouvrir la voie de ce pèlerinage que suivront, pendant des siècles, les fidèles de tous les pays (²). C'est là, près de sa tombe, qu'un grand évêque, vénéré comme un saint dans toute l'Espagne, vient chercher, aux jours si agités de son pontificat, avec des hommes apostoliques qui l'aideront puissamment dans son œuvre de civilisation, la force et les lumières dont il a besoin ; et l'illustre pèlerin ne s'en éloigne qu'à regret (³). Guillaume, duc d'Aquitaine, Raymond, comte de Toulouse, Philippe II, roi de France, Richard, roi d'Angleterre et duc de Guienne, font à son église et à son prieuré des concessions remarquables (⁴). Plusieurs de nos évêques, les papes Callixte II, Eugène III, Luce III, Innocent III et Grégoire IX recommandent son culte et favorisent son église de leurs libéralités pieuses aussi bien que de leur haute protection (⁵). Quelques mois avant le jour où il ceindra la tiare, sous le nom de Clément V, Bertrand de Got, alors archevêque de Bordeaux, vient se prosterner dans son sanctuaire vénéré, y prie longtemps et semble y chercher un asile contre les honneurs qui le poursuivent (⁶).

Le moyen âge, si sensible à tout ce qui relève la femme par la chasteté, s'éprend pour elle d'une passion ardente. Il la chante de contrées en contrées, de couvents en couvents, dans de naïfs poèmes où l'inspira-

1. *Gallia christiana* et *Archives de l'évêché* (*locis citatis supra*).
2. Vieux manuscrits.
3 *Relation précise du prieuré et monastère de la ville de Sainte-Livrade d'Agenais*. Mss. dont il est parlé ailleurs.
4. *Ibid.*, et dom Dumas, et, pour ce qui regarde Richard, charte du XIIᵉ siècle conservée aux arch. départementales de la Haute-Loire.
5. *Auct. et operibus citatis*.
6. *Archives départementales de la Gironde* et *Gallia christ.*, t. II, col. 830.

tion ne fait pas toujours défaut. Nous avons sous les yeux un cantique landais fort ancien, sorte de mélopée en plain-chant, d'un cachet singulièrement pieux (1), et le procès-verbal de la translation de sa relique nous a conservé, avec plusieurs autres morceaux de ce genre (2), une hymne en plusieurs strophes, contenant chacune un point d'histoire sur sa vie et son martyre et « une prière et invocation qui lui étaient conformes, le tout dans le dessein général de représenter sainte Livrade comme délivrée et délivrante en ses différentes délivrances actives et passives, sur ce passage : *il te délivrera en six tribulations* (3). » Ne faut-il pas convenir que ce culte unanime est la plus grande gloire de notre sainte patronne ? Il forme l'une de ces admirables épopées chrétiennes qui naissent d'un tombeau, d'un sanctuaire et vont se développant à travers les siècles, composées de souvenirs et de vénération, de prières et de miracles, de confiance et de protection, d'une fertile germination de vertus sur la terre, et d'une féconde rosée descendant du ciel.

Malgré cette immense célébrité qui s'attache à sainte Livrade, on ne sait d'elle que peu de chose. Elle resplendit un instant, avec le plus vif et le plus pur éclat, sur les premiers âges chrétiens et l'on semble, presqu'aussitôt, perdre de vue sa trace. Les actes de son martyre ont-ils péri avec tant d'autres pendant les diverses guerres d'extermination faites, à diverses époques, au christianisme et à tous ses monuments ? Ou bien les écrits *apocryphes* qui ont circulé sous son nom et dont nous avons vu Chastelain, avec plusieurs auteurs (4), signaler les erreurs, ont-ils fait mettre en

---

1. Voy. la note I, ci-après ch. XIV.
2. Voy. la note II, ci-après ch. XIV.
3. Voy. la note. III, ch. XIV.
4. Voyez plus haut, ch. XI, p. 130.

CHAPITRE DOUZIÈME.

oubli le véritable récit de son martyre ? Nous l'ignorons ; mais nous sommes porté à croire que cela ne s'est pas fait sans un dessein particulier de Dieu, comme l'a dit de certains autres saints, un écrivain contemporain qui nous fournit cette appréciation. Ces grandes figures qu'il veut entourer à jamais de la vénération des peuples, Dieu ne fait que les montrer. Il déchire facilement le nuage qui les enveloppe, les fait briller un moment d'un incomparable éclat, puis, aussitôt, il les replie dans leur obscurité mystérieuse. Veut-il, en écartant de ces êtres privilégiés, tout ce qui pourrait ressembler à notre vie terrestre et vulgaire, leur communiquer un caractère plus idéal et, par l'absence même des détails, plus éthéré et plus divin, capable, par conséquent, de saisir vivement l'imagination des peuples et d'enlever leur cœur jusque dans les régions de l'infini ? Nous le croyons volontiers ; car cette admiration pour tout ce qui se dégage du prosaïsme de notre existence terrestre, de ses nécessités et de ses faiblesses, est un besoin inné de l'humanité et l'un de ses plus grands ressorts. Mais nous croyons qu'en cette conduite, Dieu se proposait un but encore plus important : en donnant pour unique support aux gloires véritablement populaires une vie humble et obscure, il voulait nous inspirer l'amour et la pratique de l'humilité, seul moyen pour l'homme égaré et perdu par l'orgueil, de rentrer dans la vérité qui le redresse et qui le sauve.

Quoi qu'il en soit, il demeure difficile de ne pas voir en ce fait une économie divine ; car Dieu n'a pas procédé autrement avec les plus insignes personnages de nos écritures elles-mêmes, avec ceux qui ont concouru d'une manière plus directe à l'œuvre de la rédemption : Joseph, le père nourricier de Jésus-Christ ; Jean-

Baptiste, son précurseur ; Marie, la Vierge-Mère ; Jésus-Christ lui-même, le Fils de Dieu, pendant les trente premières années de sa vie... Ils se montrent ; on les voit ; ils disparaissent ; mais il reste de leur apparition une clarté qui ne s'éteint plus.

Ainsi en est-il de la jeune et aimable vierge dont nous essayons de faire revivre ici la mémoire. Aux premiers siècles du christianisme, elle brille comme un astre s'élevant de la terre, sans qu'on puisse presque distinguer d'où il sort. Éphémère apparition ! Et pourtant sa lumière traverse les âges, toujours plus radieuse et plus pure à mesure qu'elle s'approche de nous. Est-ce une créature mortelle ? N'est-ce pas plutôt un ange de Dieu ?... Le cœur est déjà ému.

Il ne faudrait pas croire cependant que nous soyons tout à fait sans renseignements positifs sur sainte Livrade. A part la tradition qui, nous l'avons démontré, n'est pas sans valeur, et, à côté de certaines légendes *apocryphes* que nous nous sommes permis de censurer dans quelques-unes de leurs parties, nous avons pu nous procurer des écrits et des actes bien différents de ceux qu'ont inventés les faussaires de la fin du XVIe et du XVIIe siècle. Ces pièces elles-mêmes sont loin, assurément, de contenir une histoire intégralement authentique et telle que la saine critique la puisse accepter les yeux fermés ; encore moins sont-elles le primitif document ; mais elles nous paraissent en contenir tous les débris, et, en prenant soin d'en éliminer les détails fabuleux ajoutés par une piété trop ardente et sans doute trompée elle-même par la légende populaire, nous espérons pouvoir restituer à la vie et au martyre de notre sainte tous leurs traits essentiels. Le récit qui va suivre ne sera que l'application de ce discernement, et, ainsi reconstruit, il nous paraît présenter des caractères suffisants de certitude historique. Nous prenons, du reste, l'engagement vis-à-vis de ceux qui nous feront l'honneur de nous lire de mériter leur confiance, comme nous nous sommes efforcé de la justifier jusqu'ici, en n'avançant rien que nous n'ayons sérieusement examiné avec cette disposition d'esprit qui doit être, ce nous semble, celle du chrétien, de ne pas tout croire, mais aussi de ne pas tout rejeter.

Quelle était l'origine de sainte Livrade ? Voilà une question qui a beaucoup exercé la sagacité des archéologues et des hagiographes chrétiens ; mais, malgré la dépense d'érudition qui a été faite pour la résoudre, on n'est encore arrivé à rien qui approche d'une solution. Le seul point sur lequel tous sont d'accord, c'est qu'elle était d'origine royale.

Presque tous les peuples réclament son berceau. Elle est si belle fille que, comme des mères jalouses, toutes les contrées veulent qu'elle leur appartienne. L'Espagne la revendique la première, et certes ce ne serait pas un berceau à dédaigner que la célèbre terre ibérique. Notre patronne n'y serait pas mal placée à côté de tant d'illustres saintes et d'aimables martyres qui l'ont décorée de la candeur de leur virginité et de la pourpre de leur sang. C'est une opinion toutefois que nous admettrions difficilement. Nous avons énuméré ailleurs les motifs solides qui nous font repousser les revendications espagnoles, surtout à l'endroit de son martyre. Admettant qu'il a eu lieu dans l'Aquitaine et sur les bords du Lot, on aurait de la peine à comprendre qu'une jeune fille, délicatement élevée, timide et circonspecte comme il convient à une chrétienne de quatorze à dix-huit ans, se soit aventurée, sous un prétexte quelconque, dans un pays qu'elle ne connaissait pas, ait franchi les monts Pyrénéens dont les passages devaient être, alors surtout, très difficiles, et parcouru, sans ressources, la longue distance qui sépare la Galice de notre pays. D'ailleurs, pour suivre cette opinion, il faudrait voir, dans la sainte adolescente, une de ces jeunes Suèves qui émigrèrent à l'occasion de la conversion de ce peuple confiné par les Goths dans la Galice et la Lusitanie, et, par suite, ne voir dans la *civitas Bolcagiæ* des légendaires qu'une désignation de ces peuplades germaniques appelées du nom générique de *Belgi* et répandues dans les parages où les Espagnols prétendent que notre sainte avait pris naissance. Mais, « à l'encontre de cette opinion », dit Monseigneur Bourret, à l'occasion d'une des sœurs que lui donne la légende *apocryphe*, « nous avons le silence de saint Isidore de Séville, le véritable historien des Goths et des Suèves d'Espagne. L'on peut à bon droit s'étonner que ce copieux écrivain eût passé sous silence l'une des gloires les plus pures de sa patrie et le nom d'une aussi bonne chrétienne, qui aurait été non seulement sa compatriote, mais à peu près sa contemporaine. »

Faisons-la donc, conformément à ce que nous avons dit déjà (¹), ou plutôt laissons-la *française* et *aquitanique*. Le *propre* à l'usage des Bénédictins de la Chaise-Dieu, à peu près le même que celui des religieux de notre prieuré, remontant l'un et l'autre à la première moitié du XVIᵉ siècle, et plusieurs des anciens *propres* manuscrits ou imprimés de notre diocèse, s'étayant des *monuments* fournis par le savant auteur de *la vie de plusieurs saints de France et des pays voisins*, sont très favorables à cette

---

1. Voy. plus haut, page 108 et tout le chap. x.

conclusion qui en fait un enfant de la Gaule méridionale (¹).

Ainsi que dans la légende espagnole *non travestie* où nous avons trouvé seulement : *nata ex patre Cathelio et matre calsia regibus gentilibus inter finitimos Occidentis haud infimis* (²), dans ceux de ces ouvrages qui parlent des parents de sainte Livrade on se contente de dire : *Catellius, seu Catilius, vel Atilius, rex gentilis inter omnes occidentales secundum seculi dignitatem fulgens, et uxor Calsia*. D'où, à défaut d'autres notions, on peut toujours conclure qu'elle était issue de grande race. Ajoutons avec l'universalité des auteurs que son père et sa mère n'auraient pas eu plus noble enfant dans leur nombreuse famille. Mais le père, aveuglé par l'infidélité, n'aurait pas su reconnaître ce trésor et, outré de la profession que faisait sa fille de la religion chrétienne, il l'aurait forcée à une fuite qui nous valut sa gloire et sa protection.

Toutefois, n'anticipons pas, et gardons surtout la prudente et sage réserve que nous nous sommes imposée.

Pour y être fidèle nous ne chercherons ni le lieu précis de l'origine de notre sainte, ni la date exacte de sa naissance ; nous ne porterons nos investigations ni sur la contrée de la Novempopulanie, de l'Occitanie, de l'Aquitaine où aurait régné son père, ni sur le nom véritable de celui-ci. Nous ne dirons que quelques

---

1. *Bréviaire de saint Robert de la Chaise-Dieu*, 1553 ; manuscrit de M. Jubrès, parlant des miss. et brév. d'Agen de 1530 ; *prop. aginn.* de 1727, sous Monseigneur Hébert, indiquant les *monum.* d'A. Duval ; *prop. ad usum pat. et relig. monast. Casæ. Dei et sanctæ Liberatæ*. — Nous avons déjà donné et nous donnerons encore, au cours de cet ouvrage, des extraits assez étendus de tous ces documents qui nous ont fourni nos plus précieuses et nos plus sûres indications.

2. Voy. plus haut page 106 et tout le chapitre x.

mots non plus de cette légende extraordinaire et à sensation, si elle n'était ridicule, qui la fait *jumelle* de huit autres sœurs venues au monde *uno partu* et qui meurent toutes jusqu'à la dernière, à peu près de la même manière, pour demeurer fidèles à leur baptême ([1]). Elle n'a été inventée qu'au XVIe siècle et elle est due à la tendance qu'ont les Espagnols d'établir entre des saints, même de nationalité différente, des liens de parenté tout à fait fictifs ([2]).

---

1. Au moment de l'impression de ce livre — novembre 1889 — M. l'abbé J. Dulac a l'obligeance de nous adresser les numéros du *Souvenir de la Bigorre* renfermant ses *notes critiques* sur des *questions* relatives à sainte Libérate *que les hagiographes ont employé beaucoup de temps et de peine à résoudre ou à ne résoudre pas, tant elles se hérissent de difficultés*. Nous venons de lire tout ce qui a paru jusqu'à présent sur ce sujet avec l'intérêt que commandaient et nos propres études et le bon accueil qu'avaient trouvé, dans la *Revue mensuelle* du docte écrivain, les quelques communications que nous avions eu l'honneur de lui faire en 1885, auxquelles il renvoie plusieurs fois dans son récent travail.

Ce travail témoigne de recherches nombreuses, patientes et consciencieuses. Disons sincèrement, qu'à part ce qui se rattache à la découverte, dans les ruines de Mérida, d'un marbre épigraphique sur lequel on trouve comme *lieutenant propréteur de la Lusitanie, sous Titus Vespasien*, Caius, Arruntius Catellius Celer, que rien ne nous assure être le Lucius Katilius, Catellius Severus, ou Atilius de nos légendes, il ne donne aucun détail particulier que nous puissions noter. Loin de contredire nos assertions, il les justifie au contraire, même celles qui ont rapport à l'enfantement, par Calsia, de neuf sœurs jumelles. « Il faudrait rompre absolument avec la critique », dit-il, « pour souscrire à tous ces phénomènes, multiplicité, sexualité, viabilité, dont un seul inspire la défiance. »

Nous n'avons pas la suite du travail de M. l'abbé Dulac. Peut-être notre accord cessera-t-il quand il étudiera la question du *lieu du martyre* qui paraît être le but de ce qu'il appelle son *procédé d'élimination*, à moins qu'il n'arrive à démontrer, par des titres très solides, que la Bigorre a eu aussi sa sainte Libérate locale tout à fait distincte de la nôtre.

2. « Le groupement », dit M. l'abbé Dudon (*Sainte Quitterie gasconne*, page 25) « qui a valu à Catellius et à Calsia d'avoir neuf filles, venues au monde surtout de cette manière, n'est pas des moins curieux. Lorsqu'on étudie chacune de ces saintes en particulier, et qu'on lit attentivement leur légende, il devient manifeste qu'elles n'ont rien de commun et qu'elles ne sont ni du même siècle ni du même pays. Sainte Victoire,

CHAPITRE DOUZIÈME. 161

Nous en avons fait précédemment la remarque (¹).

Personnellement cependant, nous sommes loin de prétendre que sainte Livrade a été fille unique. S'il faut en croire nos vieilles traditions, elle aurait eu des sœurs, au moins des parentes, des compagnes de *même souche, germanæ*, comme on le disait alors, qui auraient été mêlées à la plupart des circonstances de sa vie et auraient partagé sa persécution, sa fuite, son apostolat et même son martyre. Quelques chroniqueurs antérieurs au XVᵉ siècle nomment *Aure, Dode, Venance, Aurence, Fauste*, et quelques autres *Gemme, Bazeille* et *Quita* ou *Quitterie, Gunthérie, Chloterie*, en faveur desquelles on a souvent repris et remanié, avec force variantes, la légende de notre sainte (²).

Le père et la mère de sainte Livrade étaient non seulement de fanatiques adorateurs des faux dieux, mais encore des ennemis acharnés du christianisme.

---

seule, appartient sûrement à l'Espagne. Mais, au lieu de huit sœurs, elle n'eut qu'un frère nommé Acisele. Son père s'appelait Marcel et non Catillius.... » Ce même jeune professeur donne ensuite, avec la sagacité et le talent qui le caractérisent, en s'appuyant sur les données les plus recommandables, une biographie sommaire de toutes les sœurs que nomme la légende et conclut « qu'elles sont étrangères les unes aux autres et n'ont d'autres rapports entr'elles, que celui, très solide, il est vrai, qu'établit leur sainteté. Quant à la légende elle-même, elle ne supporte pas l'examen. » Il s'élève après cela, avec juste raison, contre les hypercritiques du XVIIᵉ et du XVIIIᵉ siècle qui, « quoique français, ont trahi notre cause en sanctionnant les usurpations de l'étranger, et fait servir, autant qu'il était en eux, la liturgie à consommer la perte de nos saints les plus populaires. La légende espagnole a été insérée dans les bréviaires de plusieurs diocèses du Midi, et elle a pris ainsi une importance hors ligne à notre détriment. » (*Op. cit.*, p. 26.)

1. Voy. plus haut chap. VII, p. 70.
2. Dom Brugelles ; Cén. Moncaut ; abbé Couture ; *Notice sur les reliq. de l'abbaye de Granselve*, passim.

Ajoutons, pour être complet, que Thomas Trugillo, le Pseudo-Julien et le bréviaire de Siguenza nomment ces prétendues sœurs jumelles : *Genibera, Victoria, Eumelia, Germana, Gema, Marcia, Basilia, Quiteria*. (*Acta sanct.*, t. V, pp. 53, 55, 57).

Sainte Livrade. 11

Par un effet de sa miséricorde infinie, Dieu permit que, dès le premier âge, leur fille reçut, avec les lumières de la foi, le bienfait d'un enseignement chrétien. Elle avait été bannie du palais de son père, nous ne savons pour quel motif, mais probablement par suite de l'habitude qu'avaient certaines grandes familles païennes de confier à des esclaves ou à des affranchis leurs enfants trop nombreux ([1]), et Dieu avait placé près de la petite fille, ainsi abandonnée des siens, une admirable femme qui la nourrit de son lait et s'occupa de son éducation. Les Bollandistes la nomment Silva ou Silvie ([2]). Elle était chrétienne et elle s'était donnée, sans réserve, à Jésus-Christ, le Dieu de la crèche et du Calvaire. Son amour était celui de ces simples et de ces petits, pour qui le Seigneur a prié et qui s'abandonnent à lui dans toute la droiture de leur cœur. Elle s'attacha avec des entrailles de mère à l'enfant qui puisait la vie à son sein et ce fut, sans aucun doute, à cette femme que Livrade dut de devenir ce qu'elle fut plus tard.

Les faits de ce genre n'étaient pas rares alors. Que d'humbles femmes, initiées elles-mêmes providentiellement aux mystères de l'Évangile, exercèrent cet étonnant apostolat qui est l'un des phénomènes les plus merveilleux du christianisme naissant ! Celle-ci y apporta un dévouement et un respect qu'il nous serait difficile de décrire. Les mères elles-mêmes n'ont pas toujours la délicatesse et l'élévation de sentiments de ces humbles mais incomparables femmes : il leur manque d'ordinaire ce je ne sais quoi de désintéressé et de sublime qui porte ces dernières à se donner, plus entièrement encore que les mères et avec moins de

---

1. Bolland. *passim*.
2. Tome V, *Comment. histor. crit.*, n° 41.

retour sur elles-mêmes, à ces êtres fragiles qui leur sont confiés, soucieuses assurément de la croissance de leur corps, mais éprises, comme des anges de Dieu, de l'enfantement divin de leurs âmes. Silva ne tarda pas à démêler, en la petite fille, la plus riche nature, tous les germes du bien. Elle eut à cœur de n'en laisser périr aucun et de les tous développer. Aussi veillait-elle sur cette enfant comme on veille sur un trésor sacré, sur un dépôt du ciel. Elle épiait le premier éveil de son intelligence et de son cœur, écartant de l'une toute fausse lueur capable de l'égarer, et, de l'autre, tout souffle mauvais capable d'en altérer la candeur. Et ce n'était pas assez pour elle de les préserver de toute funeste atteinte, elle avait, pour les diriger vers Dieu, de douces paroles et de plus doux regards. Elle lui révéla, de bonne heure, le Dieu venu au monde et mort pour le salut des hommes, lui redisant ses plus belles paroles, lui racontant les plus beaux traits de sa vie. L'aimable petite fille buvait cet enseignement, comme une bonne terre boit la rosée du ciel, et elle naissait peu à peu au christianisme, presque avant de naître à la raison. La nourrice ne tarda pas à lui faire connaître l'histoire de quelques-unes de ces jeunes saintes, dont la renommée s'étendait déjà partout à cause de leur amour pour la virginité et de leur admirable mort, et, ainsi, la semence de la virginité tombait dans ce tendre cœur, et, cultivée par une aussi sage main, elle leva bientôt. Du reste, tandis que la parole de cette femme se faisait entendre au dehors, la voix de Jésus-Christ résonnait au dedans, demandant à la jeune fille, avec une mélodie intérieure qui n'a pas d'expression ici-bas, si elle voulait être sa fiancée. Cette voix avait tous les charmes d'un premier amour; elle en eut la puissance. A douze ou treize ans, d'après les uns, à quatorze ou quinze, d'après les autres, elle renonça à recevoir un époux sur cette terre, qui n'était que le lieu de son passage, et, ayant placé son cœur dans le ciel, son éternelle patrie, elle voua sa foi au Christ. Ses fiançailles divines demeurèrent inconnues de tous, sauf peut-être de sa nourrice.

Lorsqu'elle fut parvenue à l'adolescence, son esprit était cultivé et l'on vantait en elle des qualités précieuses qui s'étaient révélées de très bonne heure. Mais le trait distinctif de son caractère était une fermeté presque virile qu'elle remerciait Dieu, avant de mourir, de lui avoir communiquée dès son enfance : *Domine, qui custodisti me ab infantia mea et fecisti me in juventute viriliter agere* (¹). Il y avait en son naturel quelque chose de si exquis qu'elle exerçait une sorte de fascination sur les personnes qui l'approchaient et particulièrement sur ses sœurs et sur les jeunes filles de son âge. Toutes aspiraient à lui plaire et chacune d'elles était heureuse quand elle avait obtenu d'elle un sourire, une gracieuse parole. Telle était la vivacité de leur affection qu'aucune d'elles n'eût hésité à lui sacrifier sa vie (²). Elle était d'une rare beauté, rehaussée par une singulière modestie et la plus pudique réserve. Je ne sais quel feu paisible, dont elle portait, au dedans d'elle-même, le foyer ; je ne sais quelle lumière dont son âme recélait la source vive et qu'elle semblait laisser échapper ou retenir à son gré, ajoutaient encore à cette beauté un éclat qui ne tenait plus en rien ni de la forme ni des sens. Ses yeux s'animaient, par moments, d'un feu étrange et inconnu et, se fixant

---

1. *Brév. de l'anc. prieuré*, reproduit dans le *Panég. de sainte Livrade*, par un relig. bénéd. en 1666. Il nous fournit plusieurs des détails donnés ici.
2. *Op. cit...* et Porreno, *Vita sanctæ Liberatæ*.

sur un point du ciel, distraits de tout le reste, semblaient y poursuivre, d'un long et insatiable regard, un invisible objet (¹). Les dieux du paganisme ne lui inspiraient que de la répulsion ; car non seulement ils ne répondaient en rien aux besoins de son âme, mais tout en eux la froissait. Le moment va arriver cependant où son amour pour Dieu seul et sa foi vont être mis, de ce côté, à une rude et pénible épreuve.

Une nouvelle persécution que nous ne préciserons pas, faute de documents assez exacts, sévissait dans toute sa fureur ; on n'avait pas vu encore tant de cruauté sanguinaire se déchaîner contre le nom chrétien ; c'était la rage de l'enfer. L'arbre dédaigné, planté sur le Calvaire, avait grandi, arrosé par le sang ; il couvrait déjà les peuples de son ombre. Mais cette ombre salutaire n'était pas seulement haïe, elle était maudite, à l'égal de la mort, par le polythéisme. Il avait juré d'arracher l'arbre jusqu'à ses racines. La persécution s'étendait partout. Il n'était question que de dénonciations, d'arrestations, de cachots obscurs, d'interrogations, de chevalets, de glaives, d'ongles de fer, de grils ardents, de bûchers allumés, de bêtes féroces, de tous les raffinements enfin que la cruauté la plus ingénieuse puisse imaginer. Le seul récit des tortures faisait frémir, et cependant le spectacle de tant d'horreurs ne pouvait rassasier les délateurs et les persécuteurs. L'Église eut à pleurer des pertes partout, néanmoins, elle put présenter à l'admiration du monde de généreux athlètes et de magnanimes vainqueurs.

---

1. C'est ce qu'on remarque dans la plupart des images et des gravures qui la représentent ; c'est frappant surtout dans une de celles que nous possédons Elle paraît être d'une bonne école et d'un grand maître. On y voit la sainte au milieu de ses compagnes dans une sorte de transfiguration ou d'extase.

Ainsi que dans les persécutions précédentes, le sexe le plus faible et le plus délicat eut une large part au triomphe ; Dieu lui réservait les plus belles palmes, afin de continuer, par l'effusion de son sang très pur, l'œuvre commencée au pied de la croix, la réhabilitation de la femme par les immolations sanglantes de la virginité.

Qu'était devenue, à l'heure dont nous parlons, la jeune Livrade ? Par suite de la grande confusion des légendes qui l'ont eue en vue ou bien relatives à ses sœurs ou compagnes, nous nous trouvons ici en présence d'une des plus sérieuses difficultés que puisse rencontrer notre récit, et nous sentons de nouveau le besoin de procéder avec une extrême prudence. Parmi les documents écrits qui s'occupent de notre héroïne, l'antique bréviaire de l'abbaye de la Chaise-Dieu tient la première place dans l'ordre du temps ([1]). Il n'est, à peu de chose près, nous l'avons dit, que la reproduction de celui de notre prieuré, copié lui-même probablement, en partie au moins, sur celui de l'ancien *CHAPITRE* de Sainte-Livrade ([2]). Tout ce qui y est rapporté n'est pas exact; on y trouve notamment la légende *apocryphe* dont parle Chastelain ([3]). Toutefois, comme il y a des détails absolument semblables aux traditions populaires, aux légendes de certains autres bréviaires

---

1. Lyon, Balthasar Arnoliet, 1553, in-8°. Nous devons ce précieux document, comme aussi le *Propre à l'usage des Pères et des Religieux de saint Robert de la Chaise-Dieu* de 1765, à une obligeante communication de l'érudit M. Vernière, de Brioude (Haute-Loire). On sait les rapports qui existaient entre les bénédictins de la Chaise-Dieu et ceux de Sainte-Livrade.

2. Cette induction se présente d'elle-même à la lecture d'un propre manuscrit, portant la date de 1527 que nous citons plus haut et intitulé : *Prop. ad usum pat. et relig. monast. Casæ Dei et Sanctæ Liberatæ*.

3. Voy. plus haut chap. XI, pag. 130.

CHAPITRE DOUZIÈME.

et même à quelques-uns des récits altérés des Espagnols, cet accord qui ne peut s'expliquer que par des souvenirs communs, relève ces détails et leur donne un caractère historique. On ne devra pas être surpris que nous y ayons recours pour fixer les lignes principales de la physionomie de notre sainte dans les dernières circonstances de sa vie.

Livrade ne faisait que toucher au seuil de l'adolescence lorsque, avec ses sœurs et probablement sa nourrice, elle vint reprendre sa place dans la maison de son père. Elle vécut, pendant quelque temps, dans ce monde, nouveau pour elle, comme si elle y avait été complètement étrangère. Bien souvent, en la voyant se retirer à l'écart et passer solitaire de longues heures devant Dieu, les familiers de la cour témoignèrent leur étonnement de trouver, dans une princesse, un tel éloignement pour les plaisirs et un goût si prononcé pour la retraite. L'un d'eux qui était des plus considérables et des plus riches, fut bientôt épris, pour la noble jeune fille, d'une violente passion, et il ne tarda pas à mettre tout en œuvre pour obtenir sa main. Mais ses sollicitations, ses promesses, ses menaces elles-mêmes échouèrent contre l'inébranlable fermeté de Livrade qui avait consacré à Dieu sa virginité par un vœu irrévocable. Il savait qu'elle était chrétienne et il vit, dans cette circonstance, un moyen infaillible d'arriver à ses fins ou de se venger.

On était en pleine persécution, nous l'avons dit, et beaucoup de chrétiens avaient déjà payé de leur vie leur persévérance dans la confession de leur foi. L'opulent seigneur la dénonça au roi lui-même qui avait feint jusque-là, tout en persécutant les autres chrétiens, de ne pas savoir quelle religion elle professait (¹). Le père et la mère, d'ailleurs, aimaient passionnément leur fille et ils furent au désespoir comprenant que la vie de leur enfant allait être en péril et qu'eux-mêmes pouvaient être compromis. Alors, ils se décidèrent à mettre tout en œuvre, prières et menaces, pour la fléchir, l'amener à renier sa foi et à sacrifier aux dieux.

Son père la fit venir en sa présence, non point, comme les autres chrétiens auxquels on faisait subir des interrogatoires, dans la vaste salle où se tenaient les audiences publiques, mais dans le lieu plus retiré où s'instruisaient des causes exceptionnelles et où n'était admis qu'un très petit nombre de personnes. Son but, en procédant ainsi, était d'user, sans éclat, de prières d'abord, et ensuite, si c'était nécessaire, d'intimidation, afin de conserver, plus tard, la liberté de ses décisions.

Nous ne pouvons pas résister au désir d'emprunter au bréviaire déjà cité (²) le colloque qui eut lieu alors entre la fille et le père ou plutôt entre le père et ses filles, car la légende laisse entendre que les sœurs de sainte Livrade n'avaient voulu ni l'abandonner, ni séparer leur cause de la sienne. « Enfant chérie », lui dit son père, commençant avec beaucoup de bonté et n'employant que de très douces paroles, « j'ai appris avec une vive peine que tes sœurs et toi, aviez embrassé une religion qui n'est ni celle de vos parents, ni celle de notre pays. Je veux que, repoussant le rite des chrétiens, vous vous adonniez complètement au culte de nos dieux ; ce n'est qu'à cette condition que je vous regarderai comme mes filles et que j'aurai pour

---

1. *Brév. de l'ancien prieuré.*
2. *Brév. de l'abb. de Saint-Robert de la Ch.-Dieu*, Lyon, B. Arnollet, 1553.

CHAPITRE DOUZIÈME.

vous les sentiments d'un père » : *Volo ut, abjecto christianorum ritu, ad deorum nostrorum culturam vos omnes transferatis, et eritis mihi in filias et ego vobis in patrem* (¹). La bienheureuse vierge Livrade prit alors la parole pour toutes et répondit : « O grand et excellent roi, *optime rex*, oui, sans doute, tu nous a engendrées, et nous te devons notre vie temporelle, nous sommes loin de le méconnaître, et si, abandonnant toi-même le culte superstitieux des idoles, comme nous t'y engageons et comme c'est notre désir le plus ardent, tu veux suivre, dans la foi du Christ que nous déclarons ouvertement être la nôtre, la voie du salut, tu seras notre véritable père dans le Seigneur » : *Et si, relicta idolorum superstitione, viam salutis in fide Christi (quam nos tenere profitemur) servare cupis (ad quam summo desiderio te hortamur) eris verus pater noster in Domino* (²).

Cette réponse blessa et irrita souverainement le père impie. Il dissimula cependant encore un moment sa colère et représenta à sa fille la noblesse de son origine, la délicatesse et la fraîcheur de sa jeunesse, l'heureux destin qui lui souriait si elle consentait à brûler un grain d'encens devant les dieux ; puis, enflant sa voix, il essaya de l'effrayer, lui peignant, si elle se refusait à un acte si facile, le sort affreux qui l'attendait : tortures cruelles, mort ignominieuse et la désolation de son père et de sa mère. Mais, tandis qu'il parlait de tortures, le visage de la vierge devenait tout radieux, son regard s'animait d'un feu divin et son corps même semblait flotter, sans pesanteur, dans l'air (³). Elle répondit avec une fermeté si respectueuse, mais en

---

1. *Op. cit.*
2. *Op. cit.*
3. Vieille peinture.

même temps si noble et si digne, que son père vit bien qu'il lui serait impossible de l'ébranler. Il devint furieux et, faisant taire en lui tout sentiment de pitié naturelle, il résolut de livrer ses filles aux bourreaux. Il leur ordonna de se disposer à offrir, dès le lendemain, de l'encens aux dieux, ajoutant que, si elles ne le faisaient pas, il emploierait, pour les faire mourir, toutes sortes de tourments ; *Iratus pater impius, filiabus præcipit ut in crastinum paratæ essent thura diis offerre, aut diversis eas faceret tormentis finire* (¹).

Les jeunes filles durent alors s'éloigner de la présence de leur père. Elles ne se dissimulèrent pas que l'arrêt serait exécuté dans toute sa rigueur, et comme, malgré sa sévérité, elles éprouvaient pour l'auteur de leurs jours, la plus vive tendresse, elles ne purent consentir à le voir souiller ses mains dans leur sang. Pour le soustraire à cette cruelle extrémité, une seule issue leur était ouverte, la fuite (²). Avec un courage aussi admirable qu'extraordinaire, supérieur même à leur âge et à leur sexe, elles s'y engagèrent et abandonnèrent la maison paternelle : *Egressæ e patris crudelissimi facie, nolentes manus ejus in sanguine pollui, disposuerunt se diversis transferre partibus* (³).

Comment purent-elles s'échapper, sans incident fâcheux, de la royale résidence ? On ne l'ignora sans doute pas alors ; mais le secret n'en a pas été transmis à la postérité. Il nous est permis de supposer pourtant, comme le laisse entendre, du reste, une vieille légende (⁴), que, tandis qu'elles cheminaient silencieusement pendant la nuit, tantôt traversant des fonds ma-

---
1. *Op. cit.*
2. *Légendes et tradition.*
3. *Op. cit.*
4. *Fleurs des vies des saints*, p. 539.

CHAPITRE DOUZIÈME. 171

récageux, tantôt gravissant et descendant des collines semées de ronces et d'épines qui leur déchiraient les pieds, un chœur d'anges les précédait, faisant luire, devant elles, une douce lumière, semblable à cette nuée qui dirigeait Israël fuyant vers le désert. Elles aussi fuyaient la haine de Pharaon et soupiraient après le martyre qui devait leur donner la véritable terre promise. Leur marche était rapide ; les milles disparaissaient sous leurs pas. Il y avait entre elles une noble émulation, jusqu'à ce que, pour obéir à un ordre du ciel qui leur fut manifesté par ces mêmes anges, quelques-unes d'entr'elles durent prendre des routes différentes et dire à leurs compagnes, avec beaucoup de larmes, un dernier adieu, sans espérance de se revoir jamais en ce monde (1).

Nous avons, surtout dans les premiers siècles de l'Église, plus d'un exemple d'émigrations de ce genre, et personne n'ignore que ce fut même là un des moyens dont la Providence se servit, ou pour faire pénétrer la foi dans les contrées qui ne la possédaient pas encore, ou pour lui donner une nouvelle vigueur dans les pays qui la voyaient s'éteindre. La vue des sacrifices de ces chrétiens généreux qui ne craignent pas d'abandonner biens, gloire, repos et famille pour la conservation de leur foi, ne peut que produire, en effet, d'heureuses impressions sur ceux qui en sont les témoins.

Après l'éloignement de quelques-unes de ses sœurs et de ses compagnes, notre glorieuse vierge ne resta pas seule et c'est grâce à son zèle et à celui de celles qui demeurèrent avec elle que fut connue ou ranimée, au sein des populations qu'elles traversaient, la doctrine évangélique (2). Elles durent même faire un

1. *Légendes et traditions de la Gascogne.*
2. *Notice sur les reliques de l'abbaye de Granselve*, p. 67.

assez grand nombre de prosélytes, puisque notre légende nous apprend que ce fut « avec des chrétiens nombreux » que Livrade, poursuivie par les émissaires de son père, « vint chercher un asile dans la solitude d'un désert où elle fut longtemps réconfortée par le pain que lui apportèrent les anges ». *Gloriosa autem virgo Liberata cum multis christianis heremi latibula subiens angelico pane diu refecta est* (¹).

La tradition constante du pays, le procès-verbal que dressa M. le curé Vignes de la translation de la relique de sainte Livrade, en 1666, le chapiteau du chevet de notre vieille église, déjà décrit, nous autorisent, comme nous l'avons dit ailleurs (²), à trouver le désert dont il est question ici dans ces terres incultes et ces forêts situées sur la rive gauche du Lot, au sud-est de l'antique ville gallo-romaine devenue plus tard Sainte-Livrade (³) et auxquelles on a donné le nom de *Lande*.

L'Aquitaine, surtout dans ce qui avait été la Celtonitiobrigie, offrait, à cette époque, en beaucoup d'endroits, la triste image de semblables solitudes dont M. Cirot de La Ville a donné une idée générale dans son *Histoire de la Grande Sauve* (⁴). Quant à celle dont nous parlons, Dom Dumas, religieux du prieuré de Sainte-Livrade, dans un manuscrit conservé à la Bibliothèque nationale, la représente, avec trop d'exagération, toutefois, ce nous semble, comme *un lieu que la nature paraissait n'avoir destiné qu'à être la retraite des bêtes sauvages* (⁵). Il est certain que les noms *La*

---

1. *Brév. de l'abb. de Saint-Robert de la Ch.-Dieu*, et *Prop. ad usum P. et R. monast. Sanctæ Lib. et C-Dei*.
2. Voy. plus haut ch. XI, p. 132 et suivantes, ce qui a rapport à tout ce que nous ne faisons que rappeler ici.
3. A. de Valois, *Notitia Gall.*, p. 500. Voy. plus haut tout le ch. IV.
4. Tome I, p. 58.
5. *Notice sur le prieuré de Sainte-Livrade*, d'après un manuscrit inédit de la Bibl. nationale, par M. Tamisey de Larroque, p. 6.

lande et *Lalandette* que porte encore cette vaste plaine, défrichée plus tard par les soins des clercs ou chanoines séculiers et des bénédictins (¹), et, aujourd'hui, si fertile et si riche, indiquent suffisamment que ce ne devait être, en effet, qu'une solitude et qu'un désert. Nous avons le regret de n'avoir pas laissé à la croix que nous avons dû y relever, au commencement de notre pastorat, et destinée, dans la pensée de nos ancêtres, à transmettre aux générations successives les souvenirs que nous rappelons, son caractère architectonique antique (²).

C'était dans ce lieu écarté et solitaire, à l'abri du tumulte du monde, que Livrade *s'était cachée pour se soustraire à la colère de son père* et, qu'avec ses compagnes et les chrétiens dont parle la légende, elle vaquait à la prière et au service de Dieu. Notre héroïque vierge, qui y fut souvent visitée par les anges, *angelico pane diu refecta* (³), s'y fortifia contre des combats que les plus sûrs indices lui représentaient comme très prochains. Elle priait le Christ d'armer son cœur d'un courage intrépide, et, afin de n'avoir rien à redouter, au jour des tortures et de la mort, elle se détachait de plus en plus de toutes les choses de ce monde. Elle les méprisait et ne regardait la vie que comme une eau qui s'écoule, une fumée qui se dissipe, un nuage qui s'évanouit. Le martyre avait été le rêve de sa jeunesse, et il n'était presque pas un jour de sa vie où elle n'eût aspiré à en cueillir la palme sanglante,

---

1. *Relation précise du prieuré de Sainte-Livrade d'Agenais.* — *Arch. départ. de la Haute-Loire, fonds de l'abbaye de la Ch.-Dieu.*

2. Elle était en pierre. Sur une des faces très fruste du piédestal on lisait assez difficilement : *faicte le huict may 1575, en souvenir que c'estait dans ce païs que sestait cachée nostre saincte Liurade.*

3. *Brév. de l'abb. de Saint-Robert de la Ch.-Dieu*, et *Prop. ad usum P. et R. monast. Sanctæ Lib. et C.-Dei.*

pour la pouvoir présenter, le jour de ses noces, à l'époux crucifié et couronné d'épines.

Toute la petite colonie, du reste, vivait dans la plus délicate pureté, et chacun prenait les précautions les plus austères pour éviter tout ce qui aurait pu lui porter la moindre atteinte. Cette élévation de leurs âmes au-dessus de toute terrestre jouissance, bien loin d'affaiblir leur mutuelle affection, lui donnait, au contraire, plus de charme et plus de force. Mais il y avait, entre Livrade et ses sœurs ou ses compagnes, une union beaucoup plus étroite encore et une amitié tellement surnaturelle qu'elle pouvait faire envie aux anges eux-mêmes, députés du ciel vers ces créatures privilégiées pour les *nourrir*, les *consoler* et les *fortifier* (¹).

Quelques jours, quelques mois peut-être s'écoulèrent dans ce désert changé, pour nos jeunes vierges, en un charmant Eden. Mais, hélas! cette paix ne devait pas durer.

La disparition de Livrade avait été pour son père comme un coup de foudre. Il ne pouvait s'empêcher de rappeler l'élégance tant vantée de sa figure, sa noble simplicité, sa bonté, sa douceur : c'était un véritable trésor perdu, et, à cette pensée, à la pensée surtout de sa résistance à sa volonté, sa nature un peu sauvage s'exaspérait. Ce fut en vain que ses hommes d'armes, que les familiers et les favoris de son palais essayèrent de le consoler, il ne leur répondit que par des violences, et il ne tarda pas à donner des ordres très sévères pour qu'elle fût recherchée, retrouvée à tout prix, et, si elle voulait renoncer à son culte, ramenée auprès de lui, ou bien livrée aux tortures et à la mort si elle de-

---

1. *Operibus citatis.*

meurait chrétienne obstinée. On vit une fois de plus se produire, ce qui s'était déjà fréquemment présenté dans les combats de la foi, la nature perdre ses droits et l'affection paternelle elle-même se transformer en fureur.

Les émissaires de ce roi cruel et de ce père dénaturé parcoururent des villes, des bourgades, des forêts nombreuses. Ils finirent par découvrir la retraite de la fugitive et leur chef, que quelques auteurs ont nommé Modérius (1), donna l'ordre à ses appariteurs d'aller la saisir et de l'amener dans la ville voisine. Ceux-ci se présentèrent à elle, lui notifièrent la volonté et la décision de leur maître, lui promirent, si elle sacrifiait, son pardon et ses bonnes grâces, et la menacèrent des derniers châtiments si elle persévérait dans une impie et grossière superstition.

Entendant leurs paroles, la vierge se couvrait en silence du bouclier de la foi et demeurait immobile, invoquant Dieu dans le sanctuaire demeuré paisible de son âme : « Seigneur Jésus-Christ, maître de toutes choses, » lui dit-elle, « vous voyez mon désir et ma ferme résolution de mourir pour votre amour ; je vous appartiens tout entière ; soyez mon seul époux comme vous êtes mon seul maître et gardez-moi de tous ceux qui cherchent à m'enlever à votre service. Je suis votre brebis ; faites-moi la grâce de triompher du lion rugissant qui rôde autour de votre troupeau pour le dévorer (2). » Fortifiée par cette prière, elle n'opposa aucune résistance aux licteurs, et elle s'achemina avec eux vers la ville voisine.

Nous avons dit, dans notre précédente étude, les graves et nombreuses raisons qui nous portent à penser

1. *Notice sur les reliques de l'abb. de Granselve*, p. 67.
2. *Panég. de sainte Livrade*, par un religieux bénédict.

que cette ville n'était autre que cette antique cité *gallo-romaine* près de laquelle, sinon sur ses ruines mêmes, fut bâtie plus tard celle qui, en souvenir du martyre de notre sainte, porte, depuis de longs siècles, le nom de Sainte-Livrade. Nous ne croyons pas devoir revenir sur cette question. Aussi bien, d'ailleurs, à la fin comme au commencement de ce travail, devons-nous tenir compte, pour tout ce qui a rapport à notre sainte, de cette grande loi, particulière à l'ordre surnaturel, qui veut que, dans l'économie chrétienne, rien ne se fasse que par l'humilité, que l'humilité soit le bain générateur de toute vie surnaturelle. La vie qui se produit dans l'ordre humain, n'est pas faite pour subsister, parce qu'elle n'est que la mort, tandis que la vie réelle et immuable naît de la dissolution de celle-ci et fleurit sur ses ruines. Le christianisme s'est développé selon cette loi, et ceci nous explique, avec certaines obscurités de son origine, pourquoi Dieu a permis que, pendant quelque temps, l'on soupçonnât à peine son existence. L'histoire du martyre de la plupart de nos vierges chrétiennes participe à ces mêmes conditions. Elle a aussi ses obscurités que nous devons respecter. Çà et là sans doute quelques sillons de lumière et parfois des circonstances extraordinaires marquent quelques grandes figures qu'une auréole fait émerger de la pénombre, mais sans contours bien définis. Telles nous apparaissent les saintes les plus en renom : Thècle, Foy, Pétronille, Alberte, Praxède, Livrade, Quitterie, Cécile, Bazeille; telles, si nous voulions les évoquer, pourraient nous apparaître beaucoup d'autres.

Nous ne pouvons pas cependant nous dispenser de rappeler ici nos traditions non-interrompues concernant une particularité du martyre de notre sainte. Elles

CHAPITRE DOUZIÈME. 177

nous apprennent qu'elle fut frappée de cette arme qu'on désignait autrefois sous le nom de glaive et, de nos jours, sous celui d'épée, formée, chez les anciens, d'une lame le plus souvent à deux tranchants, munie d'une poignée et d'une garde, et destinée à porter des coups de pointe. La légende de nos anciens bréviaires bénédictins, citée déjà plusieurs fois, confirme pleinement ces traditions. Nous y lisons que « trouvée enfin par les persécuteurs qui la poursuivaient, sainte Livrade fut mortellement frappée par le glaive et consacra ainsi sa vie au Seigneur par le martyre, pendant qu'on employait pour immoler les autres chrétiens divers genres de tortures (¹) » : *Tandem a persecutoribus inventa, cæteris christianis diversis pœnis interfectis, sancta Liberata ense lætaliter percussa, suum Domino consecravit martyrium* (²).

1. *Prop. ad us. R. et P. monast. Sanctæ Lib. et C.-Dei*, et *Brév. de l'abb. de Saint-Robert de la Ch.-Dieu.*

2. NOTE TRÈS IMPORTANTE. — Dans ce fait, selon nous, se trouve le nœud de la question si importante que nos recherches et nos travaux ont eu pour but de résoudre. Sainte Wilgeforte, des pays du Nord, la prétendue sainte Libérate du Portugal ou de l'Espagne, sont représentées par presque tous les auteurs comme ayant subi leur martyre sur une croix. Mais il y a eu incontestablement une sainte Livrade, *sancta Liberata*, ou encore *sancta Liurada*, (cette dernière dénomination est très conforme au terme patois *sento Liourado*), percée par le glaive, et c'est la nôtre, celle que nous revendiquons comme ayant illustré par son martyre la contrée où son culte demeure près de seize fois séculaire. Nos légendes les plus anciennes nous l'apprennent ; des gravures, de vieilles images, des bustes dans les styles des XVᵉ et XVIᵉ siècles, de grossières statues dont une accuse le XIVᵉ, le tout conservé avec un soin pieux par nos pères, la représentent constamment avec un glaive, quelquefois même deux, la perçant au cœur. Deux antiques sceaux des chanoines séculiers attachés, dès la période franque, au service de son église, l'un byzantin et l'autre d'une époque plus moderne, qui servirent, après l'édit de 1698, à la confection des armoiries dont on trouve encore l'indication au folio 927, à la Bibliothèque nationale (*d'azur à une sainte Livrade, la tête entourée d'un cercle rayonnant et tenant en sa main dextre une palme. Le tout d'or*) ne permettaient aucun doute sur ce sujet. Ils

178   SAINTE LIVRADE.

Les documents nous font trop défaut pour que nous puissions nous permettre d'entrer dans de longs détails

sur les diverses scènes qui durent marquer les derniers moments de la vie de notre jeune héroïne et précéder

étaient de forme ovale, aigus à leurs deux extrémités, et, dans le milieu, apparaissait une sainte Livrade, la tête entourée d'un cercle rayonnant et couronnée, tenant en sa main droite une palme et ayant la gauche appuyée sur la poitrine au-dessous d'un glaive. Sur le premier X^e, XIe et XIIe siècles se déroulait l'inscription suivante : *sigill* (sigillum) *cap.* (capituli) *et mon* (monasterii) *sancte Liberate* (sanctæ Liberatæ). Sur le second, moins ancien, celle-ci : *capit. et. mon. sanctæ Liuradæ*. Nul n'ignore enfin, qu'indépendamment du sceau commun à tout l'ordre des bénédictins et généralement connu, chaque monastère en avait un qui lui était spécial. Le prieuré de Sainte-Livrade possédait le sien de temps immémorial. Nous l'avons trouvé dans un dessin scénogra-

CHAPITRE DOUZIÈME. 179

sa mort. Essayons toutefois d'en dire un mot, en rapportant nos traditions locales et en nous inspirant des

passages des Pères et des saints docteurs de l'Église que nous trouvons, comme leçons, dans plusieurs de

phique très précieux de l'ancien couvent remontant à 1688. On y voit deux glaives qui se croisent, la garde en bas, la pointe en haut. Au-dessous du point d'intersection est un cœur percé d'où se détachent des

180   SAINTE LIVRADE.

nos anciens bréviaires, à l'occasion de l'office qu'ils consacraient à cette sainte (¹).

Nous l'avons laissée quittant le désert et s'acheminant avec des licteurs vers la ville voisine. Elle y fut immédiatement amenée au tribunal élevé pour l'interrogatoire des chrétiens. Mais là, on la vit aussi intrépide devant le juge qu'elle avait été forte dans sa famille. Sommée de renoncer à Jésus-Christ et d'accepter l'époux qui avait demandé sa main, elle répondit

qu'elle était chrétienne et qu'elle voulait demeurer vierge. Il est à croire que bien des moyens furent employés pour vaincre sa constance ; mais ils n'obtinrent aucun succès et on la conduisit, sous les yeux de tout le peuple, sur la place publique ou dans l'amphithéâtre, lieu des exécutions. Le nom de Monsmart, *mons martyris*, ou, par euphonie, comme nous l'avons dit ail-

---

flammes, au-dessus un lis, et, des deux côtés, vis-à-vis du point où les deux lignes se coupent, les initiales de la sainte : S. L.

1. Nous avons parcouru la plupart des offices imprimés ou manuscrits des pays et des églises où sainte Livrade a été honorée.

leurs (¹), Momyart, éminence, colline de la martyre ou des martyrs, donné de temps immémorial au plateau qu'on montre encore sur les bords du Lot, comme ayant été le théâtre de ses suprêmes souffrances, nous paraît offrir, en faveur de toutes nos revendications locales, une preuve indiscutable, un argument au moins d'une très grande force.

Nous signalons plusieurs fois, dans nos études, l'universalité et la permanence du culte de sainte Livrade dans nos contrées et notamment dans notre cité. N'est-il pas évident que ces caractères exceptionnels supposent, à l'origine, autre chose qu'une vague légende, qu'un fait à peine déterminé historiquement, et qu'ils ne peuvent avoir d'autre cause que la profonde impression, laissée dans le cœur et dans l'âme de nos populations, par le martyre de la sainte ?

La vierge se rendit dans l'arène, intrépide, modeste, la figure resplendissante d'un éclat divin qui frappait tous les regards. Le calme, la paix, la joie, une douce et attrayante candeur respiraient en tous ses traits. On eût dit qu'elle allait s'asseoir au banquet nuptial. La foule d'hommes et de femmes, attirée par un spectacle aussi nouveau, était immense. C'est qu'en effet on avait bien vu mourir des malfaiteurs, des citoyens victimes des discordes civiles, mais jamais on n'avait vu une jeune fille mourir pour la liberté de son âme, pour son droit de servir Dieu à sa manière et moins encore pour garder sa virginité, en repoussant la main d'un noble et beau jeune homme. On comprend le dramatique intérêt de cette scène.

Nous l'avons comme vivante encore et admirablement reproduite dans une gravure à laquelle il nous est difficile d'assigner une date précise, mais que nous

1. Voy. plus haut ch. XI, pages 143 et 144.

croyons remonter à près de trois siècles et dans laquelle le peintre chrétien qui en est l'auteur, nous semble avoir voulu consacrer toutes nos populaires traditions. Des deux côtés paraissent quelques licteurs, mais pâles et consternés comme des criminels ; leurs armes tremblent dans leurs mains. Au milieu et comme sujet principal, on voit la bienheureuse martyre dont un drapeau ondoyant orné de la grande croix latine, *crux immissa* (¹), fait parfaitement ressortir la tête. Il est comme l'emblème de son triomphe et de sa victoire sur ses persécuteurs. Autour d'elle quelques-unes de ses compagnes, de ses sœurs qui lui sont demeurées toujours fidèles la soutiennent, l'encouragent, paraissent heureuses du ravissement extraordinaire dans lequel elle leur apparaît, car, en même temps que son bras droit semble s'affaisser, ses yeux se fixent vers le ciel ; son visage devient resplendissant ; elle tombe dans ses extases accoutumées ; par l'entremise d'un ange qui tient une couronne, la divine vision se montre à elle ; c'est pour la dernière fois sur la terre, sans doute, mais elle a ces premières et plus belles clartés dont elle va resplendir à jamais dans les cieux.

La sainte enfant avait traversé toutes les épreuves presque sans les ressentir, cachée sous l'aile protectrice de cet ange qui ne l'avait jamais abandonnée (²), et sous le sourire continuel de son divin fiancé ; toutes les vagues de l'enfer avaient mugi autour d'elle et elles n'avaient pas altéré la sérénité de son front, troublé la paix de sa prière, pas même ridé la face de son âme dans ses saints ravissements. Elle avait passé,

---

1. *Encyclopédie des arts plastiques*, p. 129.
2. En général, les tableaux représentant sainte Livrade ont presque tous et partout, dans l'angle supérieur figurant le ciel, un ange tenant et offrant une couronne.

étrangère et inaccessible, à travers toutes ces violentes émotions des passions de la terre et des fureurs de l'abîme. Elle devait ce privilège particulier à son amour de la virginité, qui l'avait affranchie de la loi des sens. Le Christ avait veillé sur son épouse, et maintenant qu'il l'avait glorifiée devant les hommes, et qu'il avait, par elle, glorifié la virginité, il l'appelait à lui et lui donnait le signal des éternelles jouissances et de l'éternel repos. Mais, par un dernier effet de sa tendresse, il voulut qu'elle en fût mise en possession sans trop de souffrance et presque sans douleur, par une mort relativement assez douce.

L'intendant de son père qui était impressionné, d'ailleurs, par les cris de la foule, résolut d'en finir et donna l'ordre à un de ses licteurs d'enfoncer son glaive dans la poitrine de la vierge qui priait et semblait avancer son corps, pendant que ce spectacle arrachait des larmes à plusieurs (¹). Le malheureux licteur, à moitié mort d'effroi et de vénération, pâlit d'abord et hésita. Il s'enhardit pourtant et plongea le glaive dans le cœur de la vierge. Le sang coula et par la pourpre et les roses de ce sang, le Christ consacra, pour sa servante, la palme du martyre et la couronne de la virginité (²).

Que se passa-t-il à cette mort ? L'âme de notre jeune sainte et héroïque patronne se détacha-t-elle de son corps comme une blanche colombe ou comme un rayon de lumière ? Je ne sais. Mais tous durent être dans l'admiration. Pour elle, elle était libre. Elle se mêlait au chœur des vierges qui chantaient, pendant ses extases, l'épithalame sacré et elle célébrait ses noces célestes. Désormais elle voyait face à face son divin

---

1. *Panég. de sainte Livrade*, par un relig. bénédict.
2. *Op. cit.*

époux sans détacher jamais de lui son regard ; elle l'entendait sans perdre jamais le son de sa voix. Pour elle avait commencé l'ivresse des éternelles amours.

O sainte Livrade, fleur parfumée, délicate, angélique ; vierge noble et sublime, qui avez acquis, par la foi, des forces surhumaines pour entonner les cantiques du Seigneur, au milieu des plus cruels supplices ; héroïque martyre, qui avez su mourir pour votre divin maître afin de renaître pour l'éternité,

Priez pour nous !

LITANIES DE SAINTE LIVRADE,

VIERGE ET MARTYRE.

SEIGNEUR, ayez pitié de nous.
JÉSUS-CHRIST, ayez pitié de nous.
Seigneur, ayez pitié de nous.
JÉSUS-CHRIST, écoutez-nous.
JÉSUS-CHRIST, exaucez-nous.
Père céleste, qui êtes Dieu, ayez pitié de nous.
Fils Rédempteur du monde, qui êtes Dieu, ayez pitié de nous.
Esprit-Saint, qui êtes Dieu, ayez pitié de nous.
Sainte-Trinité, qui êtes un seul Dieu, ayez pitié de nous.
Sainte Marie, reine des saints, priez pour nous.
Sainte Livrade, priez pour nous.
Sainte Livrade, aimée de Dieu, priez pour nous.
Sainte Livrade, chérie de la très sainte Vierge, priez pour nous.
Sainte Livrade, qui avez connu Dieu dès votre enfance, priez pour nous.

CHAPITRE DOUZIÈME.

Sainte Livrade, pleine d'amour pour la sainte vertu de pureté, priez pour nous.
Sainte Livrade, vierge d'esprit et de corps,
Sainte Livrade, modeste dans vos regards,
Sainte Livrade, jalouse de la beauté de votre âme,
Sainte Livrade, humble dans l'éclat de la naissance,
Sainte Livrade, supérieure aux séductions de la fortune,
Sainte Livrade, miraculeusement délivrée de la mort à votre naissance,
Sainte Livrade, délivrée de l'erreur,
Sainte Livrade, délivrée du vice,
Sainte Livrade, persécutée par votre propre père,
Sainte Livrade, pleine de courage dans l'interrogatoire qu'il vous fit subir,
Sainte Livrade, obligée de fuir le palais de vos parents,
Sainte Livrade, guidée par des anges dans votre fuite,
Sainte Livrade, miraculeusement nourrie dans la solitude,
Sainte Livrade, pleine de zèle pour instruire les païens,
Sainte Livrade, exhortant les chrétiens poursuivis avec vous,
Sainte Livrade, généreuse devant les persécuteurs et dans les tourments,
Sainte Livrade, victime glorieuse de la chasteté,
Sainte Livrade, fortifiée par l'ange qui vous présente une couronne,
Sainte Livrade, condamnée à mourir par l'épée,
Sainte Livrade, acceptant la mort avec joie,
Sainte Livrade, honorée de la double palme de la virginité et du martyre,
Sainte Livrade, illustre parmi les martyrs,
Sainte Livrade, puissante dans le ciel,
Sainte Livrade, affectueusement invoquée par nos pères,
Sainte Livrade, célèbre par vos nombreux miracles,
Sainte Livrade, gloire et patronne de nos contrées,

priez pour nous.

Sainte Livrade, espérance des pèlerins qui viennent se prosterner devant votre relique, priez pour nous.
Sainte Livrade, santé des malades,
Sainte Livrade, lumière des aveugles,
Sainte Livrade, protectrice des femmes mariées,
Sainte Livrade, invoquée efficacement par les mères chrétiennes,
Sainte Livrade, modèle des jeunes personnes,
Sainte Livrade, appui de tous ceux qui vous sont dévoués,
Sainte Livrade, qui assistez, à la mort, ceux qui vous invoquent pendant leur vie,
Sainte Livrade, qui bénissez nos récoltes et apaisez les tempêtes,
Sainte Livrade, qui mettez un terme aux sécheresses brûlantes,
Sainte Livrade, qui nous délivrez de tous les périls de l'âme et du corps,
Sainte Livrade, sœur des martyrs et des vierges, qui êtes aussi notre sœur,

priez pour nous.

Agneau de Dieu, qui effacez les péchés du monde, pardonnez-nous, Seigneur.
Agneau de Dieu, qui effacez les péchés du monde, exaucez-nous, Seigneur.
Agneau de Dieu, qui effacez les péchés du monde, ayez pitié de nous, Seigneur.
Jésus-Christ, écoutez-nous.
Jésus-Christ, exaucez-nous.

℣. Priez pour nous, glorieuse sainte Livrade.

℟. Afin que nous devenions dignes des promesses de Jésus-Christ.

PRIONS.

Seigneur Jésus, Sauveur de tous les hommes, qui fixez votre demeure dans les cœurs purs, accordez-nous de marcher sur les traces de sainte Livrade, vierge et martyre, dont nous honorons les mérites de tout notre cœur, d'imiter l'ardeur de sa foi, de vivre dans une chasteté parfaite et de mourir heureusement dans votre amour, vous qui vivez et régnez avec Dieu le Père, en l'unité du Saint-Esprit, dans tous les siècles des siècles. Ainsi soit-il.

Ces litanies sont très anciennes. Elles étaient récitées dès la fin du XIVe siècle par les membres de la *Confrérie de Sainte-Livrade*. Nous y avons opéré quelques rares changements, mais seulement dans la forme.

ÉGLISE de SAINTE-LIVRADE. Vue prise du côté de l'abside.

Chapitre treizième.

Reliques de sainte Livrade. — Enseignement de l'Église sur le culte des reliques des saints. — Difficultés. — Opinion de Mabillon. — Reliques de sainte Livrade, à Siguenza, à Granselve et à Sainte-Livrade d'Agenais.

L'ŒUVRE importante, objet de nos études, demeurerait incomplète, ce nous semble, si nous n'ajoutions à nos précédents travaux, quelques pages sur les reliques de sainte Livrade.

Nul n'ignore que le culte des restes précieux de nos saints, avoué par la raison, inspiré par la religion, consacrée par l'autorité, confirmé par la tradition, n'est pas moins conforme aux principes de la Foi qu'au véritable esprit de la piété chrétienne. *Les corps des martyrs et des autres saints entrés en participation de la vie glorieuse de Jésus-Christ,* déclare le Concile de Trente, *sont dignes du respect et de la vénération* des fidèles, et la raison qu'il en donne et qui sépare le culte des reliques de toute pratique superstitieuse ou profane, *c'est que ces corps ont été les membres vivants de Jésus-Christ et le temple de l'Esprit-Saint; c'est que le même Dieu doit un jour les ressusciter à une éternelle vie, les doter d'une éternelle gloire, et que par eux enfin il plaît à la divine Bonté d'accorder aux hommes de nouvelles faveurs* (1). Le simple énoncé d'une définition si sage, si motivée, si précise, nous explique com-

---

1. Conc. Trident. sess. 25

ment ce culte a été autorisé et pratiqué dans tous les temps par l'Église, et comment nous le trouvons en honneur chez nos pères dès l'établissement du christianisme dans notre belle patrie. Les plus anciens monastères, les plus illustres abbayes se fondèrent près des lieux où avaient souffert les martyrs, où avaient vécu les saints dont ils prenaient les noms et durent leur gloire à leurs reliques insignes, à leurs châsses miraculeuses.

Nous devons avouer cependant que les questions se rattachant à ce que l'histoire peut nous apprendre sur la plupart des restes de nos saints sont généralement difficiles à traiter. Les causes en sont nombreuses. Dans les grandes persécutions, il fallait se hâter, afin de les dérober aux profanations des impies, de confier à la terre les victimes qui tombaient par hécatombes, sous le fer des bourreaux, sous la dent des bêtes, dans les flots, dans les flammes et qui restaient ainsi longtemps sans revoir la lumière. Plus tard, la foi ardente, la confiance naïve multipliant les prodiges auprès de leurs tombeaux, et les prodiges, à leur tour, augmentant la confiance et la foi, de nombreux pèlerins venus des contrées les plus lointaines pour les vénérer, sollicitaient et obtenaient de la générosité de leurs hôtes quelques parties du corps, quelquefois même le corps entier d'un martyr, d'une vierge célèbre ou d'un saint confesseur. Heureux et fiers d'un tel trésor, ils s'en retournaient dans leurs foyers où le Seigneur se plaisait encore à glorifier par de nouveaux miracles la mémoire de ses serviteurs, et alors c'était une sainte émulation pour avoir une part de ces précieuses reliques que les églises moins favorisées contemplaient de loin avec envie. Ne craignons pas même d'avouer les excès d'un zèle qui ne fut pas toujours réglé par la sagesse, puisque ces excès, en servant à constater la croyance des anciens temps, nous apprennent comment certaines contrées se trouvent complètement privées aujourd'hui des reliques des illustres personnages qui les avaient rendues célèbres par leur vie sainte ou par leur glorieux martyre.

Hâtons-nous de dire toutefois que ces faits arrivèrent rarement avant les invasions normandes. C'est ce que soutient le docte Mabillon. Il assure qu'il était presque inouï que, jusqu'à cette époque, on ne laissât pas les corps des saints dans les lieux où ils avaient été déposés et il enseigne que leur présence dans une contrée ou près d'une église était une indication certaine que c'était là que la mort avait eu lieu. C'est le sentiment que nous adoptons pour ce qui concerne les reliques de sainte Livrade. Tout nous a déjà démontré comme étant d'une rigoureuse exactitude ce que rapporte Chastelain de la construction, par Charlemagne, *près du lieu où elle avait souffert*, d'une église dédiée à cette sainte, et c'est par là seulement que s'explique le dire des martyrologes auxquels fait allusion M. Jabrès dans son épître dédicatoire à Mgr Hébert, sur les saints du diocèse d'Agen (¹).

L'existence d'une église dédiée à sainte Livrade, au IXe siècle, suppose donc incontestablement la présence des reliques de cette sainte et si ses reliques étaient là, c'était, conformément au sentiment de Mabillon partagé par d'autres très graves auteurs, parce qu'elle était *morte là*, que c'était là *qu'on l'avait relevée après son martyre*, là *qu'on l'avait ensevelie*.

Voilà de longs siècles qu'elles n'y sont pas cependant, et ici se pose naturellement cette double question : *pourquoi ne les avez-vous plus ? que sont-elles devenues ?*

---

1. Voir plus haut ch. XI, p. 134, et, plus loin, la suite du présent ch. XIII.

Nous pourrions répondre d'une manière générale qu'elles se sont perdues comme celles de la plupart de nos martyrs agenais, en allant, soit par l'audace des ravisseurs, soit parce qu'il fallait les soustraire à l'incendie des Normands, grossir le trésor d'autres localités. Il y a mille ans bientôt que Bernard d'Angers écrivait dans le livre manuscrit qu'il envoyait à Fulbert de Chartres : « La ville d'Agen, autrefois illustre entre toutes les villes d'Aquitaine par le patronage de ses saints, est veuve aujourd'hui de leurs restes, je ne sais pour l'expiation de quel crime. La force d'un côté, le vol de l'autre, lui en ont ravi les reliques précieuses. » Et, de fait, peut-être qu'en nous livrant à des recherches sérieuses, trouverions-nous qu'au IXe siècle, le moine Audaldus se rendit coupable, à l'égard d'une partie du corps de sainte Livrade, d'un larcin semblable à celui qu'Arinisde, son confrère, commettait quelques années plus tard à l'égard de sainte Foy d'Agen. Mais des investigations plus sûres nous permettent une réponse moins évasive et le moment est venu de faire connaître, à cet endroit, toute notre pensée.

C'est en dehors de l'Italie, du Portugal et même de l'Espagne que nous avons cherché cette sainte LIVRADE, *vierge et martyre*, dont les actes véritables sont restés inconnus ou se sont perdus, et nous l'avons trouvée dans notre sainte *aquitanique* et *agenaise* qui jeta tant d'éclat sur le pays qu'elle dota de son nom et qu'elle a toujours protégé depuis. Les bords du Lot et notre cité ont, de temps immémorial, gardé le souvenir de son martyre et conservé son culte. Il a encore parmi nous la gloire, la fraîcheur et la pureté de son origine. Or, c'est d'ici, qu'il a été porté, avec une partie de ses reliques, dans ces contrées de l'Espagne que nos armées, nos prêtres et nos religieux ont arrachées plusieurs fois à la domination des Maures et des Sarrasins, et voici ce qui détermine, sur ce point, notre conviction et nos dires.

A deux époques différentes, des relations fréquentes s'établissent entre l'Espagne et l'Agenais qui fut même, pendant un certain temps, de la province de Saragosse.

C'est d'abord sous nos rois francs :

Charlemagne, en particulier, part deux fois de nos contrées ([1]), avec une puissante armée, des clercs et des prêtres nombreux ([2]), pour aller y combattre les ennemis du nom chrétien ([3]). Ses conquêtes s'étendent sur les deux rives de l'Ebre ([4]), et, presque partout, il établit des évêques, des gouverneurs et des comtes français ([5]). Ses deux fils, Louis et Charles, vont y assiéger plusieurs villes, pourvoient à la sûreté des places qu'ils y ont conquises, les fortifient et y établissent de bonnes garnisons ([6]). A la suite de la capitulation de Barcelone, Louis, dont l'armée se composait, en grande partie, d'Aquitains et de Gascons, entre, *en procession*, et *précédé du clergé* ([7]), dans cette ville qui reste définitivement soumise à la couronne de France. Les années suivantes — 809 et 810 — des corps de troupes françaises, à la tête desquels nous trouvons des chefs sortis de nos contrées, s'établissent au-delà de l'Ebre ([8]), et forcent les Sarrasins à conclure une paix

1. Darnalt.
2. *Auct. cit.* et *Hist. de Languedoc*, édit. origin.
3. Deux familles, de nos jours encore, retrouvent leurs ancêtres parmi les personnages cités dans la célèbre *chanson* de Roland.
4. *Hist. de Languedoc*, édit. de Toul., t. I, p. 853.
5. *Op. cit.*
6. *Op. cit.*, p. 904.
7. *Op. cit.*, p. 912.
8. *Op. cit.*, pp. 926 et suiv.

qui sera, plus tard, confirmée, plusieurs fois, par Louis lui-même et par son fils Charles le Chauve (¹).

A peu près à cette même époque, trois coïncidences nous frappent :

1º Ce sont en général les princes qui nomment les évêques (²), et quelques-uns sont établis en Espagne par nos rois.

2º Les Normands ou Northmans, agiles et intrépides matelots, poussent leurs barques dans tous les fleuves et presque toutes les rivières et fuient, en laissant derrière eux de longues traces de feu et de sang. Ils ravagent les Gaules et ceux qui entrent dans la Garonne joignent leur férocité aux agitations du midi (³). Leurs hordes dévastatrices remontent le Gers et le Lot (⁴). Ils mettent tout à feu et à sang, brûlent les archives de toutes les églises, enlèvent ou vendent les reliques des saints, ruinent en particulier le château de Cassinogilus et Excisum (⁵). Qu'ils se soient arrêtés à Sainte-Livrade ou dans l'ancienne ville *gallo-romaine* qui l'avait précédée et dont le nom est resté inconnu (⁶), on ne saurait le révoquer en doute quand on se souvient que ses habitants ont été longtemps appelés *camards*. Ce n'est pas, rapporte la tradition, qui s'appuie sur un vieux manuscrit, qu'ils le fussent plus que d'autres, c'est-à-dire qu'ils eussent le nez plat et écrasé, mais parce qu'une colonie de Normands, venue chez eux, avait fini par s'y établir, haïe toutefois et méprisée. De là le nom de *ca de ma*, chien de

---

1. *Op. cit.*, p. 1091.
2. *Hist. de l'Agen.* St Amans, t. I, p. 35.
3. *Hist. du monde*, t. VII, pp. 224 et 225.
4. Argenton, *Essais*, par A. Magen.
5. St Amans, *op. cit.*, p. 58.
6. Ad. du Valois, not. *Galliarum*, p. 500. — Massonus, *Desc. flum.*, p. 580 : voir, à ce sujet, plus haut: *Notice sur l'anc. ville gallo-romaine*. chap. IV.

mer, *camards*, terme injurieux que les personnes de Sainte-Livrade commencèrent à donner à ces étrangers qu'elles voyaient avec déplaisir, tenter de se mêler à elles, et que, plus tard, les voisins finirent par adresser indistinctement aussi bien aux anciens qu'aux nouveaux habitants de cette localité ([1]).

3° Enfin, c'est vers le milieu du IXe siècle, que, partie par la fraude ou la violence de spoliateurs qui veulent en faire un trafic, partie par piété, vénération, et pour ne pas les laisser exposées à la profanation des barbares, la plupart des églises sont dépouillées de leurs reliques. Partout, dans ce siècle, les corps des saints deviennent l'objet d'une vénération qui se change bientôt en enthousiasme et qui amène de contrée à contrée et de monastère à monastère de fréquentes négociations et même de pieuses fraudes, comme nous l'avons déjà dit, pour arriver à la possession de quelques-uns de ces dépôts sacrés.

Nous avons vu que des clercs et des prêtres nombreux avaient quitté nos contrées pour suivre nos armées en Espagne et aller y évangéliser les infidèles ; que nos rois francs en avaient élevé plusieurs sur des sièges épiscopaux. Entre 693 et 1128, Siguenza n'a qu'un seul évêque connu ([2]), c'est en 891 ; il a pour nom Sisemundus qui, comme consonnance, ressemble beaucoup à ceux des évêques que nous trouvons sur le siège d'Agen dans la période *gallo-romaine* et il était de nos contrées ; c'est l'époque où se propage beaucoup le culte de nos martyrs. Il y a d'autant moins d'invraisemblance à admettre que, pour quelqu'un de ces divers motifs, ou bien par suite de quelqu'une de

---

1. Souvenirs, notes et renseignements qui nous ont été donnés par MM. F. de Lustrac, E. C. Lagrèze, F. Sartigues, A. de Carbounié.
2. Florez, *Espana-Sagrada*, t. VIII.

ces circonstances, ce fût le moment où Sainte-Livrade fut privée de ses reliques, qu'un monument ancien et respectable dont nous parlerons plus longuement dans un instant, le bréviaire qu'on lisait à Agen en 1530, rapporte qu'une partie des dites reliques avait été portée et était conservée à Siguenza.

Il y eut une autre époque où de nombreuses relations existèrent entre l'Espagne et l'Agenais, ce fut à la fin du XIe siècle et au commencement du XIIe.

On sait dans quelles circonstances Dom Bernard de Sédirac ou de Saurillac devint archevêque de Tolède. Nous n'avons pas à rechercher ici s'il était originaire de la Sauvetat, dans le Gers, ou de la Sauvetat de Savères, près d'Agen. Cette dernière opinion à laquelle s'est rallié M. l'abbé L. Couture, a été soutenue par l'abbé Barrère, dans son *Histoire religieuse et monumentale de l'Agenais*, et il a appuyé ses dires du témoignage de Dom Ganis — *Series episcoporum totius orbis* — et de celui de Yapès — *Chroniques générales de l'ordre de Saint-Benoît*. — Ce qui est certain, c'est que ce grand archevêque dont le nom évoque bien des souvenirs et rappelle bien des gloires, eut de fréquents rapports avec le diocèse d'Agen et les nombreuses maisons religieuses qui l'illustraient déjà à cette époque. Nous le trouvons, vers l'année 1095 ([1]), visitant, dans nos contrées, plusieurs communautés de son ordre et accompagnant le pape Urbain II dans les provinces méridionales de la France, notamment dans notre diocèse. Nous avons dit plus haut qu'il était venu à Sainte-Livrade même ([2]). C'est parmi nos prêtres et nos religieux qu'il fit choix des hommes

---

1. *Histoire de Languedoc.*
2. Voir plus haut, chap. XII, p. 153.

apostoliques avec lesquels il devait travailler à mettre l'Espagne à l'abri du croissant. L'histoire nous a conservé les noms de quatre *Agenais*, deux *Pierre* et *Bernard* et *Raymond*, ce dernier sorti aussi de la Sauvetat de Savères (¹). Grâce à leur zèle et à leurs communs efforts, leur mission contre les infidèles réussit parfaitement ; ils illustrèrent ensuite, comme chanoines, l'église de Tolède et Alphonse VI étant parvenu à assurer l'affranchissement de toute la province dont cette ville était la capitale, ils en occupèrent les premiers sièges épiscopaux. Les deux moines du nom de Pierre furent placés, l'un sur le siège de Palence, l'autre sur celui de Ségovie. Bernard gouverna l'église rétablie de Siguenza presque depuis le commencement jusque vers le milieu du XIIe siècle, et enfin, Raymond, d'abord évêque de Saint-Pierre d'Osma, devint plus tard — 1128 — sur le siège primatial, le successeur de son bienfaiteur, ami et compatriote Dom Bernard, qui est resté une des grandes et belles figures du moyen âge.

Voilà donc que, pendant plus d'un demi-siècle, l'Agenais fournit à l'Espagne des religieux et des missionnaires qui, après avoir puissamment contribué à en bannir les Maures, relèvent de leurs ruines ses principales églises dont ils deviennent les évêques et qu'ils gouvernent pendant de longues années. Ils durent incontestablement garder et établir dans leur pays d'adoption les pratiques pieuses, les traditions, les dévotions de leur pays d'origine. On s'est demandé, non sans raison, si ce ne fut pas à cette époque et par eux que fut établie, dans cette partie de l'Espagne, la dévotion à nos martyrs d'Agen, *saint Vincent, sainte*

---

1. Barrère, *Histoire relig. et monum. de l'Agenais*, p. 297.

Foy, sainte Alberte, sainte Livrade et autres dont le anciens auteurs espagnols n'avaient pas parlé, et que ceux des XVe et XVIe siècles présentèrent comme appartenant à cette contrée, aussi bien par leur naissance que par leur martyre. Le culte des saintes reliques leur fut plus particulièrement cher ; nous voyons, en effet, Raymond, l'archevêque de Tolède, aidé par Dom Bernard de Siguenza, se livrer à des travaux inouïs pour faire transporter dans son église cathédrale, *quoi qu'il pût en coûter*, les reliques de saint Eugène qui avaient reposé jusque-là dans le sanctuaire de Saint-Denis.

C'était le moment où SAINTE-LIVRADE *d'AGENAIS* donnait un nouvel éclat à son antique église, en la convertissant en conventuelle et monacale, de collégiale qu'elle avait été jusque-là, et en affiliant au grand ordre régulier de Saint-Benoît le chapitre des clercs séculiers qui en faisaient le service et y entretenaient, *depuis un temps immémorial*, le culte de sa sainte martyre et patronne[1]. La bulle de Callixte II, datée de Toulouse, et les lettres de Guillaume données à cette occasion, avaient eu du retentissement. Peut-on trouver exagérée cette supposition que Dom Bernard de Siguenza a dû faire tous ses efforts pour introduire, dans son église, le culte d'une sainte très en vue et très vénérée en ce moment dans son pays d'origine, soit en y transportant quelques-unes de ses reliques, soit en les entourant de nouveaux honneurs si cette église les possédait déjà depuis les temps carolingiens ?

Nous avons dit un mot déjà [2] de l'existence à Siguenza, à la fin du XIIIe siècle, de reliques d'une sainte Libérate ou Librade, *martyre*, qui ne peuvent pas être évidemment celles de sainte Libérate de

---

1. Vieux manuscrit, cité plus haut.
2. Voir plus haut, chap. X, pp. 103-104.

CHAPITRE TREIZIÈME.

Côme : la confusion et la contradiction des dires des Bollandistes en sont une preuve certaine ([1]).

Nous trouvons là cependant, comme s'étant occupé d'une translation de reliques de cette sainte, un évêque qui porte le nom de Simon. Or, le siège d'Agen était occupé, aux temps dont nous venons de parler, par Simon II, un des évêques qui lui font le plus d'honneur, et c'est à son épiscopat qu'il faut rapporter le passage à Agen de Bernard de Saurillac et le choix qu'il y fit de ces religieux dont l'ardente impulsion l'aida paissamment à ranimer en Espagne la vie sociale et religieuse et à y relever plusieurs sièges épiscopaux. Cette coïncidence donne un grand poids, ce nous semble, à nos allégations, surtout en présence de ce fait affirmé par l'*ano christiano* ([2]) que la cathédrale de Siguenza *était en possession du précieux trésor de reliques de sainte Livrade* dès l'époque de sa fondation (ou plutôt de sa restauration) vers 1082.

Enfin les plus anciens bréviaires espagnols qui donnent, dans leur *propre*, un office de sainte Livrade sont ceux de *Palence* et de *Siguenza,* dont nous avons vu les sièges occupés par des Agenais, et leur légende est presque de tout point conforme à celle qui se lisait dans un vieux *propre* d'Agen. Ils placent même sa fête au 18 janvier ([3]), jour où elle se célébrait dans l'église d'Agen en 1530, comme on pouvait le voir, au rapport de M. Jabrès, dans nos bréviaire et missel de cette époque ([4]). Ce même M. Charles-Joseph Jabrès, originaire de l'endroit qui porte ce nom dans la paroisse

---

1. *Com. hist. crit.*, t. 5, n. 21-22 et passim.
2. Voy. plus haut, chap. X, p. 103.
3. Bolland., t. V, n. 18.
4. Manuscrit communiqué par M. Dubernet, voy. plus haut, chap. XI, pp. 133 et 134, et plus loin ch. XIV, note IV.

de Fals, de notre diocèse, et prêtre de la congrégation de la Mission, de la maison de la Rose, dans la paroisse de Sainte-Livrade, a laissé un *proprium aginnense*, manuscrit rappelé plus haut ([1]). Il l'avait rédigé au dit lieu de la Rose. Chose remarquable : après avoir dit, dans la dédicace à l'évêque d'Agen, où se trouve une notice abrégée sur chaque saint vénéré dans notre diocèse, « que notre sainte Livrade est de cette province et, *selon quelques martyrologes*, de ce diocèse…… que son culte y est très ancien et assuré, bien que ses actes restent incertains… », dans les quatrième et cinquième leçons du jour de sa fête, remise alors au 28 janvier, il rapporte que *si un ancien monument vérifié par l'évêque d'Agen démontre que ses reliques ont été déposées depuis des siècles dans la basilique de l'abbaye de Granselve*, il n'en est pas moins vrai, *qu'une autre partie repose à Siguenza, en Espagne : cætera vero pars exuviarum sanctæ Liberatæ recumbit Seguntia, in Hispania* ([2]).

Maintenant que, d'une part, on rapproche ces dires, ces faits, ces noms, ces circonstances, que, d'autre part, on se rende compte de la grande incertitude des différentes légendes espagnoles rapportées par Bollandus, il sera difficile de ne pas admettre notre thèse hagiographo-historique établissant que, non seulement sainte Livrade nous appartient par son martyre, mais encore que les premières reliques de cette sainte qui ont enrichi la ville de Siguenza lui sont venues de chez nous.

Au dire d'un voyageur, M. Viallet des Augustins de l'Assomption, qui visitait cette ville il y a près de

---

1. *Op.* et *loc. cit.*
2. *Op.* et *loc. cit.*

huit ans : « Les reliques de sainte *Livrade* y étaient conservées autrefois dans une châsse fort riche, mais, au commencement de ce siècle et durant la guerre d'Espagne, les soldats de Napoléon brisèrent la châsse pour en emporter les riches débris et jetèrent les reliques sur le pavé de l'église. Les pieux Espagnols recueillirent avec douleur les restes profanés de leur patronne, et ils les vénèrent encore dans une châsse plus pauvre... — Nos compatriotes ont, hélas ! laissé de pareils souvenirs dans beaucoup de sanctuaires d'Espagne, et c'est une des tristesses du pèlerin français voyageant dans ces contrées. »

Ajoutons, comme confirmation de ce que nous avons dit jusqu'ici, que le corps de saint Augustin, mort à Hippone, en 430, n'y resta que jusqu'à l'année 504. A cette époque, les évêques d'Afrique relégués en Sardaigne l'y transportèrent. Dans le VIIIe siècle Luitpard, roi des Lombards, le fit porter à Gênes et de là à Pavie. Que devinrent dans la suite ces précieuses reliques ? A la fin du XVIIe siècle les bénédictins, les chanoines réguliers et les ermites de Saint-Augustin n'avaient pas encore sérieusement vidé leur controverse à cet égard. Ce qui prouve qu'il est rare que les corps des saints aient pu être conservés dans le lieu de leur sépulture et que, par suite de la longueur du temps, on a pu perdre facilement le souvenir des translations diverses qui en ont été faites.

Ce n'est pas Siguenza seulement qui a eu l'honneur d'avoir des reliques de sainte Livrade. L'église paroissiale de Bouillac, au diocèse de Montauban, possède, avec quelques autres reliquaires précieux qui lui viennent de l'ancienne abbaye de Grandselve, « une grande châsse sans figurines renfermant beaucoup d'étoffes de soie de diverses couleurs et plusieurs ossements (une omoplate, une côte, des vertèbres) lesquels sont de sainte Livrade ([1]). »

L'abbaye cistercienne de Grandselve, dont la fondation remonte à 1114, acquit, dès son origine, un grand renom de sainteté que saint Bernard consacra solennellement en ajoutant à la voix publique l'éclatante sanction de son suffrage, et l'histoire ecclésiastique atteste qu'elle s'éleva, dans les deux premiers siècles de sa fondation, au premier rang des maisons religieuses de la Gaule méridionale. Les souverains pontifes, les rois de France et les comtes de Toulouse la comblèrent de leurs faveurs. Ils l'enrichirent surtout de reliques si nombreuses, qu'à la fin du XIIIe siècle, sa dotation, de ce côté, et son trésor étaient des plus précieux et des plus considérables. Ces reliques heureusement sauvées de la tourmente révolutionnaire par les habitants de la commune de Bouillac, ont été recueillies dans l'église de cette paroisse, en 1791, et y ont été conservées, depuis cette époque, avec un soin jaloux.

C'est là qu'on voit encore une assez grande châsse offrant, dans les arcades, des panneaux à plein-cintre ornés de filigranes et de cabochons de diverses couleurs. Sa décoration est tout entière dans le style romano-byzantin et d'une ornementation extrêmement sévère. C'est un petit sarcophage renfermant une partie du corps de sainte Livrade, *vierge* et *martyre*.

Il nous serait difficile de déterminer l'époque à laquelle les religieux de Grandselve devinrent possesseurs de ces reliques. Tout ce que nous apprennent

---

1. Procès-verbal et ordonnance de Monseigneur l'évêque de Montauban, du 19 mai 1865, concernant les reliques de l'église paroissiale de Bouillac.

les documents publics relatifs au culte de sainte Livrade, réunis et approuvés par Monseigneur Claude Joly, évêque d'Agen, c'est qu'elles avaient été déposées *depuis plusieurs siècles dans leur basilique. In quorum basilica sanctæ Liberatæ virginis et martyris reliquias a multis retro sæculis depositas esse, antiquum perhibet monumentum* (¹).

Le temps n'avait pas fait oublier aux habitants de Sainte-Livrade qu'ils avaient eu le malheur d'être dépossédés des ossements sacrés de leur chère patronne et vénérée martyre. Aussitôt qu'ils purent se reposer des longues calamités que l'invasion des Anglais, les guerres de la Guyenne et les troubles de la Réforme avaient successivement fait peser sur eux, ils songèrent à en doter, de nouveau, leur église. Ils savaient par la tradition et par les anciens livres liturgiques, comme nous venons de le rapporter (²), que ces ossements *reposaient en partie à Siguenza et en partie à Grandselve*. Ils prièrent leur curé, Monsieur Vignes, et les religieux du prieuré des bénédictins, d'obtenir de la communauté de Grandselve quelques fragments de ces restes sacrés *emportés de chez eux au temps passé* (³). Leur demande fut favorablement accueillie. De deux côtés que renfermait la châsse, une leur fut concédée, comme l'attestent un extrait authentique du livre des délibérations capitulaires de l'abbaye et tous nos monuments paroissiaux et diocésains (⁴). La translation donna lieu à une fête magnifique qui fut présidée, le 29 août 1666, par Mgr l'évêque d'Agen et à laquelle assis-

---

1. *Proprium sanctorum ecclesiæ et diœcesis aginnensis*, 1727, p. 2. alias, p. 63.
2. Voy. plus haut, et p. 200 et passim.
3. Procès-verbal de M. Vignes, voir plus haut, chap. XI, pp. 132 et 133.
4. Procès-verbaux conservés à l'évêché et dans les arch. de la paroisse.

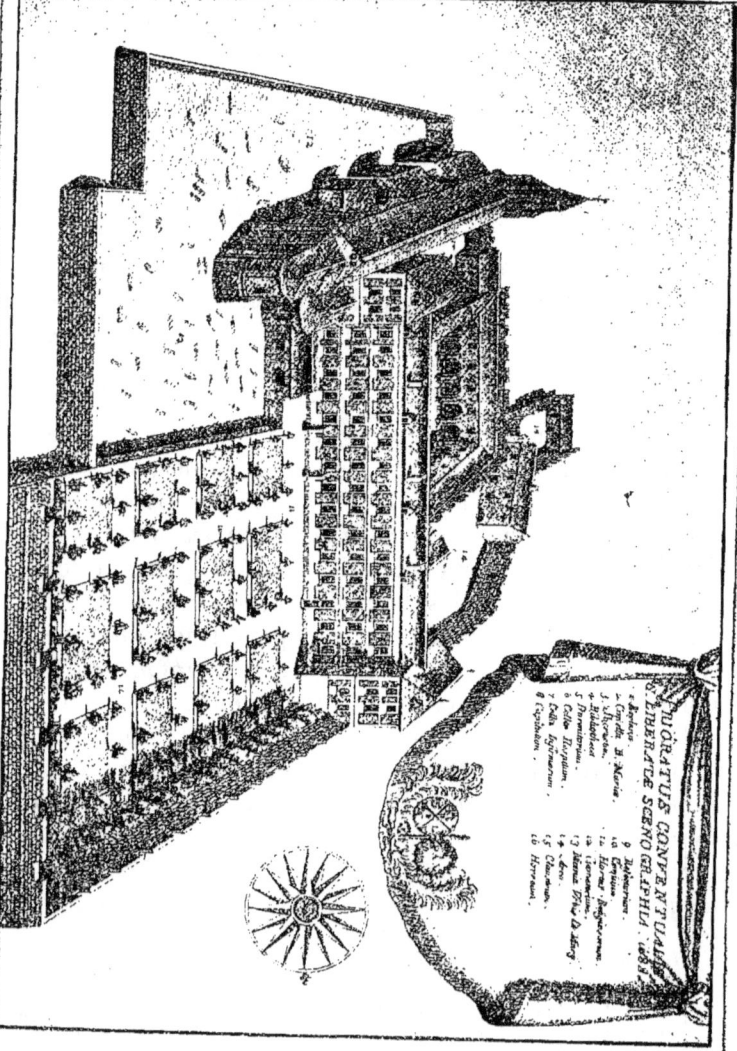

Prieuré de SAINTE-LIVRADE. (Scénographie de 1688.)

tèrent plus de trente mille pèlerins venus de toutes les parties du diocèse (¹).

Cette côte, relique précieuse qui peut être regardée comme *INSIGNE*, puisque sainte Livrade fut percée d'un glaive dans la région du cœur, a été religieusement gardée chez nous, dans un buste doré, depuis cette époque, même aux jours où le souffle révolutionnaire renversait les choses de Dieu et de la religion. Les habitants de toute la contrée l'ont toujours eue en grande et singulière vénération. Ils ont continué, comme leurs ancêtres, à faire du sanctuaire de la vierge Sainte-Livradaise un lieu de pèlerinage. Tous les ans le 28 janvier, jour de la fête de la sainte, mais particulièrement le dernier dimanche d'août, anniversaire de la translation de ses reliques, une foule considérable de pèlerins, de malades, de mères tenant leurs enfants dans leurs bras viennent invoquer sainte Livrade, et on cite de nombreux exemples de sa puissante intercession en leur faveur. C'est principalement pour les maladies qu'on veut tenir cachées, pour les peines intérieures, pour obtenir une bonne et sainte mort et la préservation des souffrances de la vie future qu'on vient prier sainte Livrade. On l'a toujours plus spécialement invoquée à l'époque des grandes calamités publiques, et chaque siècle qui a été marqué par sa bienfaisante protection a pu apporter à ses pieds un nouveau tribut de reconnaissance. On lui attribua, en 1631, à la suite d'une procession à laquelle prirent part toutes les autorités, la cessation de la peste et de la famine qui décimaient les habitants de tout le pays et, le 10 août 1634, la conservation de tous les vignobles, alors

---

1. *Operibus et locis cit.* — Voy. la note V ci-après, chap. XIV.

qu'une *tempête* et qu'une *grelle effroyables* faisaient dans la ville des dégâts considérables.

La fête de la *SAINTE*, comme on la nomme dans toute la contrée, attire encore, chaque année, à Sainte-Livrade, un grand nombre d'étrangers ; mais hélas ! de nos jours, les pieux pèlerins font trop place aux enfants du plaisir, et ils ne sont plus ces temps heureux où une foi sainte et naïve animait les populations ! Alors la *procession de sainte Livrade et des corps saints* se faisait avec une pompe et un appareil que l'on ne saurait faire revivre aujourd'hui, mais qui l'ont rendue célèbre.

Grâces à Dieu cependant, le sanctuaire de la vierge martyre est loin d'être abandonné ; il recouvre chaque jour, au contraire, son antique auréole, et les œuvres saintes y reprennent un nouvel essor. Que les pieux pèlerins y viennent encore plus nombreux ! Sainte Livrade a toujours en ses mains des grâces et des pardons, son *INSIGNE* relique est toujours secourable. Qu'ils viennent avec la foi antique, avec la ferveur d'une prière qui monte au ciel comme un encens bénit et les miracles reparaîtront avec elle.

PRIÈRE a SAINTE LIVRADE.

C'EST avec confiance que nous avons recours à vous, glorieuse martyre de JÉSUS-CHRIST. Nos pères nous ont appris à vous honorer et à vous invoquer comme notre protectrice. Le souvenir des bienfaits que vous avez répandus sur eux ne s'effacera jamais de nos esprits. Nous avons nous-mêmes éprouvé

CHAPITRE TREIZIÈME.

bien des fois votre crédit auprès de Dieu, et nous ne saurions nous rappeler ce que vous avez fait pour nous sans être pénétrés de la plus vive reconnaissance.

Protégez-nous donc toujours, aimable patronne ; ne cessez de tenir vos mains élevées vers le Père des miséricordes pour une contrée qui fut témoin de votre héroïsme et que vous arrosâtes de votre sang. Si le Tout-Puissant, irrité de nos offenses, se dispose à nous punir, priez-le de ne pas oublier que vous êtes notre sœur. L'amour extrême qu'il vous porte désarmera sa colère, et, en faveur de la sœur bien-aimée, il fera grâce aux frères coupables.

Veillez sur nous, charitable protectrice, éloignez d'un pays qui vous est toujours cher ce qui pourrait nuire à son bonheur. Faites-y régner l'abondance et la paix ; détruisez-y l'empire du démon et du péché, faites-y fleurir l'innocence et la vertu.

Obtenez-nous la grâce de marcher sur vos traces, afin qu'après avoir imité les beaux exemples que vous nous avez donnés, nous puissions participer un jour à la glorieuse récompense dont le Seigneur a couronné vos mérites. Ainsi soit-il.

(Cette prière dont nous avons légèrement modifié le style est très ancienne. On la récitait beaucoup, lors d'une célèbre procession à sainte Livrade, en 1631, où la sainte répondit largement à la confiance publique.)

O sainte patronne, objet de toute ma confiance, j'ai fini. Daignez vous souvenir du plaisir avec lequel j'ai passé à écrire ces pauvres lignes, de longues mais bonnes heures de mes nuits !......

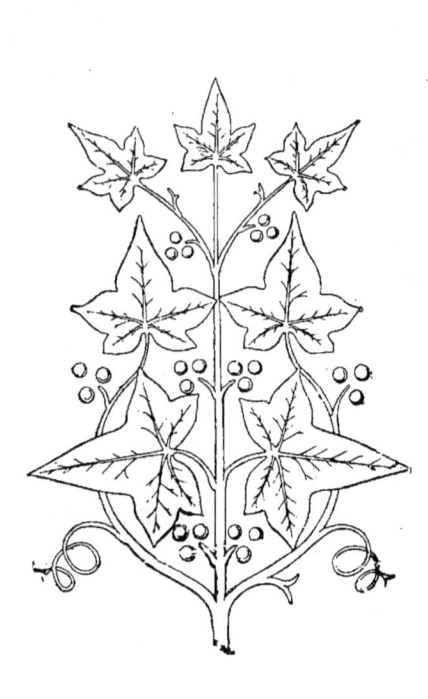

Chapitre quatorzième.

NOTES ET APPENDICES.

Note 1. — (Voy. ci-avant, p. 154.)

VOICI ce cantique. Nous le devons à l'obligeance de M. Dardy, Léopold, curé de Durance, qui a recueilli un grand nombre de chants inédits et inconnus en dehors des contrées qu'il habite. On y célèbre trois filles d'un roi, toutes trois SERVANTES DE DIEU, DE LA SAINTE VIERGE ET DU CIEL, sainte LIVRADE et ses deux sœurs le plus en honneur dans le pays, rapporte la tradition, sainte QUITTERIE et sainte BAZEILLE.

La haout, la haout aou cèou oun lou souréil *clarèjo* (¹),
Sount trés hillos d'un rèï, toutos trés sount sérbentos :
No que serbis Diou, l'aouto la sénto Bièrjo,
Et l'aouto mounto aou cèou *abita* (²) las candélos.
Lou bilèn Sétanas qué l'y ba *perséqui*-los (³) :
Oh! bilèn Sétanas! qué démandos-tu aro?
Jou nou démandi arrés qué las amos damnados :
Rétiro-té, bilèn, tu n'en aouras *paï* (⁴) nado.

Note 2. — (Voy. ci-avant, p. 154.)

Nous croyons devoir donner ici ces diverses poésies, soit à cause du cachet de simplicité qui les caractérise, soit parce qu'on y trouve, bien que voilée, cette tradition toujours persévérante du martyre de sainte Livrade dans l'ancienne ville à laquelle elle a donné son nom.

La première est une harangue. Voici ce que dit, en préambule, le procès-verbal de la translation des reliques :

« La sainte relique étant arrivée à la porte de la ville nommée la porte d'Agen, le maître des cérémonies s'approcha

---

1. *clarèjo*, éclaire. — 2. *abita*, allumer, donner vie. — 3. *perséqui-los*, poursuivre-elles. — 4. *paï*, pas, forme landaise.

avec son bâton et fit faire la station, et, s'étant approché d'une maison voisine, il en revint aussitôt suivi d'un jeune garçon des mieux faits et parfaitement ajusté en page, qui portait un grand bassin plein de fleurs, couvert d'une fort belle toilette de velours vert, sur laquelle paraissaient deux clés dorées et attachées ensemble par un cordon de soie rouge et blanche. Après ce page on vit venir une fille richement parée et lestement habillée de satin incarnat et blanc, qui furent les couleurs de la sainte martyre et vierge. Cette fille était la demoiselle Françoise de CHAUBARD qui, à cause de sa vertu, esprit et bonne grâce, fut choisie pour haranguer la sainte et lui offrir, de la part de messieurs les consuls, jurats et de tout le peuple, les clés de la ville…… » Voici mot à mot sa harangue :

« Grande sainte de qui l'image
Et les précieux ossements
Excitent aujourd'hui l'hommage
De nos plus dévots sentiments ;
Votre ville toute ravie
Proteste qu'elle n'a de vie
Que pour l'offrir à Dieu pour vous.
Il semble qu'elle résuscite
Par les effets de la visite
De l'astre qui revient aussi puissant que doux.
Entrez donc, vierge triomphante,
Et surpassez, par le pouvoir
De votre grandeur bienfaisante,
Nos besoins et notre devoir.
Entrez, puisque votre famille,
Par la faible voix d'une fille,
Vous rend aujourd'hui ces honneurs. »

Ici elle présente les clés.

« Le présent de ces clés découvre
Que c'est votre amour qui vous ouvre
Nos portes, nos maisons, nos temples et nos cœurs. »

Ici elle apostrophe le peuple et dit :

« Favoris de sainte Livrade,
Heureux habitants de ce lieu,
N'apportez pas une âme ingrate
Aux riches dons de votre Dieu.

> Voici ta fleur, chère patrie,
> Elle ne fut jamais flétrie ;
> Voici l'arche de sainteté.
> Voici ta sainte tutélaire
> Qui t'offre tout ce qui doit faire
> Et ta dévotion et ta prospérité. »

La seconde poésie se compose de trois harangues, dans lesquelles on reconnaît et on honore sainte Livrade comme princesse, comme vierge et comme martyre.

« Au carrefour de la place publique », dit encore le procès-verbal, « la procession rencontra une loge ou pavillon couvert, garni et embelli comme celui de *La Landette*, sur le frontispice duquel, vers la grande rue, on voyait une grande image de la SAINTE............... Le maître des cérémonies, après avoir fait reposer la relique sur cet oratoire qui lui était préparé, introduisit et présenta trois filles modestement et décemment parées pour haranguer et faire leurs offrandes à la SAINTE. C'étaient les demoiselles Anne de VISTORTE, Marguerite de MALBEC et Françoise de LACOMBE, toutes trois, filles d'anciens bourgeois et jurats. La première la salua en qualité de princesse et de fille de roi, en lui présentant un sceptre doré et déclamant ces vers :

> Reine de qui l'esprit règne au palais de gloire,
> Reine de qui le corps règne sur nos autels,
> Recueillez aujourd'hui les fruits de la victoire
> Qui vous fait triompher parmi les immortels.
> Pour avoir refusé de monter sur un trône,
> Dieu vous donne un pouvoir qui s'étend en tous lieux.
> Par le sceptre divin que la grâce vous donne
> Faites de vos sujets et des rois et des dieux.

« La deuxième la salua en qualité de vierge, en lui offrant un beau flambeau ardent et en prononçant ces vers :

> Il n'est rien de plus beau qu'une âme virginale
> Qui vit dedans un corps comme les purs esprits.
> Grande sainte, il est vrai, votre âme fut royale,
> Mais la virginité fut son plus riche prix.
> Aux yeux des saints amans le flambeau représente
> Les atours de l'épouse et les dons de l'époux.
> Voici donc l'ornement de la vierge prudente,

L'enseigne de l'honneur et pour vous et pour nous.
C'est pour vous témoigner les ardeurs de notre âme,
Qu'une fille vous fait l'offrande d'un flambeau ;
C'est pour vous protester que votre pure flamme
Brillera dans nos cœurs au-delà du tombeau.
Par votre divin feu faites fondre nos glaces,
Dissipez les brouillards des esprits ténébreux.
Faites-nous, avec vous, dans le séjour des grâces,
Et briller et jouir avec les bienheureux.

« La troisième la salua en qualité de martyre, en lui offrant une couronne dorée, portée par un page sur un carreau couvert d'une belle toilette de velours, et la harangua en cette sorte :

Votre foi, votre amour sont vos deux grands soutiens
Auprès du roi des cieux qui couronne les saints,
Ici coula le sang qui dit votre courage
Au milieu des païens tous frémissants de rage.
Ce glaive est désormais comme un sceptre d'amour
Que nous respecterons et aimerons toujours.
De retour parmi nous, retrouvant notre enceinte,
En ce jour solennel, daignez, ô notre sainte,
Recevoir de nous tous cet ornement royal
Qui doit ceindre à jamais votre front virginal. »

Note 3. — (Voy. ci-avant, p. 154.)

« Ce fut la pensée de l'auteur, approuvée de toutes les personnes capables à qui il en demanda conseil, » dit, à propos de ce chant, le procès-verbal, « que cette hymne étant principalement faite pour instruire et émouvoir, devait, en sa lettre, poésie, chant et explication, ressentir plus à la gravité et dévotion ecclésiastiques qu'à la subtilité et politesse du siècle et, partant, que le tout devait être dans le style du catéchisme. »

En copiant ce chant, nous y ajoutons un cantique reproduisant à peu près les mêmes pensées, composé il y a déjà longtemps, et qu'on chante encore souvent à l'occasion des fêtes de notre sainte patronne.

CHAPITRE QUATORZIÈME.

Cantique à sainte Livrade.

Refrain qui est chanté après chaque couplet.

Sainte Livrade, héroïque patronne,
A vous toujours et nos cœurs et nos voix,
Quel doux éclat sur votre front rayonne,
Vous êtes vierge et martyre à la fois.
Ici le deuil, mais au ciel la couronne ;
Gloire à JÉSUS, vive à jamais la croix.

(Dans le chant) :

Gloire à JÉSUS, gloire à JÉSUS, } bis.
Vive à jamais la croix.

1er COUPLET. HISTOIRE.

Faible enfant, au berceau, vous fûtes délivrée
D'une cruelle mort et du joug des païens,
Et puis du saint baptême on vous mit la livrée
En vous donnant le nom et la foi des chrétiens.

2me COUPLET. PRIÈRE.

Préservez-nous toujours de la fureur impie,
Comme du souffle impur qui nous vient des méchants.
L'innocence est un bien plus grand que notre vie.
Sainte Livrade, à vous, de sauver les enfants.

3me COUPLET. HISTOIRE.

L'enfer et ses suppôts, le monde avec ses charmes,
Tentèrent, mais en vain, d'enlacer votre cœur.
A votre faible main JÉSUS donna des armes
Et de vos ennemis son amour fut vainqueur.

4me COUPLET. PRIÈRE.

Comme vos ossements reposent dans nos temples,
Nous attirant du ciel les insignes faveurs,
Que le dépôt sacré de vos pieux exemples
En dépit des mondains vive en nos jeunes cœurs.

Histoire et invocation de la grande vierge SAINTE LIVRADE, *martyre et patronne de cette ville...*
Stances...
AIR : *La Bergère Lisette*.

HISTOIRE.

« Mourir aussitôt que naître,
N'est-ce pas un triste sort ?
Celle qui vous donna l'être
Va donc vous donner la mort.
Oh ! non, non, répond Livrade,
Je ne meurs pas dans les eaux ;
Le feu de l'amour n'éclate
Qu'en souffrant de longs travaux.

PRIÈRE.

« Délivrez-nous, grande sainte,
De tous les dangers du corps ;
Défendez-nous de l'atteinte
De tous les maux du dehors.
Mais si cette délivrance
Devait nous rendre pécheurs,
Nous aimons mieux la souffrance
Et tous ces autres malheurs.

HISTOIRE.

« Livrade fut délivrée
Des ténèbres des païens ;
On lui donna la livrée
Du baptême des chrétiens.
Oh ! Dieu, le grand avantage
De sucer, avec le lait,
Ce qui nous doit faire sage !
Heureux l'âge à qui Dieu plaît !

PRIÈRE.

« Il ne reste à notre ville
Qu'à bien observer la loi.
Puisqu'elle fut votre asile,
Qu'elle garde votre foi.
Notre guide favorable,
Dirigez nos mouvements
Et que leur fin soit semblable
A leurs beaux commencements.

HISTOIRE.

« Le monde avec tous ses charmes
Ne put vaincre votre cœur ;
Les dons du ciel sont les armes
Qui l'en rendirent vainqueur,
Dieu vous délivrant des vices
Qui sont les plus fiers tyrans,
Vous fit goûter les délices
Qu'il réserve à ses amants.

A sa naissance sainte Livrade est délivrée de la mort.

Sainte Livrade est délivrée de l'erreur.

SAINTE LIVRADE.

Sainte Livrade est délivrée du vice.

PRIÈRE.

« Pour qu'on suive vos exemples,
Ah ! mettez, par vos faveurs,
Vos ossements dans nos temples
Et votre esprit dans nos cœurs.
Brisez les chaînes infâmes
Qui nous rendent criminels.
Allumez dedans nos âmes
L'amour des biens éternels.

HISTOIRE.

« Si, comme roi, votre père
Et votre persécuteur,
Croit gagner ce qu'il espère
Par douceur ou par rigueur,
Le grand roi qui vous délivre
Peut tout soumettre à sa loi,
Ce père qui vous fait vivre
Vous garde toute pour soi.

Sainte Livrade est délivrée de la persécution.

PRIÈRE.

« Délivrez, chère patronne,
Ceux qui sont persécutés ;
Ne laissez périr personne
Victime des cruautés.
Obtenez-nous la victoire
Dessus tous nos ennemis,
Et que ce soit votre gloire
D'en avoir fait nos amis.

HISTOIRE.

« Cette affreuse solitude,
Cet entier délaissement,
Font votre béatitude
Dans votre bannissement.
Les anges qui vous y servent
Vous y font vivre comme eux,
Et par leurs soins vous préservent
D'y trouver rien de fâcheux.

Sainte Livrade est dans la solitude.

PRIÈRE.

« Notre vie traversée
De dégoûts et de chagrin,
N'est qu'avec peine exercée
Dans le service divin.
Chassez donc toute amertume
Par la divine onction,
Par l'agréable coutume
Que fait la dévotion.

HISTOIRE.

« O Livrade, voici l'heure
De jouir de votre époux :
S'il veut que votre cœur meure
C'est un présage bien doux.

5me COUPLET.   HISTOIRE.

J'entends un roi cruel, votre père lui-même,
Vous dire : sacrifie ou descends au tombeau.
Mais le père du ciel, en ce péril extrême,
Défend votre faiblesse, arrête le bourreau.

6me COUPLET.   PRIÈRE.

Elle est toujours debout cette cohorte impie,
Qui blasphème le Christ et poursuit ses en-
[fants,
Soyez-leur un rempart, puis d'une main amie
Conduisez-les au ciel heureux et triomphants.

7me COUPLET.   HISTOIRE.

Bientôt on vous relègue en une solitude,
Où vous devez périr de faim et de douleur,
Mais non, vous y trouvez votre béatitude,
Vous y trouvez le pain et l'ange du Seigneur.

8me COUPLET.   PRIÈRE.

En cette vie hélas ! trop souvent solitaire,
Notre cœur est en proie à d'amères douleurs;
Soyez notre compagne en cette triste terre
Et montrez-nous le ciel où tariront nos pleurs.

9me COUPLET.   HISTOIRE.

C'est la cruelle main d'un père sans en-
[trailles,
Qui vous donne la mort et vous ouvre le ciel.
Les anges du Seigneur chantent vos funérailles
Nos voix forment l'écho de leur chant im-
[mortel.

CHAPITRE QUATORZIÈME. 215

10me COUPLET. PRIÈRE.

O glorieuse sœur, sur vos sœurs de la terre
Abaissez vos regards, donnez-leur vos vertus,
Sainte Livrade, en vous votre famille espère,
Conduisez-nous ensemble au séjour des élus.

Par le R. P. Lamarque.

C'est un monstre de nature,
C'est un père furieux
Qui commande la blessure
Qui va vous donner les cieux.

CONCLUSION. PRIÈRE.

« Courage donc, saintes âmes,
Prions et mourons ainsi.
Ne cherchons pas d'autres flammes
Que celles qu'on trouve ici.
Et vous, notre tutélaire,
Sans qui nous ne pouvons rien.
Inspirez ce qu'on doit faire
Pour avoir un si grand bien. »
Amen.

Sainte Livrade est percée d'un glaive et meurt martyre.

Note 4. — (Voy. ci-avant, pp. 106, 159 et passim.)

Nous possédons plusieurs légendes de sainte Livrade (sancta Liberata) et de sainte Wilgeforte. Nous avons donné au cours de cet ouvrage, des extraits assez considérables de quelques-unes d'entr'elles, et il nous paraît inutile de les reproduire, en entier, dans leur texte. Nous croyons cependant devoir faire une exception pour deux — et on comprendra facilement le motif qui nous y détermine — l'une, propre à notre diocèse, tirée du manuscrit de M. Jabrès qui ne faisait que reproduire le texte de nos anciens bréviaires, et l'autre propre à certaines églises d'Espagne, tirée du *Thesaurus concionatorum* de F. Thomas Trugillo, édité à Barcelonne en 1583.

EXTRAIT du *proprium* manuscrit de l'abbé Jabrès, prêtre de la Congrégation de la Mission.

Festa januarii. — die XXVIII.

In festo sanctæ Liberatæ, virginis et martyris.

.... In secundo nocturno.

LECTIO QUARTA.

LIBERATA virgo et martyr ex Aquitania, ut creditur, oriunda. (Le propre *imprimé* de 1727 dit : ex Vasconia oriunda) patre Catillo, regulo, et nobili Calsa, matre, parentibus pseudonuminum cultoribus, ab infantià divinis in benedictionibus præventa fuit. Quippè quæ juvenis fidem christianam edocta, dato sanguine pro cælesti sponso, ad duplicatum virginitatis et martyrii præmium evolavit. Tot tantisque meritis claruit purpurata Christi athleta, ut illam ambierint adjutricem, ac patronam, atque ab ipsa nomen traxerint nonnulla Aquitaniæ loca, ex quibus religiosiorem se profitetur urbs hac in diœcesi prope Odollum posita, nomen habens ex hac cæleste cive sua, et ipsius auspiciis ab omni ævo commissa, quæ suæ titularis insigni pignore circà medium decimi septimi sæculi solemniter ditata fuit à monachis Abbatiæ Grandis-Silvæ, Tolosanæ diœceseos, in quorum basilica sanctæ Liberatæ virginis et martyris reliquias à multis retro sæculis depositas esse antiquum perhibet monumentum, ab episcopo aginense comprobatum. Ejus officium celebrabatur die 18a januarii in ecclesià aginnensi, anno 1530, ut videre est in missali et breviario hujusce diœcesis.

℞. Propter veritatem, etc.

Lectio quinta.

Altera verò pars exuviarum sanctæ Liberatæ recumbit Seguntiæ in Hispania, in sacrario à Frederico hujus loci episcopo (Frédéric de Portugal ou mieux, croyons-nous, dom Fabrique, du sang royal de Portugal) nobili opere in honorem hujus sanctæ constructo, et mirà pulchritudine decorato; ibi deposita sunt in argentea capsa quæ jaspideo tumulo contegitur, sacrata ossa, ad quæ quinto decimo calendas augusti, (quo die harum reliquiarum translatio ritu solemni ab Hispanis celebratur), quotannis occurrit frequentissimus populus, tam propter insignia quæ solent conferri beneficia, quam propter indulgentias à summis Pontificibus Adriano sexto, Clemente septimo et Paulo tertio largissime concessas ([1]).

℞. Dilexisti justitiam, etc.

---

1. Ces trois papes occupèrent le siège pontifical de 1522 à 1549.

20 jul. — In Bolland. Comment. histor.-crit. N°s 18-19-20.

Acta sanctæ Liberatæ.

Fuit hæc sancta (Liberata) filia cujusdam regis vel principis alicujus vici (le texte porte *viri*, c'est incontestablement une faute, il faut *vici*) qui appellabatur Catellius, conjux autem vocabatur Calsia, et civitas præcipua regni ejus vocabatur Balcagia. Atque, ut aliqui dicunt, fuit hæc civitas præcipua inter occidentales civitates, sive fuerit civitas Hispaniæ, sive alterius provinciæ. Erant autem ejusmodi reges gentiles, et habuerunt novem filias quarum nomina hæc sunt : Liberata, Genibera, Victoria, Eumelia, Germana, Gema, Marcia, Basilia et Quiteria. Fuerunt autem istæ omnes sorores christianæ à pueritia sua, et, cum essent optime in fide instructæ, Liberata quæ inter cæteras eminere videbatur in fide et religione, suo exemplo et sanctis verbis gentiles multos convertit ; degens enim vitam solitariam in quodam deserto, concurrebant ad eam multi, tum christiani, tum etiam gentiles.

Hoc tempore publicarunt Romani edictum quoddam contrà christianos, ita ut omnes dimitterent legem christianam vel statim interficerentur. Fuit autem accusata Liberata cum suis sororibus et aliis christianis, excepta sola Quiteria quæ per se triumphavit et martyrisata fuit alio modo. Attulerunt autem eas coram patre et cum non posset eas blanditiis inflectere, ut dimitterent Christi fidem, vigente in eo magis impetu et spiritu diabolico quam paterno amore, posteaquam variis tormentis eas discruciavit et excarnificavit ; tandem capite truncantur. Quamvis non satis constat an fuerit sola Liberata quæ decollata fuit ex patris mandato, aut si etiam fuerunt decollatæ cæteræ sorores et alii christiani qui cum his fuerunt capti et vincti. Verum ab omnibus scriptoribus asseritur sanctam Liberatam vel ab hoc judice vel ab alio martyrium sustinuisse.

Post multos autem annos Simeon (quelques auteurs disent *Simon*) episcopus collocavit corpus sanctæ Liberatæ in argentea quadam arca et eam collocavit in eminenti quodam loco præcipiens ut ab omnibus coleretur et in veneratione haberetur.

Idem auctor dicit :

In ecclesia vulgo de Seguntia, habetur in maximo honore Liberata, quæ mutato aliquantulum vocabulo, nominari solet Librata. Est ibi sumptuosum quoddam ac magnificum sepulcrum hujus sanctæ, ex vario atque mirabili jaspide, adeo ut hoc sepulcrum sua arte mira, qua constructum est, videatur facile cum alio quolibet conferendum. Celebratur autem ejus festum XVIII januarii, translatio vero die XV julii.

Note 5. — (Voy. ci-avant, p. 203.)

EXTRAIT DES DOCUMENTS PUBLICS

relatifs au culte de sainte Livrade, réunis et approuvés par Mgr Claude Joly, évêque d'Agen, à l'occasion de la translation d'une relique INSIGNE de cette sainte qui eut lieu sous son pontificat, en 1666.

Les religieux de l'ordre de Saint-Benoît, de la congrégation de Saint-Maur, du monastère de Sainte-Livrade avaient une piété remarquable et professaient une grande vénération pour la vierge et martyre de ce nom, patronne de la ville qu'ils habitaient.

Ils savaient qu'une notable partie de son corps était conservée depuis plusieurs siècles, comme le prouvait la confection de l'antique châsse qui le renfermait, dans la basilique de la bienheureuse vierge Marie de Grand-Selve, au diocèse de Toulouse, par les moines de l'ordre de Cîteaux.

Ils en sollicitèrent quelques fragments. Leur supplique, qui renfermait aussi les vœux des habitants de la cité, fut amicalement et favorablement accueillie, et tous les supérieurs y ayant donné leur consentement, lesdits moines de l'ordre de Cîteaux enrichirent les frères Bénédictins de Sainte-Livrade d'une côte de leur bien-aimée patronne [1].

---

[1]. Le manuscrit de dom Gaspard Dumas, reproduit par M. Tamizey de Larroque, *(Notice sur le prieuré de Sainte-Livrade)* dit « que les religieux de Sainte-Livrade avaient demandé aux religieux de Grand-Selve quelques reliques de la glorieuse vierge et martyre sainte Livrade qu'on voit depuis plusieurs siècles reposer et être publiquement vénérée en ladite abbaye...... et que ceux-ci avaient agréablement accordé aux religieux suppliants une portion du corps de ladite sainte, à savoir une côte de deux qu'ils possédaient dans une fort belle châsse d'argent avec plusieurs autres membres du même corps saint. » Si, comme le rapporte la tradition de nos contrées, sainte Livrade a été percée de glaives au sein, cette relique peut être regardée comme *INSIGNE*.

CHAPITRE QUATORZIÈME.

En l'absence de l'archevêque de Toulouse, les vicaires-généraux permirent la translation de ce don éminemment précieux, avec les honneurs qui lui étaient dus, du monastère de Grand-Selve, chez les Bénédictins de Saint-Maur, en leur abbaye de Saint-Pierre de Mas-Garnier, au même diocèse de Toulouse. La côte vénérable y fut transportée avec la plus grande pompe et y resta déposée quelques mois.

Pendant ce temps les pièces et les documents propres à faire connaître l'authenticité de ces restes sacrés furent soumis à l'examen de l'évêque d'Agen. L'illustre prélat ne se contenta pas de les approuver et de donner par là aux religieux la satisfaction qu'ils désiraient. Voulant favoriser lui-même autant qu'il le pouvait le culte de la SAINTE, il ordonna, par un mandement spécial, à tous les curés des paroisses circonvoisines de Sainte-Livrade d'annoncer, à la messe paroissiale, pendant les deux dimanches qui devaient la précéder, la susception des saintes reliques et, le jour venu, de conduire leurs fidèles auprès du dépôt vénéré.

L'an mil huit cent soixante-six et le vingt-neuvième jour du mois d'août, alors un dimanche, les moines de l'abbaye d'Eyses près de Villeneuve-d'Agen, accompagnés d'une foule imposante, transportèrent la relique, déposée du Mas-Garnier chez eux ([1]), jusqu'au bourg de Lalandette ([2]). Là elle fut accueillie avec joie et enthousiasme par les habitants de Sainte-Livrade, et ce fut dans un ordre admirable et au milieu d'un grand concours de peuple chantant des hymnes et des cantiques qu'on la porta jusque dans la ville.

A son entrée, un chœur de jeunes gens et de jeunes filles fit entendre de magnifiques chants en l'honneur de la vierge martyre proclamée reine, gardienne et protectrice de la cité. L'évêque d'Agen, grand orateur de l'époque, fit entendre au milieu d'un peuple immense ([3]) sa parole éloquente ; il pro-

---

1. En vertu d'une ordonnance faite par Mgr Claude Joly, évêque et comte d'Agen, datée et expédiée de Monbrun, le 22 juin de cette même année.

2. *Lalandette* — petite lande autrefois, où la tradition locale prétend que sainte Livrade, fuyant les dangers de la maison royale de son père, s'était cachée et vivait au milieu des bois dans la solitude, lorsque les émissaires du gouverneur d'Aquitaine (Modérius) vinrent la prendre pour lui faire subir le martyre.

3. Le procès-verbal de la translation conservé à l'évêché et dans les archives de la fabrique de Sainte-Livrade, porte au chiffre de trente mille les personnes qui étaient venues presque de tout le diocèse prendre part à cette fête.

longea cette solennité jusqu'au huitième jour et accorda à l'église de Sainte-Livrade d'en célébrer, à perpétuité, tous les ans, à l'avenir, la mémoire par une fête du rit double de première classe, le dernier dimanche du mois d'août.

Plus tard, un de ses successeurs, François Hébert, étendit ce privilège au diocèse tout entier en octroyant de célébrer, sous le rit double, le vingt-six du même mois, une fête en l'honneur de ces mêmes reliques et de toutes celles que possède ledit diocèse.

Leçons de l'ancien propre du diocèse d'Agen.

I.

Iconographie et symbolisme des chapiteaux et modillons du chevet de l'église de SAINTE-LIVRADE.

TOUTE étude iconographique devrait être précédée des réflexions si justes émises par M. de Caumont dans son *Traité d'Architecture religieuse*, p. 277 : « Il faut se garder de pousser « trop loin les interprétations des figures et prendre garde de « donner trop d'extension au symbolisme. A toutes les « époques, la fantaisie a été un des éléments de l'art et l'on « ne doit pas s'étonner qu'il y ait eu, dans l'ornementation, « au moyen âge, des figures de convention, comme il y en « avait dans l'architecture grecque et dans l'architecture ro- « maine. » Sous le bénéfice de cette observation, aucun doute ne peut subsister sur le fait même du symbolisme. Il a existé dès les premiers temps de l'Église ; les catacombes sont couvertes de peintures symboliques, et les sculpteurs de l'époque romane, fidèles aux traditions primitives, ont reproduit simultanément, soit des épisodes de l'Ancien et du Nouveau Testament, soit des symboles.

Nous allons rechercher ce qu'ils ont voulu représenter sur les chapiteaux et modillons du chevet de l'église de Sainte-Livrade.

Ce chevet est soutenu par deux contreforts que terminent d'élégantes colonnes dont les chapiteaux occupent chacun la place d'un des modillons sculptés de la corniche. Le chapiteau de droite représente une scène de la vie de sainte Livrade : dans le sujet principal, elle est au désert : elle y a fui ses persécuteurs, s'y est soustraite à la colère de son père

Abside de l'église de SAINTE-LIVRADE. (Extérieur.)

et y vit dans la prière. Dieu permet que les anges viennent la consoler et la fortifier, et l'un d'eux lui présente un pain ou un fruit. Dans un second sujet, juxtaposé,on voit un autre personnage qui semble s'empresser de la saisir par la robe. On a voulu évidemment y reproduire sa découverte et son arrestation. Le chapiteau de gauche est encore mieux caractérisé et, quoique fruste dans quelques-unes de ses parties, il ne peut laisser aucun doute sur sa signification. C'est bien le martyre de sainte Livrade : une femme jeune encore qui en est le sujet principal, y est parfaitement dessinée. Un personnage vient de la frapper avec le glaive traditionnel, et la sainte s'affaisse vers la terre ou plutôt vers le billot sur lequel on devait peut-être la coucher. Une femme, probablement de sa maison, cachée par le chapiteau, semble se dissimuler et attendre avec anxiété le départ du bourreau pour prendre et emporter le corps de sa maîtresse (1).

Entre ces deux chapiteaux, les modillons se succèdent, les uns très frustes, les autres parfaitement conservés. Au milieu du même bois ; un agneau, symbole de la douceur et aussi de l'imprévoyance, va imprudemment à la rencontre du loup, image de la cruauté. Ainsi l'homme, méprisant les recommandations de l'Église, court inconsciemment à sa perte. — Plus loin, deux enfants luttent, rappelant le combat du bon et du mauvais esprit, de l'ange et de Jacob, de l'âme qui vient du ciel et de la matière qui vient de la terre. — Un personnage grotesque, la bouche ouverte, ne représente-t-il pas la gourmandise ? à moins que le sculpteur n'ait voulu nous rappeler l'enfer, symbolisé souvent par un monstre la gueule entr'ouverte et dévorant des hommes. — Dans cette femme, dont les seins sont mangés par des serpents, M. l'abbé Barrère voit la punition de l'avarice. Néanmoins M. de Caumont (*Architecture religieuse*, p. 265),parlant de cette image reproduite à Montmorillon, à Sainte-Croix de Bordeaux, à Saint-Sernin de Toulouse, à Saint-Sauveur de Dinant, etc... dit qu'elle se rapporte plus particulièrement aux passions de la chair, dérèglements, adultères, etc... — Un personnage ayant des oreilles d'âne semble représenter l'ignorance, tandis qu'un

---

1. Voy. plus haut la reproduction de ces dessins, pp. 146, 147, 148.

autre portant avec peine un fardeau, symbolise la paresse.

Voilà toute une leçon : le péché et son résultat. « Ces
« images grossières et laides comme les vices qu'elles étaient
« destinées à représenter, servaient à rappeler aux fidèles
« leur déchéance par le péché et préparaient ainsi, par la
« prudence et par degrés, à la vision des éclatantes réalités
« de la foi (¹). » — « Depuis sept siècles, ces têtes sont là

Chapiteaux du chevet de l'église de Sainte-Livrade.

« émergeant de la muraille, immobiles et cependant pleines
« de vie, regardant les tombeaux qui entourent l'église et
« semblant veiller sur la cendre des morts, menaçant le profa-
« nateur qui viendrait troubler leur repos. Elles sont d'un effet
« saisissant (²). »

---

1. *Essai historique sur la ville d'Issoire.*
2. *L'Église d'Ydes et son symbolisme*, par M. l'abbé Chabau. Saint-Flour. Boubou-
nelle. 1884. — Un cimetière entourait autrefois toute cette partie de l'église de Sainte-
Livrade.

APPENDICES. 225

Au-dessous de cette corniche se trouve une triple arcature dont le premier chapiteau représente une colombe et un hibou. La colombe est l'image du Saint-Esprit ([1]), le hibou, l'image de la nuit. Ici la source de toute lumière, là le souvenir des ténèbres dans lesquelles les morts sont enfermés et d'où JÉSUS-CHRIST doit retirer les âmes des justes... *et lux perpetua luceat eis* ([2])... *libera animas fidelium... ne cadant in obscurum* ([3]). — Ces sculptures dominent le cimetière, mais ne représentent pas uniquement un sujet funèbre. Tandis que l'oiseau de la nuit rappelle les religions qui ont précédé la venue de JÉSUS-CHRIST et même l'ancienne loi déchue de sa puissance, la colombe, déjà gage d'espérance à l'époque lointaine du déluge, la colombe témoin du premier baptême chrétien, la colombe qui plus tard donne aux apôtres le don des langues et permet ainsi la propagation de l'Évangile, semble la première initiation de ce culte sacré dont la dernière expression, à l'intérieur du temple, est la croix qui domine l'autel.

Le deuxième chapiteau de notre arcature représente l'adoration des mages. Les trois rois de l'orient ont la tête enveloppée d'un turban ; le premier est agenouillé, le deuxième s'incline, portant dans ses bras des présents, le dernier s'avance sous un palmier. On distingue nettement, sur un des côtés, le haut du corps de la sainte Vierge, qui est de profil, ainsi que son bras droit ; le reste de la sculpture est fruste ; l'Enfant JÉSUS ne se voit plus sur les genoux de sa Mère, et la tête du premier roi mage est brisée.

Les deux colombes du troisième chapiteau, sculptées sur le dos d'un lion, représentent la douceur dominant la violence, tandis qu'un personnage franchit l'espace à cheval pour marquer que le voyage de la vie est court. Ce cavalier se dirige vers l'Éternité figurée par quatre oiseaux dont les cous entrelacés ne présentent ni commencement ni fin.

Du côté de la place, parmi les sujets des modillons, un seul

---

1. Indépendamment de la tradition, voir de Caumont, *op. cit.*, p. 252.
2. Messe des morts, Introït.
3. Messe des morts, Offert.

peut être facilement interprété. Il représente un vieillard s'appuyant péniblement sur un bâton. C'est, après l'exposé de la vie morale, l'image de la vie matérielle. — Quant aux chapiteaux, un d'entr'eux est formé d'ornements romans; un autre est tellement fruste qu'il est impossible d'en découvrir le sens ; dans un troisième on peut peut-être trouver le jugement de Salomon. Mais il en est quelques autres dont la signification est très claire. Ainsi l'on voit la résurrection de la sainte Vierge et son assomption : une femme sort d'une tombe dont la pierre se dresse et s'écarte devant elle, et un autre tableau représente cette femme s'élevant au ciel au milieu d'un losange dont les côtés sont ornés de perles. Sur un autre chapiteau, un homme luttant contre un lion représente les victoires de Samson et de David sur cette bête fauve. « L'antiquité chrétienne a toujours vu dans cette image,
« souvent reproduite, l'image du fidèle foulant aux pieds ses
« passions, et rendant vaines, par ses efforts, aidés de la grâce,
« les attaques et les tentations de Satan ([1]). » Comme pour encourager le chrétien et l'assurer d'un secours surnaturel, nous voyons un peu plus loin JÉSUS chassant le démon du corps d'un possédé. Le démon, sous une forme humaine, semble sortir de la poitrine de ce dernier.

En revenant sur nos pas, nous pouvons entrer dans le jardin du presbytère par une porte cochère, qui s'appuie contre le chevet de l'église. Là encore, une double arcature et trois chapiteaux dont le premier est orné de feuillages, tandis que les deux autres présentent un véritable intérêt. Celui qui est le plus rapproché de la sacristie nous fait voir un combat acharné : un monstre dont le corps se recourbe mord cruellement un lion à la gorge. Sur ce monstre un autre semble, par son attitude, représenter la luxure et servir de repoussoir au tableau, déjà entrevu, des deux colombes, image de la vertu dominant les passions du monde et goûtant seule la véritable paix. « Le lion est par excellence le symbole de la force phy-
« sique et brutale. C'était le signe employé par les Égyptiens
« pour donner l'idée d'une chose formidable, terrible. C'était
« chez les Romains, chez les Hébreux, partout, le symbole de

---

1. *L'église d'Ydes, op. cit.*, p. 16.

« la tyrannie et de la cruauté. Parlant de Nabuchodonosor,
« Jérémie l'appelle le lion dévastateur des nations (Jérémie,
« IV, 7). Sénèque, à son tour, faisant le tableau d'un peuple
« sous le joug d'un tyran cruel, résume sa pensée en disant :
« Enfin la vie serait-elle plus insupportable si les lions et les
« ours régnaient ? *Quæ alia vita esset si leones ursique regna-*
« *rent ? (Lib. de Clementia, C. XXVI.)* » Le Rhéteur semble
« ici avoir copié Salomon qui avait déjà dit : « Un prince impie
« qui règne sur un peuple pauvre, c'est un lion rugissant
« (Prov., XXVIII, 15). » Saint Jean Chrysostome compare les
« passions à des animaux féroces et carnassiers difficiles à
« dompter et à vaincre. De plus, dans le style des saintes
« lettres, le démon, cet ennemi du salut de l'homme, excita-
« teur de toutes les passions mauvaises, inspirateur de tous
« les desseins pervers, nous est souvent représenté sous la
« figure d'un lion courroucé. On connaît cette image frap-
« pante d'une épître de saint Pierre : « Mes frères, soyez
« sobres et vigilants, car votre adversaire le diable, semblable
« à un lion rugissant, rôde autour de vous, cherchant quel-
« qu'un à dévorer ; résistez-lui forts dans la foi ». On connaît
« également cette prière de l'Église pour les âmes des défunts :
« se transportant au moment où elles partent de ce monde
« elle demande à Dieu de les préserver de la gueule du lion :
« *Libera eas de ore leonis* ([1]). »

Après cette longue citation, il n'y aura qu'un mot à dire
du dernier chapiteau du chevet de notre église. C'est la
colombe qui tend vers la croix, image du sacrifice qui se
réalise chaque jour sur l'autel.

Et si nous franchissons le portail du temple, après avoir
admiré la longueur et l'élévation de la grande nef, nous pouvons voir que les sculptures intérieures des églises romanes
forment la suite de l'enseignement que les chrétiens ont déjà
trouvé à l'extérieur : « La grande nef était comme une vaste
« galerie d'exposition, où la nature, le paganisme, voire même
« la mythologie, étalaient leurs tableaux variés, d'une part,
« et la religion les symboles consolateurs de la loi de grâce,
« de l'autre. C'était le passage gradué des ténèbres à la

---

1. *Église d'Ydes, op. cit.*, p. 14, 15, 16.

228 SAINTE LIVRADE.

« lumière, qui ne devait se manifester que dans le sanc-
« tuaire (¹). »

« Dans l'église de Sainte-Livrade on trouve le centaure

Chapiteau de la chapelle Notre-Dame à Sainte-Livrade.

« moitié homme, moitié monstre, représentant le pécheur
« comme tenant à la fois du monstre, par les instincts gros-

---

1. *Essai historique sur la ville d'Issoire*, p. 48.

« siers du corps, et de l'homme créé à l'image de Dieu, par
« l'élévation de l'esprit et la noblesse de l'âme ([1]). » On voit
aussi la sirène qui, selon M. l'abbé Voisin, serait l'âme chrétienne purifiée par le baptême et que l'on trouve souvent reproduite sur les baptistères ([2]).

Chapiteau de la chapelle Notre-Dame à Sainte-Livrade.

Disons en terminant qu'un intérêt particulier s'attache à l'église de Sainte-Livrade : son antiquité, la richesse de son architecture variée, son ordonnance générale qui est d'un

---
1. *Op. cit.*, p. 48.
2. Voyez *Architecture religieuse*, de Caumont, p. 268.

grand effet, la singularité de construction de sa grande abside, sa beauté sévère, ses sculptures profondément fouillées à l'intérieur comme à l'extérieur, les souvenirs de son passé, les intelligents travaux de restauration et d'ornementation réalisés depuis peu, tout, dans ce monument, offre le plus vif intérêt.

Cte DE DIENNE.

II.

Les vitraux de l'église de Sainte-Livrade.

AJOUTONS à ce travail iconographique de M. le comte de Dienne si habilement traité, une étude sur les belles et intéressantes verrières qui ornent notre église et qui lui ont été données, à l'occasion de sa dernière restauration, par plusieurs familles de la paroisse.

Elles sont dues au talent d'un jeune artiste, enfant de Sainte-Livrade, M. François Gay, attaché, en 1866, 1867 et 1868, à la maison de son parent, M. F. Pé, de Paris (1). C'est son génie et sa piété qui reluisent dans ces verrières et produisent, sous notre grande voûte *romano-ogivale*, ce jour pur, tendre et religieux qui nous pénètre, nous élève et nous porte à Dieu. L'artiste n'a pas joui longtemps du plaisir que lui causaient des essais si bien réussis et de la gloire qui devait lui en revenir. La mort l'enlevait, l'année suivante, à l'affection des siens et au brillant avenir que lui promettaient de si heureux débuts.

Il y a dans les vitraux de l'église de Sainte-Livrade un *plan général* qui fait qu'ils présentent *l'unité dans la pensée et l'unité dans l'œuvre morale*. Dans une église de médiocre étendue, où les jours sont rares, on peut sans doute placer des sujets qui n'aient entr'eux aucune connexion ; mais dans un monu-

---

1. Cette maison existe encore sous la raison François Pé et Gay, 104, avenue Kléber, Passy-Paris. M. Gay, fils, y a remplacé son père.

ment à grandes proportions, où un ensemble de faits, une suite de tableaux peuvent se développer, où une pensée complète peut s'étendre et se manifester dans tous ses détails, où l'élément *historique* et l'élément *symbolique* peuvent marcher parallèlement et se prêter un mutuel appui, ce serait imprévoyance de reculer devant l'exécution de ce travail. Ces considérations nous portèrent à demander, en médaillons légendaires, sur un fond mosaïque du style de transition, pour la grande fenêtre de la chapelle de Notre-Dame, quelques-uns des traits saillants de la vie de la sainte Vierge et, pour les douze baies de la grande nef, toute la vie de N.-S. JÉSUS-CHRIST avec les principales scènes rappelant ses miracles, ses paraboles, ses institutions, etc.

Traiter d'une manière convenable ce grand travail qui devait former, sous le triple rapport *historique, archéologique* et *symbolique,* une collection de sujets variés mais néanmoins liés entr'eux et arriver à un grand fini dans l'exécution, n'était pas une œuvre facile. Généralement, à cette époque, le fond en mosaïque qui entourait le sujet était formé de dessins réguliers sans doute mais simples. Ce n'était en quelque sorte qu'un remplissage, le désir de l'auteur étant que le sujet principal attirât forcément toute l'attention du spectateur. Cette idée n'était pas mauvaise ; elle aurait été heureuse même si elle n'avait pas été trop exclusive et si l'ornementation n'avait pas été presque partout négligée. Il faut ajouter encore que, dans les personnages eux-mêmes, l'archaïsme se surprenait souvent à l'état d'exagération. Notre artiste, sans transiger absolument avec une règle d'esthétique, a admirablement trouvé le moyen de modifier l'application d'un trop rigoureux système. Il a copié le coloris de l'époque sans imiter la naïveté des sujets, et, tout en enrichissant la mosaïque du fond de feuilles et de fleurs de différentes couleurs habilement entremêlées, il a su donner à ses personnages cette finesse de traits et cette grâce de formes qui séduisent dans nos verrières. La teinte de l'ensemble des vitraux est chaude, et les nuances sont fondues et combinées avec intelligence ; les plus ardents rayons de soleil tamisent à peine la lumière sur le pavé du temple et ne lui communiquent qu'un jour mystérieux qui dispose au recueillement. Ce sont là de ces qualités essentielles auxquelles on reconnaît une solide exécution.

Mais entrons dans des détails et venons au but, l'indication des sujets et l'explication de quelques-uns.

Chaque fenêtre contient trois médaillons entourés d'un premier filet or, et d'un second blanc perlé. Chacun d'eux a son sujet complet où se remarquent, avec beaucoup d'expression dans les physionomies et une grande richesse de coloris, la perfection des formes, le naturel des poses et l'unité des tons.

Les trois fenêtres qui se trouvent à droite en sortant de la chapelle de la Sainte-Vierge et en descendant vers la grande porte de l'église renferment, dans trois médaillons, la *première* LA NAISSANCE DE NOTRE-SEIGNEUR, L'APPARITION DES ANGES AUX BERGERS et LA CIRCONCISION ; la *seconde*, L'ADORATION DES MAGES, LA PRÉSENTATION AU TEMPLE et LA FUITE EN EGYPTE; la *troisième*, JÉSUS DANS LE TEMPLE AU MILIEU DES DOCTEURS à l'âge de douze ans, LA MORT DE SAINT JOSEPH, LA MANIFESTATION DE SAINT JEAN-BAPTISTE et SA PRÉDICATION. Le tout tiré de saint Luc et de saint Matthieu.

Voici d'abord la nuit de Noël. Une vive lumière brille dans le sombre réduit de l'étable de Bethléem. C'est le berceau qui lance ses éclairs et rend ainsi à JÉSUS-CHRIST, la lumière du monde, le premier témoignage. Inclinée vers l'enfant, agenouillée et les mains jointes, Marie offre à son Dieu, devenu son fils, les premières adorations qu'il reçoit sur la terre, et les seules peut-être dignes de lui. Saint Joseph l'imite et livre son âme aux plus saints transports. L'âne et le bœuf traditionnels symbolisant, comme le dit un Père de l'église, l'humanité relevée de toutes ses déchéances par le Fils de Dieu, ne manquent pas à cette première scène.

Puis, vient l'adoration des bergers et des rois et, comme c'est par l'intervention de la sainte Vierge que le monde arrive à la connaissance et à l'amour de JÉSUS-CHRIST, les deux tableaux sont en même temps des *scènes évangéliques :* les bergers et les rois adorant le Sauveur, et des *sujets symbo-*

liques: la Vierge présentant son Fils aux adorations du monde. L'échelle sociale est représentée par ses deux bouts extrêmes. D'un côté, des rois, de l'autre côté, des pâtres. Le monde invisible joint ses adorations à celles du monde présent, et des anges, placés dans le haut de la scène, chantent sur leurs instruments de musique les cantiques de l'Éternité.

Dans les tableaux de la présentation au Temple et de la fuite en Égypte rien ne fait défaut : Siméon et Anne apparaissent, *dans le premier*, pleins d'années et de vertus. Ils s'apprêtent à quitter la vie. Ils l'ont toujours honorée par des vertus soutenues et la grandeur de leur foi. Ils méritent de voir le restaurateur du monde dont ils ont tant désiré la venue ; ils le touchent, ils l'embrassent ; Siméon prophétise sa destinée, la prophétesse lui porte le tribut de son témoignage, ils mourront contents. *Dans les deux*, les figures de la sainte Vierge et de saint Joseph sont remarquables. Elles reflètent les sentiments les plus divers qui naissent de leur situation morale. Marie accomplit le plus simplement du monde des actes héroïques, et le regard de Joseph exprime combien il est heureux d'être le guide et le protecteur du cher monde qui l'entoure.

Jésus dans le Temple, assis sur une estrade, parmi les docteurs qu'il étonne par la profondeur de ses questions, à l'âge de douze ans, et la mort calme et douce de saint Joseph qu'entourent Notre-Seigneur Jésus-Christ et la sainte Vierge, pendant que deux anges tiennent une banderole où sont tracées ces paroles: *beati mortui qui in domino moriuntur*, sont deux tableaux ravissants et dont l'œil ne se détache que difficilement.

Il y a moins de perfection dans la manifestation de saint Jean-Baptiste et sa prédication représentant les scènes décrites par saint Matthieu, c. III, v. 3 et 4, et saint Luc, III, v. 1 à 6.

Nous passons au côté méridional de l'église et nous trouvons, aux fonts baptismaux, un vitrail dont la forme est différente de celle des autres. Il représente le BAPTÊME DE NOTRE-SEIGNEUR. Bien que petit, le tableau est complet et les personnages ne perdent pas à être vus de près. C'est le Christ debout, plongé dans l'eau presque jusqu'à la ceinture ; puis, saint Jean, sur un banc de rocher, la main droite levée sur la tête de Notre-Seigneur, et, au-dessus, le ciel, d'où sort l'Esprit-Saint sous la forme d'une colombe enveloppée d'une auréole lumineuse.

Après son baptême Notre-Seigneur JÉSUS-CHRIST se retire au désert pour se préparer à sa vie publique et c'est là que le démon vient le tenter. LES TROIS TENTATIONS qu'il subit sont le sujet de la première verrière que nous voyons à droite en remontant vers le sanctuaire. L'artiste a su prendre dans chacune ce qu'il y a de plus frappant, et il en a formé trois tableaux se reliant entr'eux par une pensée unique : la conduite que nous devons tenir à l'égard du démon qui nous tente.

Les deux verrières suivantes sont délicieuses et parfaitement réussies. Les trois médaillons de la première rappellent *le miracle de l'aveugle-né, le paralytique guéri dans la piscine probatique et la résurrection de Lazare*, ceux de la seconde, *la Samaritaine, Jésus bon pasteur* et l'*Enfant prodigue*.

Dans l'application de la boue sur les yeux de L'AVEUGLE-NÉ, saint Augustin aperçoit l'onction des catéchumènes, et, dans le bain de la fontaine de Siloé, le baptême et ses effets merveilleux. — LA PISCINE PROBATIQUE était ainsi nommée, d'après quelques auteurs, parce que les eaux qui avaient servi à laver, dans le Temple, les chairs des victimes immolées, venaient s'y rendre, par des conduits souterrains, figure du bain salutaire de la pénitence qui tire, du sang de l'agneau immolé pour les péchés du monde, la vertu vivifiante communiquant aux âmes la vie surnaturelle de la grâce par un miracle supérieur à toutes les guérisons et à toutes les résurrections corporelles. — Dans la RÉSURRECTION DE LAZARE le sujet est complet et tel qu'il est rapporté dans l'évangile.

Il en est de même de la SAMARITAINE. JÉSUS est assis sur le bord du puits de Jacob et il attend. Une pécheresse se présente et soudain, entre lui et cette femme, s'établit un colloque. JÉSUS lui parle de cette eau mystérieuse qui doit devenir en elle comme une fontaine d'eau vive qui rejaillira jusqu'à la vie éternelle : « ô femme, si vous en connaissiez toute la douceur, *si scires donum Dei* ». Et la Samaritaine, qui commence à regarder avec une sainte horreur les fleuves impurs de Samarie où elle s'était plongée, lui répond : bon maître, *donnez-moi de cette eau.* — LE BON PASTEUR. Les modèles ordinaires représentent JÉSUS portant une brebis sur ses épaules, et d'autres brebis suivant le divin berger. Nous avions vu à l'exposition de Paris, en 1867, *aux catacombes de Rome*, une peinture bien réussie. Elle était d'une exécution qui tournait au byzantin, mais ses détails étaient d'un symbolisme beaucoup plus riche. Nous fîmes part de nos impressions à notre peintre et, avec une habileté rare, il nous donna un tableau qui sort tout à fait de l'ordinaire et qui traduit parfaitement la manière d'être de nos populations à l'endroit de l'enseignement catholique. Le bon pasteur est au milieu de ses brebis : les unes s'approchent docilement, les autres semblent résister ; il y en a qui prêtent une oreille attentive, tandis que leurs compagnes paraissent absorbées par les pâturages terrestres !!! — Quel fini dans le PRODIGUE ! Une maison splendide ; au dehors, un beau vieillard se jette dans les bras d'un fils en haillons qui tombe à ses pieds... Personnes contemplant cette scène attendrissante... Plus loin petites scènes représentant son départ, la garde des pourceaux dans une métairie, une table dressée d'une manière splendide pour fêter le retour... Rien ne manque de tout ce qui est rapporté dans cette magnifique parabole.

Nous arrivons aux deux fenêtres qui encadrent la chaire, et dans lesquelles nous avons placé, d'un côté, ce qui a trait à la prédication et, de l'autre, ce qui a trait à l'Église. Dans la première, *le sermon sur la montagne, la parabole de la semence, celles du trésor enterré dans un champ et des perles fines*. Dans la seconde, *la mission des apôtres, la tradition des clés à saint Pierre* et *la tempête apaisée*.

Dans le médaillon du SERMON SUR LA MONTAGNE, où a été négligée à dessein la multiplication des pains, il nous semble, en contemplant le Christ debout au milieu d'une foule innombrable, l'entendre nous expliquer encore les béatitudes. Il pose, dans ce sermon admirable, les fondements du vrai bonheur et renverse de la même main et avec la même autorité les idées que s'en étaient formées non seulement les passions, mais, et la philosophie qui n'était que l'art de les satisfaire méthodiquement, et le judaïsme lui-même qui, à quelques exceptions près, n'imaginait guère d'autre béatitude que celle qui se trouve dans la jouissance des biens, des honneurs et des plaisirs de la terre. — Quelle bonne peinture des trois espèces de terrain dans le médaillon retraçant à la lettre la parabole de la SEMENCE dont les divers sens ont été si nettement expliqués par Notre-Seigneur JÉSUS-CHRIST lui-même et dont le symbolisme est connu de tous. — On comprend moins facilement les paraboles du TRÉSOR CACHÉ et DES PERLES FINES. Elles ont rapport l'une et l'autre à la parole évangélique. C'est le prix inestimable de la doctrine chrétienne et la profonde sagesse de l'homme qui sacrifie tout ce qu'il a pour s'en assurer la possession.

Nous ne disons rien de la MISSION DES DOUZE APOTRES : *Ite, docete omnes gentes*, rapportée par les évangélistes saint Luc, saint Matthieu et saint Marc et bien rendue dans le premier médaillon de la fenêtre qui vient après la chaire. — Dans un autre tableau de cette même verrière, nous voyons saint Pierre confessant la divinité de Notre-Seigneur, et Notre-Seigneur lui promettant et lui LIVRANT LES CLÉS. Double témoignage qui comprend en abrégé toute la religion, l'un étant le fondement de la foi chrétienne — *DIVINITÉ DE JÉSUS-CHRIST* — et l'autre de l'unité catholique — *SUPRÉMATIE DE SAINT PIERRE*. — Enfin, c'est la TEMPÊTE APAISÉE, figure de l'Église toujours persécutée et survivant à toutes sortes d'épreuves. La scène principale telle qu'elle est rapportée dans l'évangile n'a pas été négligée ; elle occupe le premier plan. Mais, dans un autre, on a très heureusement placé une seconde barque agitée par une violente tempête, et le Saint-Père, les ordres religieux et les fidèles priant de cette barque, Notre-Seigneur JÉSUS-CHRIST qui paraît dans un rayon de lumière tenant dans ses mains l'ancre du salut.

Dans la verrière suivante se trouvent l'INSTITUTION DE L'EUCHARISTIE, l'AGONIE AU JARDIN DES OLIVIERS, le CRUCIFIEMENT et, dans la dernière, la SÉPULTURE, la RÉSURRECTION, l'ASCENSION. Ces sujets sont parfaitement connus de tous et ne demandent pas d'explication. Nous n'avons encore ici que du bien à dire de ces deux panneaux, traités dans la manière des peintres de la première période ogivale. La teinte plate rehaussée de traits de force pour indiquer les reliefs, les attitudes calmes, les tons translucides, en un mot, tout ce qui caractérise la bonne peinture du temps de saint Louis et de Philippe le Hardi se trouve dans ces deux verrières ainsi que dans toutes les autres de MM. Gay et Pé.

Dans la première partie du sanctuaire, deux fenêtres romanes ont reçu, celle de gauche, saint Eutrope, martyr de Saintes, et celle de droite, saint Louis, roi de France, deux patrons de la paroisse dont l'église possède des reliques précieuses qui ont été, de temps immémorial, l'objet de ce qu'on appelle dans le pays un *roumiage* ([1]), où se rendaient et où se rendent encore, de toute la région, de nombreux pèlerins.

Il nous reste à faire connaître l'histoire de Marie notre sainte Mère, dont la bonne intervention a été pour nous un fait visible avant et pendant les travaux de restauration de notre chère église. Elle est splendidement décrite au fond de la chapelle qui lui est dédiée, dans la superbe verrière à l'occasion de laquelle notre compatriote et ami, l'architecte Verdié, nous dit un jour : *il n'est rien sorti de plus complet ni de mieux des ateliers de M. Villiet. C'est le chant du cygne* de notre jeune artiste M. Gay. Il nous rappelle ces vers d'un poète dont le nom ne nous revient pas :

> Que ta plainte, une fois de mon cœur épanchée
> Rappelle un jeune *cygne* et son doux chant de mort.

Nous ne pouvons, toutefois, qu'être bref et nous devons nous borner à quelques rares indications.

Dans la travée du milieu, a été placée une gracieuse image

---

[1]. Ce mot, dérivé du latin *Romam agere*, aller à Rome, signifie pèlerinage : il est encore usité dans les idiomes populaires du Midi de la France. Rome étant le type de tous les lieux consacrés par la religion, les populations chrétiennes identifièrent ce grand nom avec la piété qui les portait à visiter les tombeaux des saints où les sanctuaires dans lesquels se trouvaient leurs reliques. On appela *roumious* tous les pèlerins. On dit encore souvent en patois : sey ou ses *roumiou* ou *roumigo* à sento *Liourado*. On veut dire par là qu'on lui est consacré et qu'on doit visiter son sanctuaire. D'autres ont prétendu que les *roumiages* étaient les lieux de station où les pieux voyageurs qui se rendaient à Rome ou à Saint-Jacques de Compostelle se reposaient de leurs fatigues et retrempaient leurs forces dans la prière.

Abside de la chapelle Notre-Dame de l'église de
SAINTE-LIVRADE. (Intérieur.)

de MARIE IMMACULÉE. Elle est le sujet principal de la verrière. En la contemplant on est porté à s'incliner devant cet admirable privilège de Marie, qui forme le plus beau fleuron de son immortelle couronne, après la maternité divine, et on rappelle les éclatantes explosions d'enthousiasme qui accueillirent, dans tout l'univers catholique, dans notre cher pays de France surtout, le décret qui le proclama comme dogme de foi, en 1854.

Au-dessous et dans les deux autres travées à fonds losangés, fleuronnés et encadrés de bordures feuillagées, dans la manière de la fin du XIIIe siècle, viennent se déployer des médaillons à figures, dont voici le détail :

N° 1. NATIVITÉ DE LA SAINTE VIERGE. — Depuis longtemps Joachim, dont le nom signifie la *Préparation du Seigneur*, et Anne, *pleine de grâce et de miséricorde*, étaient unis par les liens sacrés du mariage, et Dieu n'avait pas encore béni leur union. Justes et fidèles, ces deux âmes ne cessaient de prier, et demandaient au ciel un enfant qui pût les consoler dans leur vieillesse, et donner à leur nom une espérance enviée par tous les descendants des saints patriarches, qui avaient désiré, même en mourant, de voir le Réparateur promis à leurs pères. D'après une pieuse et antique tradition, les deux époux furent séparément instruits par un ange qu'ils auraient bientôt une fille qui serait la consolation du monde. Le temps est venu, et sainte Anne enfante avec joie la plus parfaite et la plus sainte créature de Dieu, Marie, désirée par tant de générations.

N° 2. ÉDUCATION DE LA SAINTE VIERGE PAR SAINTE ANNE. — Quelle est cette aimable enfant que nous voyons debout à côté de sa mère, les yeux fixés sur le livre de la loi ? A ses traits de beauté, de noble et touchante simplicité, de candeur et d'innocence, on dirait un ange sous une forme humaine ! C'est la fille des rois de Juda, cette rose mystique sortie de la tige de Jessé, qui doit donner naissance au Libérateur du genre humain. Comme elle écoute les leçons de sa bonne et pieuse mère ! Aux traits de la mère et de l'enfant, on voit que ce n'est pas la sagesse humaine qui préside à cette éducation, que ce ne sont ni les futilités du monde, ni l'art de lui plaire qui en constituent le fond, mais que c'est la sagesse éternelle de Dieu qui la dirige, sa loi sainte qui en fait l'objet.

N° 3. Présentation de Marie au Temple. — En considérant le tableau qui s'offre ici à nos regards, notre pensée s'arrête comme involontairement sur cette parole du saint Prophète que Marie dut répéter dans son cœur, au moment où elle entrait dans ce temple de Jérusalem, l'une des merveilles du monde : « qu'ai-je désiré dans le ciel, sinon vous, ô mon Dieu ? et qu'ai-je souhaité sur la terre, sinon vous seul ?... Vous êtes le Dieu de mon cœur et à jamais mon partage ». Notre imagination nous la représente quittant soudain la main de sa mère, s'élançant sur les marches du Temple, franchissant toute l'enceinte sacrée, et se précipitant, à l'entrée du sanctuaire, aux pieds du Pontife, qui lève les yeux au ciel, et qui la bénit avec admiration !... En ce moment solennel, Marie se donnait à Dieu, s'immolait à sa gloire et à son amour.

N° 4. Mariage de la sainte Vierge. — C'est le sujet du groupe gracieux qui remplit le milieu de la travée de gauche. Il se compose de trois personnages principaux : Marie, Joseph et le grand-prêtre d'Israël. La Vierge est devant le pontife. Une couronne de roses blanches ceint sa tête. Ses beaux cheveux blonds retombant sur les épaules sont à demi cachés par le voile nuptial. Elle tend sa main si pure à Joseph, qui avance la sienne et présente l'anneau. La virginité se reflète sur ces deux attachantes physionomies. C'est là une alliance bien nouvelle et bien inouïe, aussi nouvelle et aussi inouïe que le vœu lui-même qui a été fait par ces deux augustes personnages. Elle s'accomplit cependant, et ces deux époux, vierges en s'unissant, resteront vierges pendant toute leur vie, car, dit saint Thomas, « c'est du cœur et non de la chair qu'ils se joignent : ainsi se fait la conjonction des astres, non par le corps, mais par la lumière ; ainsi les palmiers marient, non leurs racines, mais leur tête, non leurs tiges, mais leurs rameaux ».

N° 5. L'Annonciation. Un ordre est parti de la bouche de Dieu et l'un de ses plus sublimes archanges, chargé d'annoncer au monde la bonne nouvelle, a dirigé son vol vers une petite ville de la Judée, qui avait nom Nazareth. Il entre, sous une forme visible, dans la pauvre maison d'une vierge d'Israël, appelée Marie, fiancée à un simple artisan nommé Joseph, de la tribu et de la maison de David, et là, sous l'œil de Dieu seul, entre l'ange et la Vierge, se traitent les plus grands intérêts du genre humain. C'est le sujet du magnifique tableau que nous avons sous les yeux, et dans lequel tout respire la sainteté, la pureté ! Contentons-nous de dire que les types n'en ont pas été trouvés dans le monde visible : *Missus est angelus a Deo ad virginem.*

N° 6. LA VISITATION. — Qu'elle est belle dans sa simplicité et sa brièveté, cette page où saint Luc nous donne le récit du fait évangélique que nous rappelle ce médaillon ! Comme elle respire le souffle de l'Esprit-Saint ! Quel spectacle ! Deux femmes qui se félicitent mutuellement d'être mères, dans les montagnes de la Judée, et leurs paroles recueillies et méditées avec amour par les générations venues après elles !...

N° 7. UN INTÉRIEUR DE NAZARETH. — On dirait ici, qu'en tenant son pinceau, le peintre avait devant les yeux ces paroles de saint Bonaventure : « Dans cette demeure de Nazareth le saint vieillard Joseph vivait comme il pouvait de son état de charpentier ; le travail du fuseau et de l'aiguille procurait aussi quelque pain à Marie; et JÉSUS les aidait et se livrait avec zèle à toutes les occupations dont il était capable.» JÉSUS, Marie, Joseph vivant dans la prière, la pauvreté, la vie obscure, la retraite ; tous les trois ne cessant de travailler, quels exemples pour les riches, pour les pauvres ! C'est un ravissant tableau-modèle de ce que pourraient, de ce que devraient être partout, toujours et dans toutes les conditions nos familles chrétiennes.

On a très habilement rempli le sommet des trois compartiments qui finissent les travées, en y représentant LE LIS, LA TOUR DE DAVID et LA ROSE qui sont des attributs de la très sainte Vierge et des symboles de ses vertus.

Nos 8 et 9. Les deux roses qui se trouvent au-dessus ont reçu, celle de gauche, la DESCENTE DU SAINT-ESPRIT SUR LES APOTRES et SUR MARIE qui domine le tableau, et celle de droite l'ASSOMPTION DE LA TRÈS SAINTE VIERGE. Ces deux tableaux sont, comme tous les autres, dans les données historiques et dans les vues du sentiment chrétien.

N° 10. Couronnement de la sainte Vierge au ciel. — Nous voici à la rose supérieure où se termine l'histoire de la très sainte Vierge. Elle vient de quitter la cité du temps où elle ne laisse rien, pas même sa dépouille, et la voilà reçue en corps et en âme, dans l'éternelle cité. Tout en elle exprime la plénitude de son bonheur.

Les trois personnes de l'adorable Trinité, chacune sous sa forme symbolique, semblent venir placer sur la tête de la Vierge immaculée une couronne de lumière. Les rayons des trois couronnes s'unissent et se mêlent, et ne forment plus qu'un diadème glorieux dont la splendeur remplit les saints tabernacles et se répand dans l'immensité des cieux.

O divine Marie, en ce comble de gloire et de bonheur, n'oubliez pas ceux qui se disent sur la terre vos serviteurs et vos enfants. Préparez-leur, gardez-leur une place dans le ciel. Inclinez sur eux votre sceptre, gage de votre tendresse maternelle et de votre royale protection. La bonté et la puissance, c'est la base même et la raison de notre confiance en vous, et elle n'aura pas de bornes, parce que votre clémence et votre pouvoir n'ont pas de limites dans le royaume de Dieu.

APPENDICES. 243

III.

NOTICE sur l'ancien pèlerinage de Notre-Dame de Villamade, paroisse de SAINTE-LIVRADE ([1]).

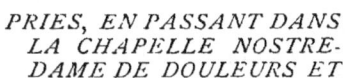

PRIES, EN PASSANT DANS LA CHAPELLE NOSTRE-DAME DE DOULEURS ET DE GRAND POUVOIR.
(Paroles qu'on lit encore aujourd'hui sur une pierre conservée de l'ancienne chapelle.)

I.

ORIGINE DE LA DÉVOTION AUX DOULEURS DE MARIE.

C'EST au milieu d'inénarrables douleurs que Marie nous a enfantés à la vie de la grâce et qu'elle est devenue notre Mère. Sa vie s'est écoulée dans le travail et les privations, la peine et les gémissements, et c'est pour nous, c'est pour notre rédemption qu'elle a généreusement embrassé tant de souffrances.

La reconnaissance et la piété filiale nous obligent donc à honorer les douleurs de Marie. Aussi n'est-il pas douteux que cette dévotion, si sympathique, d'ailleurs, à toute âme qui aime et qui souffre, n'ait été pratiquée par les pieux fidèles dès les premiers temps de l'Église; c'est ce que prouvent plusieurs auteurs recommandables en s'appuyant de l'autorité de saint Ephrem, de Sophrone, de saint Bernard et des autres Pères. Mais elle prit surtout son essor au treizième siècle, grâce à un ordre religieux que Dieu suscita pour la propager dans le monde catholique : je veux parler de l'ordre des SERVITES, une des plus belles fleurs qui se soient épanouies dans le jardin de l'Église.

Cet ordre reconnaît pour fondateurs sept marchands de

---
[1]. Ce fut pour répondre au désir de Mgr Fonteneau, alors évêque d'Agen, élevé depuis sur le siège métropolitain d'Albi, que nous fîmes paraître cette notice, il y a près de dix ans, dans la *Semaine catholique* du diocèse. Nous avons pensé qu'il pourrait être agréable à quelques-uns des lecteurs de « SAINTE LIVRADE » de la retrouver aujourd'hui dans cet ouvrage.

Florence, nommés par les anciens écrivains *Bonfiglio Monaldi, Bonagiunta Manetti, Manetto dell' Antella,* AMADEO DEGLI AMEDEI ou *AMADEI, Uguccione Uguccioni, Sostegno dei Sostegni* et *Alexis Falconieri.* Bien que quelques-uns aient modifié ou même changé leurs noms en renonçant au monde, suivant la pratique des religieux, je retiens celui d'Amadeo degli Amédei ou Amadei sur lequel je reviendrai.

Ils sortaient, pour la plupart, des meilleures familles de Toscane qui tenaient un rang considérable parmi la noblesse, à laquelle on ne dérogeait point, en Italie, par le trafic et le négoce.

Ces sept jeunes praticiens s'étaient enrôlés sous la bannière de la sainte Vierge, faisant partie d'une société qui, sous le titre de *Landesi,* avait pour but d'honorer cette sainte Mère de Dieu en célébrant ses louanges, et d'apaiser la colère divine provoquée par les violences des factions qui troublaient l'Italie.

Ils se trouvaient, pour remplir cette obligation, dans leur oratoire, le jour de l'assomption de Notre-Dame, l'an 1233, lorsque tout à coup ils furent comme ravis en extase ; dans cet état, ils aperçurent une lumière resplendissante se divisant en sept rayons, et chacun d'eux se sentit appelé à une vie nouvelle ; puis la sainte Vierge elle-même leur apparut, les invitant avec un doux sourire à renoncer au monde et à se consacrer à elle en embrassant un genre de vie plus parfait. Après avoir prolongé leur prière avec un sentiment ineffable de reconnaissance et d'amour, nos sept jeunes gens se communiquèrent la merveilleuse vision dont ils venaient d'être favorisés, et leur résolution fut prise à l'instant. De l'avis du bienheureux Ardingos, évêque de Florence, ils se dépouillèrent de leurs biens et se retirèrent d'abord dans une chétive maison, à la campagne, ou du moins hors des murs. Ce fut là, que, quittant leurs habits mondains et la robe sénatoriale qui les avait fait respecter comme membres de la République, dont ils avaient rempli les premières dignités, ils s'habillèrent comme le font ceux qui n'aspirent plus qu'à être membres de la cité céleste ; ils se revêtirent d'un habit pauvre, de couleur de cendre, et, non plus chevaliers de la terre, mais du ciel, ils armèrent leurs corps de haires, de cilices, de chaînes de fer, pour se mettre en état de soutenir les combats que le démon devait leur livrer.

Ils ne veulent rien faire cependant sans consulter l'évêque de Florence, le vénérable Ardingos. Or, lorsqu'ils reviennent vers lui pour recevoir sa bénédiction et de nouvelles instructions, ils ne sont pas plus tôt entrés dans la ville que le peuple à l'improviste, se porte en foule sur leur passage, les regarde avec admiration et les accueille avec enthousiasme, surpris de voir des personnes riches et opulentes fouler ainsi aux pieds les dignités et la richesse, ne plus rechercher d'autre trésor que la pauvreté, d'autre grandeur que l'humilité.

Mais on fut plus étonné encore lorsqu'on entendit, même les enfants à la mamelle (l'un d'eux à peine âgé de cinq mois, Philippe Bénézi, qui devint plus tard le grand propagateur de l'ordre des SERVITES), s'écrier, en les montrant avec leurs petites mains : *Voilà les serviteurs de Marie! Voilà les serviteurs de Marie!* Ce prodige fit que l'évêque Ardingos leur conseilla de ne point changer ce nom qui leur avait été donné miraculeusement, et qui leur fut confirmé plusieurs fois encore, lorsque, retournant à Florence pour y recevoir les aumônes dont ils vivaient, les enfants répétaient toujours : *Voilà les serviteurs de la Vierge !*

Je n'ai pas à dire ici comment, pour fuir les trop nombreuses visites d'un monde qui se sentait attiré à eux par l'éclat de leur sainteté, ils se retirèrent, d'après les indications de leur bonne Mère, sur les cimes sauvages du mont Sénario. Ce fut là qu'un soir de vendredi-saint, en l'année 1239, pendant qu'ils étaient absorbés dans une profonde méditation, ils virent descendre du ciel leur auguste patronne, entourée d'un cortège nombreux d'esprits célestes dont quelques-uns portaient les instruments de la Passion, et d'autres la règle de Saint-Augustin : un d'entre eux avait en main une palme; un autre portait un écusson sur lequel était gravé, en lettres d'or, le titre glorieux de *serviteurs de Marie;* un troisième, enfin, tenait en ses mains un habit noir d'une nouvelle forme. Marie, dans l'attitude d'une mère navrée de douleur, mais pleine de bienveillance, s'approche d'eux et leur montrant les

objets qui viennent d'être mis sous leurs yeux : « Recevez,
« leur dit-elle, cet habit que je vous présente ; recevez égale-
« ment la règle de Saint-Augustin que vous devez suivre, afin
« que, désignés sous le nom de mes *serviteurs*, vous obteniez
« un jour cette palme de vie éternelle qui vous est offerte. »
Les saints solitaires adoptèrent aussitôt l'habit du nouvel
institut, embrassèrent la règle de Saint-Augustin et fondèrent
l'ordre des SERVITES, dont la fin a toujours été de procurer,
avec leur propre sanctification, celle des fidèles, par la méditation continuelle de la Passion de JÉSUS-CHRIST et des
cruelles douleurs de sa sainte Mère. C'est encore dans ce but
que furent institués, en faveur des simples chrétiens, le petit
scapulaire, qui devint la livrée des serviteurs de Marie vivant
dans le monde, et le chapelet divisé en sept parties et appelé
de Notre-Dame des Sept-Douleurs. Les fidèles s'empressè-
rent de les adopter, en formant partout des associations
dont l'objet était d'honorer publiquement les douleurs de
la Mère de Dieu.

II.

ÉTAT DE L'EUROPE, PLUS PARTICULIÈREMENT DE LA FRANCE ET DE L'ITALIE, AU XIIIe SIÈCLE.

A l'époque où la sainte Vierge elle-même invitait les
fidèles chrétiens à compatir à ses douleurs, l'Europe en était
arrivée à l'une des époques les plus intéressantes de son
histoire. La chrétienté était tout à fait constituée ; elle avait
mis en jeu toutes ses forces, toute son activité, toutes ses
tendances : vie intérieure, rôle extérieur, elle avait tout développé également. Mais en même temps qu'elle avait atteint
son point culminant, sa plus grande splendeur, sa force la
plus brillante, ses plus riches ressources, elle montrait aussi,
dans leur plus terrible puissance, les éléments contradictoires,
les principes mauvais qui tendront bientôt à la dissoudre.

Jamais la majesté du pouvoir spirituel et l'entêtement du
pouvoir personnel ; jamais la sainteté des uns et la méchan-
ceté des autres ; jamais le dévouement complet, absolu, et

l'égoïsme non moins entier, n'ont paru avec un si frappant contraste qu'au temps dont nous parlons.

L'union de la foi, de l'espérance, de la charité, était en voie d'affaiblissement malgré les efforts et la ligue des plus hauts génies et des plus touchantes vertus ; la division n'était pas encore dans les esprits, mais elle prenait possession des faits. Le christianisme, sans doute, était toujours un cercle qui contenait et embrassait les peuples ; mais les rivalités, les ambitions, toutes les passions personnelles s'agitaient étrangement dans les limites tracées par la religion d'amour.

Tel était l'état de la société en Italie, en France et dans une bonne partie de l'Europe au treizième siècle, période pendant laquelle le christianisme posséda de véritables héros, dont une foi vive et inébranlable, en même temps qu'une piété brûlante faisaient surtout le caractère.

III.

DÉVOTION A LA SAINTE VIERGE COMME MOYEN DE REMÉDIER AUX MAUX DE CETTE ÉPOQUE.

Au milieu des craintes, des malheurs et des tristesses des temps dont on vient de parler, le meilleur moyen, le moyen le plus efficace employé par les hommes de Dieu pour ramener les esprits et rattacher la société aux saines doctrines de la foi, fut la dévotion envers la sainte Vierge.

Il fallait les voir tous ces saints, lui vouant leur âme et leur corps, lui prêtant la foi, l'hommage et le serment de vassalité, et, courageux champions, vengeant contre tous l'honneur de « Notre-Dame », il fallait voir, à leur suite, les populations, rois, princes et petits, tomber à genoux et tendre leurs mains suppliantes vers la Reine du ciel, vers l'Étoile du matin, vers la Mère des douleurs, vers le refuge des affligés. Elle était apparue déjà, la sainte Mère de Dieu à son serf Dominique, et le chef de l'église, le grand pontife Innocent III, avait vu en songe l'église de Latran qui penchait et qui s'appuyait sur un arbre majestueux et fort : cet arbre était l'ordre des FRÈRES-PRÊCHEURS. Aujourd'hui, elle vient d'apparaître aux sept jeunes patriciens de Florence, et bientôt l'ordre des SERVITES fondé par eux, contribuera puissamment à délivrer l'Italie, l'Allemagne et presque toute la chrétienté, des discordes intestines qui les déchirent. Oui, le monde entier, le monde des souffrances et le monde des joies infinies, la terre et les cieux, l'Église militante et l'Église triomphante, reposaient au giron de la sainte protectrice de l'humanité ; le genre humain se rappelait que dans les angoisses de la passion, son Sauveur expirant l'avait déposé au bras de celle qu'il lui donnait pour mère, et il s'y réfugiait avec la tendresse, avec l'abandon d'un enfant.

Saint Dominique avait propagé l'usage du ROSAIRE et la méditation des principaux mystères de la vie de Notre-Seigneur et de sa très sainte Mère; les SERVITES multiplièrent en tous lieux les pieuses associations en l'honneur de NOTRE-DAME DES SEPT-DOULEURS, et si déjà, vers la fin de ce siècle, l'ordre comptait jusqu'à dix mille religieux, on peut juger par là quel devait être le nombre des fidèles enrôlés dans les confréries et revêtus du scapulaire de Notre-Dame des Sept-Douleurs !

L'enthousiasme était universel ; les grands et les puissants du siècle rivalisaient de ferveur avec les humbles et les petits.

En Italie, une bonne partie de la noblesse, avec les princes de la Mirandole, de Parme, de Mantou, de Toscane et de Savoie ; en Portugal, le roi Ferdinand, avec les principaux de sa cour et la majeure partie du peuple ; en Castille, le roi Henri ; Pierre IV en Aragon, et le roi Jean en Navarre, tous se firent gloire de se faire inscrire dans l'association de NOTRE-DAME DES SEPT-DOULEURS, et plusieurs s'en montrèrent les protecteurs déclarés.

Il en fut de même en Espagne, en Allemagne, en Autriche, en Pologne.

IV.

ÉTABLISSEMENT ET PROGRÈS DE LA DÉVOTION AUX DOULEURS DE MARIE EN FRANCE.

La France ne devait pas rester en arrière. Dans la solitude des montagnes de Sienne, où il s'était caché lorsqu'il avait compris que les cardinaux assemblés à Viterbe voulaient jeter les yeux sur lui pour l'élever sur le siège de saint Pierre, Philippe Bénézi ou Béniti, d'autres disent Benitius, que nous avons vu, jeune enfant, acclamer à Florence les *serviteurs de Marie* et qui était devenu général de l'ordre, eut une révélation. Dieu lui fit connaître en ce lieu *où*, disent les auteurs de sa vie, *le jeûne était sa nourriture, les veilles son soulagement et son repos, la prière son occupation continuelle,* qu'il devait porter son nom et la dévotion aux *douleurs* de la sainte Vierge, dans les autres provinces et dans les royaumes étrangers. C'est pourquoi, ayant fait assembler un chapitre général, il y établit un vicaire en sa place pour l'Italie, et partit avec quelques compagnons pour aller publier de tous côtés les souffrances, les grandeurs et les mérites de la glorieuse Reine des anges.

Il vint en France, où ses prédications eurent un grand succès. A Paris, il eut la consolation de voir un grand nombre de seigneurs et de courtisans revêtir le scapulaire des Sept-Douleurs à la suite du saint roi Louis IX, qui avait été le premier à le prendre.

A Avignon, à Toulouse et dans tout le Midi il opéra des conversions nombreuses, établit des maisons de son ordre, fit connaître la puissance et l'efficacité de la dévotion aux douleurs de Marie, et comme, outre les grâces ordinaires qu'ont tous les saints, il avait un talent particulier pour réconcilier les ennemis, pour apaiser les rébellions et pour procurer la paix aux villes et aux provinces qui étaient dans le trouble, il fut accueilli partout avec enthousiasme. Grâce à ses travaux et à ses exemples, on vit la religion fleurir en tous lieux et prendre plus d'empire sur les esprits, tant dans les villes que dans les campagnes.

V.

ÉTABLISSEMENT DE LA DÉVOTION A NOTRE-DAME DES SEPT-DOULEURS DANS L'AGENAIS ET A VILLAMADE. — LÉGENDE.

Saint Philippe Bénézi est-il venu lui-même dans nos contrées ?

Il est certain que la dévotion aux douleurs de la sainte Vierge y remonte à une époque reculée et que déjà elle y était devenue populaire dès le commencement du XVe siècle. Un de nos évêques remarque que « dans toute la province, à
« l'occasion des ravages que la guerre civile et l'hérésie y
« avaient causés dans ce siècle et surtout dans le suivant,
« cette dévotion s'était traduite par l'attachement qui s'y
« était manifesté pour les images représentant Marie tenant
« sur ses genoux son fils expiré, ou bien le cœur percé de
« sept glaives. »

Nos campagnes alors étaient dévastées, les populations appauvries et décimées ; le peuple éperdu se portait aux sanctuaires de Marie, et il invoquait le souvenir de ses plus amères souffrances pour lui demander d'avoir pitié de celles qu'éprouvaient ses enfants.

Ce zèle, cet empressement pieux se manifestèrent dans tout l'Agenais, mais plus particulièrement dans la contrée où se trouvait une antique chapelle dont la tradition religieuse des habitants du pays faisait remonter l'origine à l'époque même où saint Philippe Bénézi était venu prêcher en France la dévotion aux *douleurs* de Marie, et dont elle attribuait la fondation à un des membres de la famille d'AMADÉO DEGLI AMADEI, ou du moins à un riche habitant de Florence, en Italie.

Ce rustique sanctuaire s'élevait sur un mamelon étroit, dominé lui-même par une colline assez étendue couverte alors de gros arbres, dont l'épaisse verdure empêchait la trop grande ardeur du soleil, et mettait à l'abri des vents fâcheux du Midi une petite plaine, qui est la continuation de ce mamelon et la route escarpée et difficile qui y conduisait.

Très heureusement situé dans un des pays les plus fertiles de la France, entre Sainte-Livrade et le ruisseau de l'Automne qui lui prête sa fraîcheur, ce lieu, d'où la vue s'étend sur les magnifiques plaines du Lot, de la Lède et du Tolza, et sur les délicieuses vallées de Casseneuil, de Sainte-Livrade, de Fongrave et de Castelmoron, devait offrir alors une agréable et charmante solitude.

La tradition rapportait qu'un riche habitant de Florence, malade, condamné même par les maîtres de l'art à une mort certaine et cherchant la santé, l'avait trouvée sur cette colline, à la suite d'un vœu fait à la sainte Vierge d'y « ériger un « sanctuaire où il inviterait les habitants de la contrée à « venir honorer, dans cette auguste mère, la puissance que « lui avaient méritée ses nombreuses souffrances — *omnipo-* « *tens quia dolorosa* — et à l'invoquer sous le titre de Notre-Dame des Sept-Douleurs et de Grand Pouvoir ([1]) ».

Heureuse de cette guérison qu'elle devait à un véritable miracle, sa famille reconnaissante avait quitté la Toscane et était venue s'établir dans ce lieu béni, auquel elle avait donné ou bien son propre nom Villa Amadeo, maison de campagne des Amadeo degli Amadei, ou bien simplement celui de Villa Amada, habitation chérie, aimée, préférée, d'où, dans l'un aussi bien que dans l'autre cas, a été formé celui de Villamade, ou seulement Vilemade qu'il conserve encore aujourd'hui.

Toutefois cette heureuse famille n'aurait fait que remplir imparfaitement les promesses de celui de ses membres qui avait été, de la part de la Reine du ciel, l'objet d'une faveur si éminemment précieuse, si elle s'était bornée à changer de résidence. Elle estima que la sainte Vierge lui avait donné la mission spéciale de faire connaître la puissance que lui donnaient sur le Cœur de son Fils les immenses douleurs de toute sa vie, et elle se fit dans nos contrées l'apôtre de la dévotion à Notre-Dame des Sept-Douleurs et de Grand Pouvoir. C'est par ses soins, dit une antique légende, que, conformément au vœu d'Amadeo, « fut construite une chapelle « qui fut fréquentée principalement aux fêtes solennelles de

---

1. *Livre de prières* manuscrit.

« Marie ; » « *une grande affluence de peuple s'y rendait pour* « *honorer la Mère de Dieu, dont la tradition publiait l'appa-* « *rition miraculeuse en cet endroit* ([1]) ».

Telle est la tradition ou plutôt la légende.

Elle nous apprend que, non loin du lieu où sainte Livrade a souffert ([2]), comme disent les chroniques de Charlemagne, et à deux mille cinq cents mètres environ de la ville à laquelle elle a donné son nom, il a été un coin de terre que la très sainte Vierge a honoré, de temps immémorial, de ses plus insignes faveurs. Marie l'avait choisi assez loin des endroits populeux, pour que les bruits du monde expirassent avant de l'atteindre, pas trop avant sur les côteaux et dans des lieux solitaires, afin que les pèlerins pussent l'aborder sans trop de fatigue ; et certes nul objet ne pouvait aller au cœur brisé par les mécomptes et les déceptions de la vie, ou écrasé sous le poids du malheur, comme l'objet rappelé dans le sanctuaire de Notre-Dame de Villamade : la longue souffrance de Marie pendant sa vie. Là, la Vierge du Calvaire était comme une étoile d'espérance au milieu de la tempête qu'allaient soulever dans nos contrées le schisme et l'hérésie ; elle montrait le port au milieu des vagues furieuses amoncelées par les vents des passions humaines, elle soutenait les courages abattus et consolait les cœurs bons et pieux. Aussi nos populations religieuses ont été vues de génération en génération, apportant dans cette solitude le tribut de leur vénération envers la Reine des cieux. De là sans doute parmi elles la conservation de cette foi pratique et sincère qui a distingué longtemps les habitants de Villeneuve, Sainte-Colombe, Allez-et-Cazeneuve, Dolmayrac, Le Temple, Saint-Caprais, Fongrave, Saint-Étienne de Fougères, Sainte-Livrade, Casseneuil et Bias, où la réforme n'a pu réussir à laisser des prosélytes ([3]).

« La dévotion, » dit Monseigneur Claude Joly dans ses mémoires manuscrits, « y a été autrefois fort grande avant que celle de la Rose fut établie ». Ce même prélat nous apprend « que tous les ans les religieux de la contrée et par-

---

1. Archives de l'évêché.
2. Chastelain, *Notes sur le martyrologe*, mois de février. Voy. plus haut ch. XI et passim.
3. Toutes ces paroisses allaient en pèlerinage à Villamade (vieux manuscrit).

« ticulièrement les bénédictins de Sainte-Livrade s'y ren-
« daient processionnellement et y chantaient la grand'messe.»
La tradition du pays rappelle qu'il s'y faisait des guérisons
et des conversions nombreuses.

Et toutefois, quels furent les prodiges qui s'opérèrent dans
ce lieu vénérable ? quels faits miraculeux donnèrent, pendant
des siècles, l'impulsion au concours considérable de peuple
dont il était le théâtre? C'est ce qu'on ne saurait dire. L'oubli,
en détruisant ces traditions antiques du pèlerinage, l'a rendu
semblable à ces arbres plusieurs fois séculaires qui ont om-
bragé une foule de générations, sans qu'on sache ni le nombre de leurs années, ni quelle main enfonça dans le sol leurs
vigoureuses racines. Pour nous, le point de départ véritablement authentique de son histoire, hélas ! c'est sa destruction.

Soit par le fait de l'inconstance humaine, soit plutôt,
comme le laisse entendre l'abbé Barrère ([1]), par suite des
malheurs dus à nos discordes civiles et religieuses, la dévotion à NOTRE-DAME DE VILLAMADE alla s'affaiblissant et le
pieux sanctuaire menaçait de tomber en ruine.

VI.

NOTRE-DAME DE VILLAMADE AFFILIÉE A NOTRE-DAME DE GARAISON.

« Vers l'année 1633, Mgr Gaspard de Daillon de Lude qui
gouvernait alors le diocèse d'Agen, ne voulut pas laisser périr
ce pèlerinage. Le bruit des merveilles opérées à Notre-Dame
de Garaison s'était répandu fort loin, surtout depuis que,
« se rendant aux manifestations intérieures de la volonté de
Dieu et puissamment encouragé dans cette œuvre par l'archevêque d'Auch, Mgr Léonard de Trape », Pierre Geoffroy
avait pu y déployer son zèle et son intelligence et était parvenu à y établir une communauté de prêtres. Le prélat
s'adressa à cette pieuse communauté pour affilier NOTRE-
DAME DE VILLAMADE à l'illustre dévotion pyrénéenne. Il
en reçut trois prêtres dont les noms nous ont été conservés

---

1. Extrait du cahier intitulé : *Sanctuaires de Marie dans le diocèse d'Agen*, par Barrère, prêtre.

par Claude Joly : c'étaient les sieurs de LA CASSINE, DÈME et DE BORN.

« Mais le sanctuaire de VILLAMADE était délabré et la Vierge qui l'habitait semblait vouloir s'éloigner des rives de l'Automne pour se rapprocher de celles du Lot. Les prêtres de Garaison s'établirent donc dans un autre petit monument que leur concéda l'évêque d'Agen, et la Vierge, honorée toujours dans ses douleurs, y reçut la vénération des fidèles sous le vocable de NOTRE-DAME DE LA ROSE. » (*Sanctuaires de Marie dans le diocèse d'Agen*, par Barrère, prêtre.)

VII.

DÉVOTION A NOTRE-DAME DE VILLAMADE DEPUIS LE MILIEU DU XVIIe SIÈCLE.

Le sanctuaire de Villamade fut-il cependant complètement abandonné, comme semble le laisser entendre M. l'abbé Barrère ? J'ai la preuve certaine du contraire que je vais fournir dans un instant.

Auparavant, je dois faire observer que Villamade devenu, dans la suite des temps, d'après quelques historiens et M. Barrère lui-même, une terre seigneuriale, changea plusieurs fois de maître. Or, comme la chapelle faisait partie du domaine, les fidèles n'eurent pas toujours la même liberté pour la fréquenter, d'autant que probablement elle dut être déplacée, et de là pour eux et pour ceux qui les dirigeaient dans leur piété, la nécessité de chercher un sanctuaire indépendant. Ils le trouvèrent à la ROSE. VILLAMADE fut par suite moins fréquenté mais non pas délaissé. J'ai recueilli dans un vieux manuscrit la relation très intéressante d'un pèlerinage fait à Notre-Dame de Bon-Encontre, le 31 mai 1716, par les pénitents et un grand nombre d'habitants de Sainte-Livrade. J'en détache ce qui suit : « Une foule nombreuse assiste à leur départ et va avec eux jusqu'à VILLAMADE où un père cordelier dit la messe et fait une très touchante instruction. » — Villamade avait donc encore probablement sa chapelle.— « Ils dînent à Saint-Julia. » — Saint-Julien, annexe aujourd'hui de la paroisse de Marsac, dans le canton de Prayssas,

— « arrivent après trois heures à Bon-Encontre, y couchent, s'y confessent, y communient, repartent le lendemain, suivent le même itinéraire, et chantent les litanies de la sainte Vierge à Notre-Dame de Villamade où ils se remettent en bon ordre et où vient les joindre une foule nombreuse, à la tête de laquelle se trouve M. Salbang, consul, avec livrée, et valets de ville (1). »

A mon arrivée à Sainte-Livrade, M. l'abbé Bru, vicaire dans cette paroisse depuis près de trente ans, m'a dit avoir connu des personnes qui se rappelaient être allées, dans leur enfance, en dévotion avec leurs parents à Villamade, avant la grande révolution, et, depuis que j'ai l'honneur d'y être curé moi-même, j'ai vu, à toutes les époques, et je vois encore parfois quelques-uns de mes paroissiens, fidèles au culte qu'aimaient leurs pères, y aller dévotement prier ou faire des vœux. Les mères chrétiennes y ont une grande confiance quand arrive, pour leur fils, le moment si pénible qui peut rendre obligatoire leur départ pour les pays lointains surtout pour le service militaire. Il y a peu d'années, je recevais des environs d'Agen deux lettres me disant, dans des termes pleins de simplicité, la reconnaissance de deux familles pour des grâces signalées dues à l'invocation de Notre-Dame de Villamade. Les choses merveilleuses qui m'y étaient racontées me donnaient l'assurance, une fois de plus renouvelée, que si ce lieu béni ne possède plus son sanctuaire, s'il n'a plus sa Madone des temps anciens, il est toujours du moins fécond en bénédictions divines.

Dans les premières années de ce siècle, lorsque le culte fut rétabli en France, une chapelle de l'église paroissiale de Sainte-Livrade qu'on dédia spécialement à Notre-Dame des Sept-Douleurs et de grand Pouvoir, fut destinée à conserver et à perpétuer dans le pays les traditions de Villamade et de la Rose. Elle a disparu lorsqu'on a fait à l'église, dans ces dernières années, les réparations considérables qui ont dû la modifier dans quelques-unes de ses par-

---

1. Extrait d'un ancien régistre des pénitents.

ties, et depuis, c'est dans la chapelle dite de *Notre-Dame* qu'on vient honorer Notre-Dame des Sept-Douleurs et de grand Pouvoir en même temps que Notre-Dame du Saint-Rosaire. Au XIIIe siècle ces deux dévotions transformèrent une grande partie de l'Europe et, comme on l'a dit, sauvèrent le monde.

Qu'il soit permis à celui qui trace ces lignes, faible tribut d'un filial amour et d'une juste reconnaissance, d'ajouter, en finissant, et de certifier que, tous les jours, dans sa paroisse, c'est encore là, aux pieds de la Vierge des indicibles douleurs, que l'expérience de la maternelle miséricorde de Marie ouvre constamment le cœur de ceux qui viennent implorer la consolation, le secours et la grâce.

FIN

Table des Matières.

	Pages.
DÉDICACE : Lettre à Sa Grandeur Mgr l'évêque d'Agen...	1
APPROBATION : Réponse du Prélat	4

CHAPITRE PREMIER.

Position de la question et avant-propos.. 7

CHAPITRE DEUXIÈME

PRÉLIMINAIRES. — Essai sur la valeur historique des actes des martyrs, ou de ce que la tradition nous en rapporte. 16

CHAPITRE TROISIÈME.

Coup d'œil sur la Celto-Nitiobrigie avant l'ère vulgaire. — État de nos contrées sous la domination romaine... 22

CHAPITRE QUATRIÈME.

Notice tirée de l'histoire, de la tradition et surtout de l'archéologie, sur l'antique ville gallo-romaine dont le nom est resté inconnu et près de laquelle, sinon sur ses ruines mêmes, a été bâtie celle qui porte aujourd'hui le nom de Sainte-Livrade. 29

CHAPITRE CINQUIÈME.

Établissement du christianisme. — Son introduction dans les Gaules. — Ses premiers apôtres et sa marche progressive dans nos contrées 46

CHAPITRE SIXIÈME.

Différentes saintes du nom de Libérate (SANCTA LIBERATA). — Confusion introduite, avec le temps, par suite de cette diversité, dans les récits relatifs à leur naissance, à leur vie, à leur mort, à leurs reliques. — Ce qu'il faut penser de ce que nous apprennent sur la plupart d'entre elles, les légendes anciennes ou l'histoire. ... 59

CHAPITRE SEPTIÈME.

Documents hagiographiques espagnols. — Peu de valeur de quelques-uns d'entr'eux en raison des sources suspectes où ils ont été puisés. — Ce qu'il faut penser, en particulier, de LA CHRONIQUE DE FLAVIUS DEXTER, de celle de JULIEN DE TOLÈDE, des commentaires de Bivarius et du Martyrologe de Tamayo de Salazar ... 66

CHAPITRE HUITIÈME.

Sainte Wilgeforte. — Ses diverses légendes. — Étendue de son culte. — Est-elle la même que sainte Libérate ? — Ce nom peut-il indiquer une nationalité portugaise ou espagnole ? — N'est-il pas plutôt belge ou allemand ? — Que faut-il penser de la barbe que lui attribuent certaines légendes et, en général, des crucifix appelés à tort androgynes (de deux sexes) ? — Opinion des auteurs sur ces différentes questions. 76

TABLE DES MATIÈRES.

Pages

CHAPITRE NEUVIÈME.

Notre manière de voir personnelle sur les sujets traités dans l'étude qui précède, et avant-propos ou entrée en matière pour nos futurs travaux sur sainte Livrade... 91

CHAPITRE DIXIÈME.

Sainte Livrade. — Elle n'est ni portugaise ni espagnole. — Elle est de l'Aquitaine, ancienne province de la Gaule. 98

CHAPITRE ONZIÈME.

Sainte Livrade aquitanique et française. Ce qu'il faut penser de son culte à Mazères et des revendications du diocèse de Tarbes. — Elle appartient, au moins par son martyre, à la localité du diocèse d'Agen à laquelle elle a donné son nom. — Preuves tirées de l'histoire, de pièces manuscrites, de la tradition locale et de l'archéologie... 110

CHAPITRE DOUZIÈME.

Sainte Livrade d'Agenais, vierge et martyre. Sa vie. 151
Litanies de sainte Livrade, vierge et martyre. 184

CHAPITRE TREIZIÈME.

Reliques de sainte Livrade. — Enseignement de l'Église sur le culte des reliques des saints. — Difficultés. — Opinion de Mabillon. — Reliques de sainte Livrade, à Siguenza, à Granselve et à Sainte-Livrade d'Agenais.. 189
Prière à sainte Livrade. 206

CHAPITRE QUATORZIÈME.

Notes et appendices.. 209

Notes.

Note 1. 209
Note 2. 209
Note 3. 212
Note 4. 215
Note 5. 218

Appendices.

I. — Iconographie et symbolisme des chapiteaux et modillons du chevet de l'église de Sainte-Livrade.. 221
II. — Les vitraux de l'église de Sainte-Livrade. 230
III. — NOTICE sur l'ancien pèlerinage de Notre-Dame de Villamade paroisse de Sainte-Livrade.. 243

Table des vignettes.

		Pages.
1.	Portrait de sainte Livrade, reproduit d'après d'anciennes gravures.	
2.	La tour de Sainte-Livrade	37
3.	Vue de l'abside et d'une partie de la grande nef de l'église de Sainte-Livrade. (Intérieur.)	57
4.	Sainte Wilgeforte. (D'après une gravure du XVIIIe siècle.)...	79
5.	Sainte Wilgeforte (*alias* sainte Livrade), vénérée à Béthune, en Artois	82
6.	Sainte Livrade. — Portrait conforme, moins la barbe, aux traditions des peuples slaves	95
	Chapiteau de la partie la plus ancienne de l'église de Sainte-Livrade. (Extérieur-chevet.)	
7.	1er sujet : Sainte Livrade visitée par les anges dans la solitude de Lalandette.	146
8.	2me sujet : Sainte Livrade retrouvée, saisie et conduite au martyre..	147
	Autre chapiteau de la partie la plus ancienne de l'église de Sainte-Livrade. (Extérieur-chevet.)	
9.	Martyre de sainte Livrade, elle est percée en plein cœur ...	148
10.	Apothéose de sainte Livrade. (Gravure du commencement du XVIIe siècle)...	150
11.	Sceau byzantin (X^e, XIe et XIIe siècles) des anciens chanoines séculiers attachés, dès la période franque, au service de l'église de Sainte-Livrade...	178
12.	Autre sceau moins ancien	179
13.	Sceau spécial aux bénédictins de Sainte-Livrade	180
14.	Église de Sainte-Livrade. Vue prise du côté de l'abside	188
15.	Prieuré de Sainte-Livrade. (Scénographie de 1688)	204
16.	Abside de l'église de Sainte-Livrade. (Extérieur.)	222
17.	Deux chapiteaux du chevet de l'église de Sainte-Livrade ...	224
18.	Chapiteau de la chapelle Notre-Dame à Sainte-Livrade. ...	228
19.	Autre chapiteau de la même chapelle.	229
20.	Abside de la chapelle N.-D. de l'église de Sainte-Livrade. (Intérieur.)	238

Imprimé par la Société Saint-Augustin, Bruges.

www.ingramcontent.com/pod-product-compliance
Lightning Source LLC
Chambersburg PA
CBHW050335170426
43200CB00009BA/1598